LA

MÉTAPHYSIQUE

ET LA SCIENCE

Paris. — Imprimerie de L. MARTINET, rue Mignon, 2.

LA
MÉTAPHYSIQUE
ET LA SCIENCE

OU

PRINCIPES DE MÉTAPHYSIQUE POSITIVE

PAR

Étienne VACHEROT

Ancien Directeur des Études à l'École normale

DEUXIÈME ÉDITION

REVUE, CORRIGÉE ET AUGMENTÉE

TOME PREMIER

PARIS

LIBRAIRIE DE F. CHAMEROT

RUE DU JARDINET, 13.

1863

Tous droits réservés.

AVANT-PROPOS

Ce livre a trouvé des lecteurs. En ce temps de fièvre industrielle et d'atonie morale, il y a donc encore des esprits qui s'intéressent à la recherche de la vérité pure. Je les en remercie au nom de la métaphysique. En leur adressant une deuxième édition de mon livre, j'ai tâché de le rendre moins indigne de leur sympathique curiosité.

C'est quand un livre est fait qu'on voit seulement comment il fallait le faire. Il m'a suffi de relire le mien pour découvrir combien il y avait à y revoir et à y retoucher. Je n'avais rien à changer au fond d'un livre qui a été l'œuvre lentement mûrie d'une laborieuse et constante méditation. Je n'en ai pas modifié le plan, malgré les apparents détours à travers lesquels il promène le lecteur, avant de le conduire au but. Je pense toujours que, dans ces sortes de recherches, la meilleure méthode est de faire passer l'esprit du lecteur par toutes les situations logiques qui préparent la solution définitive. L'analyse, la démonstration, et les autres procédés rigoureux de la science n'atteignent leur but qu'autant qu'ils tombent sur des esprits prêts à saisir la vérité qu'ils ont pour objet d'établir. J'en ai fait l'expérience sur ma propre pensée, et je crois que le point capital, dans un ordre de conceptions aussi abstraites que celles de la métaphysique, c'est d'amener le lecteur à bien comprendre d'abord ce qu'il s'agit de lui démontrer. Enfin, je conserve la forme du dialogue, en dépit des longueurs qui lui sont inhérentes, parce que l'expérience n'a fait que me confirmer dans l'opinion que c'est la forme la plus propre à la discussion des questions métaphysiques.

Mais une dernière lecture m'a fait voir que, sur des points nombreux et importants, ma pensée a été plutôt ébauchée qu'achevée, dans une première édition. J'y ai trouvé, quant au développement des analyses et à la suite des déductions, une certaine confusion qui a pu empêcher nombre de lecteurs d'en bien saisir la doctrine. J'y ai trouvé, quant à l'expression des idées, une certaine intempérance, et parfois des impropriétés de langage qui pouvaient la fausser, ou du moins l'altérer, dans l'esprit de lecteurs même attentifs et bienveillants. Éclairer et épurer ma pensée de manière qu'il devînt impossible à tout lecteur sérieux de s'y méprendre, telle est l'œuvre de cette nouvelle édition. Dans ce but, j'ai complété le deuxième entretien sur l'insuffisance des sciences, espérant que le lecteur ne me saurait pas mauvais gré d'insister sur une matière aussi intéressante. J'ai refait à peu près entièrement le cinquième entretien sur l'idéalisme, dont une exposition trop abstraite ne laissait pas assez voir la pensée métaphysique, sous les formules logiques qui l'enveloppaient. Dans le neuvième entretien sur l'analyse de l'intelligence, j'ai refait également tout le travail relatif à la *perception*, m'attachant à démêler toujours ce que j'avais parfois confondu dans la première édition, c'est-à-dire à séparer la partie analytique propre à cet entretien, de la partie critique qui fait l'objet de l'entretien suivant. J'ai ajouté à mon livre tout un entretien sur la philosophie positive, à laquelle je n'avais d'abord donné que quelques pages. Le rôle actuel et les progrès de cette école me faisaient un devoir de justice d'en exposer et d'en apprécier plus complétement les idées. Enfin, dans les derniers entretiens sur la théologie et la cosmologie, j'ai maintenu avec plus de sévérité la distinction profonde de ces deux points de vue, en n'attribuant à la théologie que l'ordre des vérités abstraites qui ont rapport au monde idéal, et en restituant à la cosmologie tout ce qui tient au monde réel. La confusion des idées de l'*infini* et du *parfait* est si naturelle, même chez les esprits les plus familiers avec les distinctions métaphysiques, que j'ai parfois cédé, comme tant d'autres, aux habitudes du langage commun qui confond ces deux idées sous un même nom, Dieu. Erreur grave, qui mène tout droit au panthéisme !

En somme, ce n'est pas un livre nouveau que je présente au public ; c'est un livre moins imparfait à beaucoup d'égards. Ma pensée y reste la même au fond ; mais elle y revêt sa forme définitive. Je n'ose pas espérer que la critique n'y trouvera plus matière à objections ; mais j'ai confiance qu'elle n'y rencontrera plus de ces obscurités, de ces équivoques, de ces contradictions de mots qui pouvaient la faire hésiter sur la véritable pensée de l'auteur.

Les critiques qui ont accueilli ma première édition ne m'ont ni surpris ni ému. Je m'attendais aux anathèmes de l'école théologique. Athéisme, antithéisme, panthéisme, matérialisme, sont des qualifications qu'elle n'a jamais épargnées aux philosophes. Je dirais que tout libre penseur doit s'y résigner, si ce n'était pas un honneur pour lui de mériter, par sa sincérité et son courage, les injures des ennemis de la raison et de la philosophie. En cela, cette école est dans son rôle, sinon dans son droit ; elle a au fond la même intolérance que l'Église dont elle relève et qu'elle sert. Hors de l'Église point de salut ; hors de la religion, point de vérité : même principe et même logique de part et d'autre.

Les réclamations de l'école spiritualiste me touchent davantage, parce que je n'aime point à me trouver en désaccord avec de bons esprits, avec de nobles caractères, à côté desquels j'ai combattu et je veux combattre toujours pour la doctrine du devoir, du droit, de la liberté, de la dignité humaine. Mais, s'ils me permettent un aveu, je trouve peu scientifique leur appel incessant à ce qu'il leur convient de nommer le *sens commun*. Ils savent pourtant bien que ce mot n'a pas une autorité suffisante en tout ce qui dépasse la portée ordinaire des intelligences, et qu'il n'est pas une seule des grandes vérités de la science qui n'ait eu contre elle tout d'abord les préjugés vulgaires. Il me semble aussi que nos amis de cette école devraient un peu moins se préoccuper des conséquences *pratiques* d'une doctrine métaphysique, et réserver leurs efforts pour la réfutation directe par l'analyse et la démonstration. Est-ce que l'histoire de la philosophie ne leur apprend pas que toute vérité nouvelle a couru le risque d'être étouffée sous le poids des énormités morales ou sociales que les partisans des vieilles idées ne manquaient jamais de lui prêter ? Que nos théologiens fulminent l'anathème contre toute doctrine qui ne répète pas mot pour mot son symbole, rien de plus simple. Mais l'école spiritualiste doit prendre garde qu'elle perdrait à ce rôle toute autorité philosophique. Si elle veut rester une école de libre pensée, qu'elle laisse à d'autres la *police* des esprits. La vérité philosophique ne se résume pas tout entière dans un *credo*. Les conclusions sont sans doute la partie la plus importante d'une doctrine ; mais elles ne font pas toute la doctrine. Celle-ci vaut, en outre, par ses analyses et ses démonstrations, par les efforts qu'elle tente pour pénétrer des mystères, et résoudre des difficultés que ne soupçonne même pas le *sens commun*. Rien de tout cela n'est indifférent à la cause de la vérité, et nos spiritualistes oublient trop qu'on peut la servir de bien des manières et sous des drapeaux fort différents.

Je suis loin d'insinuer pour cela que nos philosophes spiritualistes remplacent les démonstrations par les déclamations. Si les lieux communs et les tirades éloquentes tiennent trop de place dans leur critique, je ne songe nullement à méconnaître tout ce qu'elle contient de sérieux et de vraiment philosophique. Je m'en suis toujours vivement préoccupé, non-seulement pour l'effet que cette critique peut produire sur les esprits peu exercés aux abstractions métaphysiques, mais pour la vérité elle-même des idées auxquelles m'a conduit l'analyse. Ce que je regrette, c'est que la critique des spiritualistes abuse trop souvent des mots, et se montre trop sobre d'analyses. Il y a, dans le langage vulgaire, et même dans la langue de la métaphysique, des mots que l'école positive veut exterminer du dictionnaire de la science, que l'école critique respecte, tout en les trouvant bien vieux et un peu lourds, et que, selon moi, la philosophie doit conserver, à la condition de les définir et de les expliquer. *Dieu*, l'*âme*, l'*esprit*, la *matière*, le *Monde* : voilà des termes sur lesquels la philosophie dispute depuis deux mille ans, et avec lesquels l'analyse seule peut en finir. Le sens commun qui s'en tient aux mots ne voit, ne comprend, n'admet que deux solutions à chacune des thèses auxquelles correspondent ces diverses dénominations, l'affirmative ou la négative, sans se douter que tous ces vieux mots métaphysiques surabondent d'équivoques et de contradictions, en raison même de la complexité des idées qu'ils expriment. Affirmation ou négation de Dieu; affirmation ou négation de l'âme et de l'esprit; affirmation ou négation de la matière; affirmation ou négation du Monde, en tant que substance éternelle et indestructible; en un mot, théisme ou athéisme, spiritualisme ou matérialisme, réalisme ou idéalisme, le sens commun ne connaît, n'entend rien en dehors de cette alternative. A cet égard, il est aussi intolérant que l'école théologique. Si l'on ne comprend pas à sa façon Dieu, l'âme, l'esprit, la matière, le Monde, on est athée, matérialiste, idéaliste. On a beau protester et crier à la calomnie, on est et on reste classé, quoi qu'on pense et quoi qu'on fasse. La plupart de nos spiritualistes, au lieu d'en appeler à la critique et à l'analyse, confirment l'arrêt du sens commun, et tout semble dit. C'est ainsi que la métaphysique s'agite sans faire un pas, et oscille indéfiniment entre deux thèses contraires, également impuissantes, également indestructibles dans leur interminable lutte.

Quand donc nos amis nous somment brusquement de nous déclarer pour ou contre Dieu, pour ou contre l'âme, pour ou contre la matière, pour ou contre toutes les thèses métaphysiques qui ont tant occupé les écoles philosophiques avant l'avènement de la critique, nous demandons humblement la permission de nous expliquer d'abord sur tous ces mots, dont le sens est trop vague et trop complexe pour qu'un esprit tant soit peu rigoureux puisse y répondre sans distinction et sans explication. Qu'entendez-vous par Dieu? Est-ce l'Être parfait? C'est le Dieu de Platon, d'Aristote, de Descartes, de Malebranche, de Leibnitz; c'est le Dieu de tous les théologiens pour lesquels *divinité* et *perfection* sont synonymes; c'est le nôtre. Mais, si de ce Dieu, immuable dans sa perfection, élevé au delà du temps, de l'espace, du mouvement de la vie universelle, vous faites autre chose qu'un Idéal de la pensée, j'avoue ne plus comprendre, et j'ai peine à m'incliner devant un *mystère* qui implique contradiction. Appelez-vous Dieu l'Être infini, universel, principe et substance de tous les phénomènes et de tous les individus dont se compose cet Univers? Je le veux bien, quoiqu'il me répugne, ainsi qu'à la conscience du genre humain, d'adorer ce qui n'est pas la perfection absolue. Mais alors en quoi ce Dieu se distingue-t-il du Monde, et comment éviter l'accusation de panthéisme? Appelez-vous Dieu l'être spirituel et personnel par excellence, le Dieu pur esprit, conçu sur le type de l'intelligence et de l'âme humaine? Je le veux bien encore. Mais, outre que cette conception n'est qu'une hypothèse fondée sur une simple induction, et n'a point ce caractère de nécessité logique qui ne permet pas le doute, je ne comprends plus comment Dieu ainsi conçu sera le principe du Monde et le Père de la Nature. Je sais bien qu'on tranche la difficulté par le mystère de la création. Mais si la science accepte un mot aussi parfaitement inintelligible, je ne vois point pourquoi elle ne se résignerait pas à tous les mystères de la théologie orthodoxe. Enfin, réunissez-vous sous le nom de Dieu toutes ces idées, comme semble le faire le sens commun? Alors Dieu sera parfait et infini, idéal et réel, universel et individu, libre dans ses actes d'une liberté nécessaire, agissant, pensant en dehors du temps, de l'espace, et des conditions de toute pensée, de toute action, pur Esprit et Père de la Nature tout à la fois. Ici ce n'est plus seulement le mystère qui embarrasse ma raison ; c'est la contradiction manifeste qui l'arrête tout court.

Qu'entendez-vous par l'âme? Est-ce l'être, l'individu vivant, dont les attributs essentiels sont la locomotion spontanée et la sensibilité? Rien de plus simple, ce mot n'étant alors que l'exacte expression d'un fait. Voulez-vous que l'âme soit encore le principe de la vie en général, de la vie intellectuelle, comme de la vie animale et végétative? Cela ne saurait être contesté, pourvu qu'on ne songe point à séparer le principe de ses phénomènes et de ses organes. Mais si vous entendez par l'âme un être à part, accidentellement uni au corps qu'il traîne avec lui jusqu'au jour de la délivrance marqué par la mort de l'individu vivant, je ne comprends plus, et j'aime autant croire à la métempsycose. Qu'entendez-vous par l'esprit? Est-ce l'être vivant dont l'attribut caractéristique est l'intelligence? Nulle difficulté, puisque le mot n'exprime encore là qu'un fait. Est-ce le principe de la pensée? Rien de mieux encore, si vous n'entendez par là qu'une simple distinction logique entre le principe de la pensée et le principe de la vie, dans le même individu. Mais si vous allez jusqu'à imaginer l'esprit comme un être à part, dans l'être complet qu'on appelle l'homme, un être qui pense encore et n'en pense que mieux, du moment que les conditions de la pensée, c'est-à-dire la vie, la sensibilité, la perception, l'imagination ont été supprimées par la mort, ma raison ne peut vous suivre jusque-là, eussiez-vous l'éloquence de Platon, la logique de Descartes, l'intelligence de Leibnitz. Penser sans cerveau me semble un aussi grand miracle que de sentir sans système nerveux, et de percevoir sans organes.

Qu'entendez-vous par la matière? Est-ce simplement l'ensemble des propriétés physiques et chimiques que nous révèlent l'observation et l'expérience? Nulle difficulté, puisque le mot ne dépasse pas l'expression des faits. J'irai même volontiers jusqu'à reconnaître avec nos savants les plus éminents, physiciens ou naturalistes, la matière comme un système de forces soumises à des lois dans leur mouvement et leur développement. Mais si vous entendez par là une chose indéterminée et sans aucune propriété positive, comme Platon, ou une substance inerte et n'ayant d'autre propriété que l'étendue, comme Descartes, ou enfin une collection d'atomes disséminés dans le vide, comme la plupart de nos matérialistes l'imaginent, je ne crois plus à la matière, et j'abonde dans le dynamisme de Leibnitz.

Enfin qu'entendez-vous par le Monde? Est-ce seulement cette infinie variété de phénomènes qui se produisent à la surface de la vie universelle? Je comprends la contingence du Monde ainsi conçu, et la nécessité logique d'un principe substantiel; mais c'est là le Monde de l'imagination, non de la science et de la raison. La science ne nous montre-t-elle pas l'être indestructible à travers les transformations qu'il subit? Et même avant les révélations de la science, la raison ne conçoit-elle pas à priori cette persistance de l'être comme nécessaire? Entendez-vous par le Monde cette substance indestructible, mais réduite à une masse inerte? Alors je comprends la nécessité d'une cause motrice et organisatrice. Mais c'est encore là une fausse idée du Monde. S'il est une vérité démontrée par la science moderne, c'est que la matière ainsi conçue n'est qu'une abstraction scolastique, et que la Nature possède en elle-même le principe de tous ses mouvements et de toutes ses transformations.

Vous le voyez, tous ces mots veulent être définis et expliqués, sous peine de mystères, de contradictions et de non-sens. Dans leur vague complexité, ils n'expriment pas des idées assez simples, ils ne répondent pas à des objets assez précis pour que la science puisse les accepter sans réserve et sans distinction. On n'est pas athée, matérialiste, panthéiste, idéaliste, parce qu'on ne croit pas à Dieu, à l'âme, à l'esprit, à la matière, au Monde, à tous ces mots métaphysiques pris dans une acception quelconque. Le véritable *athée*, s'il y en a, est l'esprit grossièrement empirique auquel manque le sens de l'intelligible, de l'idéal, du divin. Le vrai *panthéiste* est celui qui identifie la vérité et la réalité, Dieu et le Monde, soit qu'il divinise le Monde, à l'exemple de Spinosa et de Gœthe, soit qu'il matérialise Dieu, à l'instar des stoïciens. Le vrai *matérialiste* est celui qui ravale l'homme à la bête, soit en niant ses facultés supérieures et vraiment humaines, soit en les dérivant de ses facultés animales. Le vrai *idéaliste* (comme Berkeley) est celui qui rejette comme une illusion toute réalité extérieure, quelque idée qu'on s'en fasse, qu'on n'y voie que des forces et des lois, ou qu'on se la représente comme étendue et matérielle. Voilà pourquoi la critique ne saurait être trop réservée dans ses classifications, et cela, non par pure sympathie ou déférence pour les personnes, mais bien dans l'intérêt même de la vérité et de la science.

Cela étant, je maintiens les conclusions de ce livre, et je les propose de nouveau au public savant, toujours avec la même confiance en leur vérité métaphysique, et en leur pureté morale. Les deux grands objets de la métaphysique sont Dieu et le Monde. Or ces mots expriment, à mon sens, l'éternelle et profonde distinction de l'intelligible et du sensible, de l'idéal et du réel, distinction qu'il ne faut pas confondre avec celle de l'infini et du fini, de l'absolu et du relatif, de l'universel et des individus. Pour moi, Dieu est l'Être parfait, dans le sens propre du mot, immuable dans sa perfection, résidant au delà du temps, de l'espace, du mouvement, de la vie universelle. C'est le suprême Idéal de la *Dialectique* de Platon, l'Acte parfait de la *Métaphysique* d'Aristote, la Pensée pure affranchie de toutes les misères de la réalité. Ceci dit assez que ma théologie n'a rien de commun avec le panthéisme, dont le caractère propre et le vice radical sont d'identifier l'idéal et la réalité, Dieu et le Monde. Et si nos théologiens crient à l'athéisme, je leur demande à mon tour ce qu'est Dieu, où il est, et quel autre *ciel* que la pensée peut habiter l'Être parfait ; je demande ce que peut signifier ce mot, dans la langue de la théologie moderne, sinon le Monde intelligible, le Monde idéal, depuis que l'astronomie a relégué parmi les rêves de l'imagination orientale le céleste Empyrée, radieux séjour des dieux, des anges et des bienheureux ; je demande enfin ce qu'on veut dire quand on parle d'un Monde supérieur au temps, à l'espace, au mouvement de la vie universelle, si l'on entend par là autre chose que le Monde des idées. Monde sensible, ou Monde intelligible, Monde de l'espace, ou Monde de la pensée : nous ne voyons pas de milieu ; il faut choisir. Le panthéisme place son Dieu dans le premier ; notre spiritualisme place le sien dans le second. *Et cœlum et virtus*, a dit Lucain : le ciel, c'est la conscience du juste. *Et cœlum et mens*, dirons-nous en vrais disciples de Platon : la lumière céleste, c'est la lumière de la pensée. Hors de là, nous ne trouvons que mystères et contradictions, et nous prions humblement nos amis de l'école spiritualiste de nous les expliquer, avant de se récrier contre les mystères de la théologie orthodoxe. Nous ne voyons pas que la *création* de la matière soit plus intelligible que l'*incarnation* de la Divinité, ni qu'il soit plus facile de comprendre l'être, la vie, la pensée en dehors de l'espace et du temps, que l'unité des trois personnes divines en une seule et même nature. Peut-être même, en y réfléchissant bien, trouverions-nous que les mystères de la théologie, compris comme symboles, contiennent une idée et une vérité, tandis qu'au fond des mystères d'une certaine métaphysique, nous n'apercevons que des non-sens tout secs.

Pour moi encore, le Monde, l'Être cosmique est l'Être infini, universel, absolu, nécessaire, indestructible dans sa substance, se suffisant à lui-même en tout et pour tout, être, mouvement, ordre et progrès des choses. Toute puissance, toute force, toute beauté, toute vertu réelle, tout principe de progrès est en lui. En célébrant ses merveilles, des poëtes, des philosophes, des théologiens l'ont nommé le Dieu vivant, oubliant qu'il mérite tous les noms, celui-là excepté. Et si l'on m'accuse d'absorber, d'anéantir, par cette définition, les êtres particuliers dans le grand Tout, je renvoie aux enseignements de l'expérience et de l'analogie les esprits craintifs qui s'inquiètent de savoir comment les individus peuvent exister, vivre et se mouvoir au sein de l'Être cosmique. Et comment, s'il vous plaît, existe, vit et se meut l'individu terrestre, pierre, plante, animal, homme, dans l'unité organique de la planète ? Comment existe, vit et se meut la planète elle-même, dans l'unité du système solaire ? Comment existe, vit et se meut le système solaire, dans l'immense système céleste ? La loi de l'individu est de vivre dans le Tout et par le Tout. Cette loi universelle et nécessaire n'est un mystère que pour ceux qui ferment les yeux à l'expérience ; elle n'est une contradiction que pour ceux qui assimilent le principe de la vie universelle à l'un de ces êtres dont l'imagination et la conscience nous offrent le type. Par cette manière de procéder, on met réellement en péril l'autonomie ou la personnalité des individus. Mais la doctrine de l'unité n'entraîne aucune de ces conséquences, pourvu qu'on ne la complique pas de comparaisons et d'inductions qui en altèrent la pureté métaphysique.

Ces idées sur Dieu et sur le Monde, ainsi que toutes celles qui se trouvent développées dans les derniers entretiens, ont le mérite, si je ne m'abuse, d'être claires et positives, de ne cacher ni équivoque, ni mystère, ni hypothèse. Vraies ou fausses, elles sont parfaitement intelligibles. C'est à l'analyse et à l'expérience que je les dois, et si je me suis trompé, c'est l'analyse ou l'expérience qui les rectifiera. Je suis donc sûr d'être resté sur le terrain de la science. Je ne prétends pas, du reste, borner là l'horizon de l'imagination, ni arrêter l'essor de l'âme à la recherche des objets de ses désirs et de ses espérances. Mais c'est un autre Monde, où la science proprement dite n'a rien à voir, et qu'elle doit laisser à la religion et à la poésie. Dans un ordre de questions qui ne se prêtent que trop à la confusion des deux domaines, j'ai pris pour règle de m'en tenir toujours à ce que je comprends, abandonnant tout le reste au domaine de la foi. Je sais, par la psychologie et par l'histoire, que, s'il suffit à l'intelligence de comprendre et de connaître, l'imagination aime à rêver, et l'âme a besoin de croire au delà des exactes affirmations de la science. Que ce soit là un besoin légitime ou une infirmité provisoire de la nature humaine, que ce soit chose à respecter ou à déplorer, c'est ce que je n'ai point à décider ici. Toujours est-il que la métaphysique a tout à gagner à suivre l'exemple des autres sciences, dont les plus grands progrès datent de l'époque où elles ont restreint leur domaine aux simples objets de l'expérience, de la démonstration et de l'analyse. C'est là toute ma méthode. Ce qui m'importe, c'est que mes conclusions ne l'aient point dépassée. Il est possible qu'elles ne suffisent point à toutes les aspirations de notre nature. Si elles répondent aux exigences de la raison et de la science, mon but est atteint.

Si une critique m'a fait éprouver quelque surprise mêlée de regret, c'est celle de nos libres penseurs. Ils m'ont adressé, à propos de mon livre, beaucoup plus de compliments que je n'en mérite. J'aurais préféré qu'ils allassent tout droit à la thèse qui fait la pensée de ce livre, soit pour en sonder les bases et en reconnaître la solidité, soit pour expliquer nettement la réserve qu'ils entendent faire. La philosophie positive repousse absolument la métaphysique, n'y voyant qu'une spéculation sans fondement et sans utilité. Elle a, au moins en cela, le mérite de la décision. La philosophie critique la nie et l'affirme en même temps. Elle en conteste l'objet, mais elle en affirme le sentiment et le besoin. J'aurais aimé qu'elle expliquât la raison de ses doutes. La pensée de ce livre est la distinction profonde du Parfait et de l'Infini, l'un étant conçu comme l'Idéal suprême, l'autre comme la Réalité universelle. Sur le premier point, la philosophie critique, depuis Kant, a dit son mot qui est le mien. Sur le second, il lui reste encore à s'expliquer. A mon sens, l'Être infini et universel est une conception très nette, très simple, tout à fait nécessaire de l'esprit, et qui se démontre par l'impossibilité logique du vide, c'est-à-dire du néant. Il n'est obscur que pour l'imagination, cette *folle du logis* qui maintient obstinément, entre l'esprit et l'idée, la fausse image de l'être disséminé en atomes dans l'immensité de l'espace. Cette image écartée, le voile qui couvrait le Monde tombe tout à coup, et la vérité cosmologique qui est la principale conclusion de ce livre, apparaît dans son évidente nécessité. La continuité de la vie universelle éclate aux yeux de l'intelligence.

Voilà le point sur lequel j'aurais voulu savoir le dernier mot de la philosophie critique. Avec cette école, et même avec l'école positive, je rejette toute *connaissance* à priori. Mais en même temps, je maintiens certaines *conceptions* à priori qui font l'objet propre de la métaphysique; j'en maintiens non-seulement la nécessité logique que l'école critique n'a jamais mise en doute, mais la vérité objective. *Connaître* et *concevoir* : tout l'avenir de la métaphysique est, selon moi, dans cette distinction. C'est sur ce terrain que j'appelle la critique de notre temps. J'ai donné, en faveur de la réalité *objective* de ma conception cosmologique, des raisons tirées de l'analyse de l'intelligence, et fondées, comme toutes les démonstrations rigoureuses, sur le principe de contradiction. Que la critique nous dise enfin ce qu'il faut en penser.

E. VACHEROT.

Paris, le 13 août 1862.

PRÉFACE

Pourquoi un livre de métaphysique à une époque de science positive et d'histoire? Quel en peut être l'à-propos? Science morte, diront les savants et les critiques. Que venez-vous faire, après tant d'essais avortés, après les coups multipliés d'une critique qui n'a pas laissé debout une seule pierre de l'édifice dont vous rêvez la reconstruction? Science faite, diront les historiens et les éclectiques. A quoi bon ajouter un système à tous ceux que l'histoire nous a légués? Ne trouvez-vous pas la tradition assez riche? Est-ce que tout n'a pas été dit? Reste-t-il encore une méthode à éprouver, un principe à établir, une idée féconde à développer? L'ère créatrice des systèmes n'est-elle pas close, et la philosophie a-t-elle aujourd'hui autre chose à faire que de choisir parmi les œuvres de la sagesse et du génie?

Je sais tout cela. Je ne viens point proposer une inspiration de ma pensée avec cette confiance naïve que la complète ignorance de l'histoire peut donner aux esprits jeunes ou aux intelligences solitaires. Je n'ai pas le défaut ou le mérite de penser tout seul. J'ai vécu, et bientôt j'aurai le droit de dire que j'ai vieilli dans l'histoire. J'ai donc assez l'expérience des systèmes de l'esprit humain pour ne point être dupe d'une illusion psychologique, en fait de nouveauté et d'originalité. Je laisse à l'initiative du génie ou à la témérité de l'inexpérience l'œuvre héroïque de ces grandes synthèses de la science qu'on nomme *systèmes*; l'œuvre que j'entreprends est toute d'analyse et de critique. Si je crois fermement que la métaphysique n'est ni une science morte, ni une science faite, c'est au nom de cette double autorité. Non, l'histoire n'a pas dit son dernier mot sur les problèmes qui font l'objet de la métaphysique. Ma foi profonde est que l'analyse et la critique, opérant librement et sans préventions systématiques, finiront par avoir raison d'un dogmatisme absurde et d'un scepticisme déplorable. Sur des questions de cette importance, il ne se peut que l'esprit humain en soit réduit aux mystères de la théologie, aux entités de la vieille métaphysique, ou aux négations de la philosophie critique.

Une chose me frappe dans l'esprit de ce temps, et surtout de ce pays : c'est la disposition à nier ou affirmer sans raisons suffisantes dans les choses métaphysiques. Sceptiques ou croyants obéissent généralement au préjugé. On prend parti pour ou contre la métaphysique par toutes sortes de raisons extrinsèques et superficielles. C'est la prévention, la mode, l'inintelligence des vérités supérieures, la paresse, l'engouement, le besoin de croire, la morale, la politique qui décident le plus souvent l'esprit dans un sens ou dans l'autre. De cette faiblesse dans la négation ou dans l'affirmation il résulte que les sceptiques n'ont pas su en finir avec la métaphysique, et que les dogmatiques n'ont pu en rétablir l'autorité dans le monde savant. Aujourd'hui encore, après tant de débats, rien de net, rien de fixe, rien de définitif d'aucun côté. Sceptique ou dogmatique, la pensée flotte, fléchit, change au gré des circonstances et des courants de l'opinion. On ne sait ni croire ni douter. C'est cette situation molle et indécise des esprits qui m'a décidé à faire un livre sur la métaphysique. Dieu, le Monde, l'Esprit, la Matière sont des problèmes qui peuvent échapper, par leur portée transcendante, aux sciences positives, surtout préoccupées d'applications pratiques. Mais la pensée humaine ne peut en prendre de même son parti. Tandis que l'immense majorité, qui a besoin de doctrines toutes faites, reçoit sans hésiter ses solutions des mains d'une autorité quelconque, le nombre des esprits cultivés et formés aux procédés de la science est assez grand pour que la critique prenne la peine d'examiner si la raison peut arriver à des solutions scientifiques, sur ces points comme sur le reste. De telles questions méritent, ce semble, que les gens sérieux n'affirment ou ne nient qu'en parfaite connaissance de cause.

La philosophie française contemporaine, l'école éclectique surtout, a excellé dans la critique des idées métaphysiques fausses, étroites et grossières, par lesquelles le XVIIIe siècle avait cru pouvoir remplacer définitivement les belles, mais quelque peu chimériques abstractions de la philosophie antérieure. Elle a ainsi préparé le terrain sur lequel la science nouvelle, la vraie métaphysique du XIXe siècle pourra élever ses constructions.

Mais elle serait dans une grande erreur, si elle croyait avoir fait davantage. Son œuvre dogmatique, sauf de rares et fort incomplètes tentatives, se réduit à la réinstallation de l'ancienne métaphysique sur les ruines de la philosophie de la sensation. C'est Platon, Descartes, Malebranche, Bossuet, Fénelon, Leibnitz qui en font à peu près tous les frais. Méthodes, principes, idées, arguments, rien n'est bien nouveau dans la métaphysique française de notre temps : ce sont les mêmes éléments épurés et combinés avec un art fort ingénieux, et exprimés dans une langue plus simple et plus scientifique. Cette métaphysique peut bien faire illusion aux esprits novices qui ignorent que la critique de Kant et de son école l'a ruinée jusque dans ses fondements. Mais tous ceux qui en France ne sont pas restés étrangers au mouvement philosophique de l'Allemagne, depuis Kant jusqu'à Hegel, n'en sauraient être dupes. On la goûte, on l'admire comme histoire ; mais on ne la prend pas au sérieux comme science. A son endroit, on en reste aux conclusions de la philosophie critique. Donc la question métaphysique, en France du moins, est plus neuve qu'elle n'en a l'air. Tout ce qu'on nous donne aujourd'hui sous ce nom date tout au moins du xviie siècle ; il n'y a de nouveau que la forme. C'est ce qui fait que la science et la critique n'y attachent qu'un intérêt historique.

Je sais que chez nous la science est peu curieuse de métaphysique, et que la critique se complaît dans l'histoire. Les meilleurs esprits, les mieux nés pour la découverte et la démonstration de la vérité, s'en fient volontiers, comme le vulgaire, à ce qu'on est convenu d'appeler les lumières du sens commun. Il faut bien le dire, notre pays, même à ses jours de grande liberté, n'a jamais été la terre classique de la libre pensée. Le culte de la vérité y est rare, j'entends le culte désintéressé. On y aime, on y cherche la vérité, non pour elle-même, mais pour ses mérites et ses vertus pratiques. On n'y connaît guère plus la théorie de la science pour la science que la théorie de l'art pour l'art ; on laisse ce principe à la savante et poétique Allemagne. Chez nous, quand un auteur publie un livre de philosophie, on ne lui tient compte ni de l'ardeur de ses efforts, ni de la rigueur de ses analyses et de ses démonstrations. Tout cela est regardé comme un préambule de luxe qu'on ne s'arrête point à lire. On va droit aux conclusions du livre ; et, pour peu qu'elles aient l'air de choquer les opinions reçues, le livre est classé, jugé et condamné sans appel. On en fait justice avec un mot. C'est ainsi que le libre penseur de nos jours est *matérialiste*, pour ne pas croire sans réserve à la doctrine platonicienne ou cartésienne des deux substances ; *athée*, pour ne pas se prosterner devant les idoles de la théologie vulgaire ; *panthéiste*, pour comprendre la distinction de Dieu et du Monde, de Dieu et de l'homme autrement que l'imagination ne l'entend.

Il est même fort rare que justice soit rendue à la sincérité des sentiments de l'auteur. Il ne vient guère à l'esprit des lecteurs surpris et froissés qu'il ait pu écrire tout simplement pour la vérité. On se demande quel intérêt de parti, quel sentiment de vanité ou d'orgueil, quel esprit d'indiscipline a pu le porter à troubler la paix des intelligences et des âmes. Tout devient matière à scandale dans ce pays de discipline et de consigne, non point parce que l'audace de la pensée individuelle y est grande, mais parce que l'empire du mot d'ordre et de l'exemple y est prodigieux. Tel est le caractère même de l'esprit français. Il ne pense qu'en face du public ; il n'est jamais seul et libre devant le problème qui fait l'objet de ses recherches. Le public est toujours là, qui le conseille, l'inspire, lui fait modifier le développement ou l'expression de sa pensée. Il ne voit jamais la vérité qu'à travers le prisme de l'opinion. Nous sommes, nous autres Français, gens de discipline avant tout, dans la pensée, comme dans la bataille. De même que nos soldats, nos penseurs s'éveillent, s'animent, s'exaltent sous les regards et les applaudissements de la foule. Leur verve est cette *furie* française qui a besoin du bruit et du succès ; l'ombre l'engourdit, et le silence la glace. Le grand jour de l'opinion, et de l'opinion favorable, voilà le vrai cabinet de travail de nos philosophes, alors même qu'ils font mine de s'enfermer entre quatre murs pour méditer. Cela est vrai en tout temps, parce que cela est le génie même de l'esprit français. Il a toujours le mot d'ordre à la bouche, dans ses jours d'ivresse révolutionnaire, comme dans ses jours de stupeur conservatrice ; lors même qu'il semble le donner, au fond il ne fait que le transmettre. Chez nous les Descartes sont très rares, et les Spinosas impossibles. Cette méthode a ses avantages et ses inconvénients. Nous lui devons le grand nombre de nos écrivains, et le petit nombre de nos penseurs ; nous lui devons l'admirable clarté, et la médiocre originalité de nos livres. On l'a dit avec une parfaite vérité, l'esprit français est, de même que sa langue, le *verbe* de la pensée universelle. Ce n'est pas lui qui découvre le mieux la vérité ; mais c'est lui qui l'exprime, la consacre, la popularise. En ce sens, c'est l'organe par excellence des vérités et des idées générales.

Ce livre n'a aucune prétention à l'originalité ni au paradoxe. Il est, j'ose le dire, d'un esprit essentiellement français, qui aime à penser comme tout le monde, qui respecte la tradition, qui adore la lumière, qui s'inspire de l'histoire, et ne peut se passer de l'approbation de tous les bons esprits. S'il conclut parfois autrement que ne semblent l'exiger les idées reçues, il demande grâce et sérieux examen pour les affirmations et les négations que l'analyse et la critique lui ont imposées. Le libre penseur n'est pas cet être heureux, maître de ses mouvements, mobile en ses allures, personnel dans ses opinions, qu'imaginent nos théologiens peu bienveillants pour la philosophie. Libre d'intérêts, de préjugés, de convenances, de toutes choses étrangères à la science, il est l'esclave de la vérité. Sa parfaite liberté est précisément son absolu dévouement à la science pure. Lorsque, dans les recherches philosophiques, on poursuit un autre but que la vérité, on peut traiter la vérité en instrument, et la logique en auxiliaire. Mais si c'est la vérité seule qui est le but de cette recherche, le philosophe, de même que le savant, porte continuellement le joug de la méthode et de la logique.

C'est cette sainte servitude que j'ai subie dans le cours de ce livre. Je n'ai point eu souci de penser autrement ou mieux qu'on ne le faisait autour de moi; j'ai simplement suivi la lumière de l'analyse, sans me laisser distraire par les impressions de la sensibilité, ou les visions de l'imagination.

Cherchant la vérité métaphysique dans ces conditions, j'ai bien vite compris qu'il est impossible, comme dit le fabuliste, de *contenter tout le monde et son père*. S'il ne s'agissait que de nos théologiens, la résignation me serait facile. On n'est libre penseur, on n'est vraiment philosophe qu'au prix de leurs anathèmes. Les philosophes les plus modérés, les plus religieux de ce temps-ci, quelle que fût leur réserve, quel que fût leur respect pour les dogmes auxquels leur raison avait cessé de croire, n'ont pu retenir, sous l'inspiration d'un sentiment philosophique sincère, quelques-unes de ces généreuses paroles que saisit toujours la *congrégation de l'Index*. En pareille compagnie, l'anathème est doux à supporter. Les inimitiés et les calomnies des théologiens honorent un philosophe autant que leurs éloges le compromettent.

Je me passerai tout aussi facilement de la faveur de ces esprits bornés qui ont perdu, dans le commerce de la réalité, le sens métaphysique des choses, au point de trouver que l'infini, l'absolu, l'universel, Dieu, sont des mots vides de sens. Je sais que l'abdication des plus hautes facultés de l'intelligence est pour eux un signe de bon sens et d'aptitude scientifique. Mais je. consens volontiers à passer à leurs yeux pour un chimérique, si par chimère ils entendent toute vérité qui dépasse l'expérience, ou ne peut se représenter à l'imagination.

Ce qui est pour moi un bien autre souci, ce serait de choquer ces nobles et rares esprits que le sentiment du beau inspire encore plus que le sens du vrai. Ceux-là ont peine à goûter toute philosophie qui n'est pas fidèle à la grande tradition du XVIIe siècle. Descartes, Malebranche, Bossuet, Fénelon restent leurs oracles en métaphysique, parce qu'ils sont les éternels modèles de la belle langue philosophique. Ces écrivains, ces critiques d'un goût délicat ne peuvent entendre parler de tout ce qui n'a pas la clarté, l'élégance, la noblesse, la grande popularité de la pensée française. Surtout ils ont horreur des méthodes, des formules, des hardiesses, des obscurités de la pensée allemande. Personne plus que moi ne comprend et ne respecte ces scrupules. Mais enfin la science n'est pas l'art; le beau langage ne peut sauver de la mort une philosophie qui a fait son temps. Si la loi du progrès est applicable quelque part, c'est dans le domaine de la science. Cette noble métaphysique du XVIIe siècle a péri presque tout entière sous les coups de la philosophie critique. Une autre s'est élevée sur ses ruines, dans un autre pays que la France, et dans une langue bien différente de la nôtre. La littérature peut le regretter; elle a, j'en conviens, d'excellentes raisons pour cela. Mais la science, dont la vérité est le premier besoin, ne peut s'associer à ce regret d'artiste; encore moins peut-elle s'enfermer dans le culte d'une philosophie qui n'a plus à offrir à ses adorateurs que l'éternelle beauté de ses formes. Je sais bien que nulle philosophie ne peut prétendre chez nous au droit de cité, si elle ne se présente sous les traits de la pensée et de la langue françaises. Mais du moment que les idées étrangères, les idées allemandes surtout, ont subi cette transformation, je ne vois plus de raison aux répugnances de nos beaux esprits. La vérité, comme tout ce qui est divin, n'a pas d'origine ; elle n'est d'aucun siècle, ni d'aucun pays. Tout ce que peuvent demander l'esprit français et l'illustre société des gens de goût qui en sont les organes les plus purs, c'est que cette vérité se produise avec tous les signes qui la font reconnaître chez nous, la clarté, l'ordre, et la correction classique.

Enfin, il est une autre élite d'esprits dont les sympathies me sont encore plus chères ; c'est la société des penseurs sincères, très réservés, très défiants de toute initiative révolutionnaire, mais inflexibles, dans leur modération, devant les séductions ou les violences de l'école théologique. Comme ils sont avant tout amis de la vérité, ils n'ont jamais de parti pris contre les doctrines nouvelles ou étrangères qui leur en offrent les caractères. Mais ces esprits essentiellement conservateurs ont de prime abord peu de goût pour les nouveautés. Ils aiment, ils embrassent volontiers le progrès des idées, pourvu qu'il s'abrite sous l'autorité des grandes traditions. Si j'ai quelque inquiétude de ce côté, si je crains d'y éveiller des scrupules et d'y blesser des croyances intimes, ce n'est pas que je croie mon livre aussi hardi qu'il peut le leur sembler. Je reste profondément attaché à toutes les vérités qu'ils regardent avec raison comme la force, la vie et l'honneur de la philosophie ; je reste spiritualiste, idéaliste, théiste comme eux, avec d'autres méthodes, un autre langage, et aussi sans doute avec de notables réserves. Je ne me consolerais point de penser autrement que ces modestes et excellents esprits sur le fond des doctrines, et j'ai confiance que nous différons bien moins sur les choses que sur les mots. Penser seul est pour moi un supplice ; j'ai au plus haut degré cette faiblesse de l'esprit français, si c'en est une. Si je supporte assez philosophiquement les hostilités des ennemis de la philosophie, j'ai grand besoin des sympathies de ses amis, surtout de ses sincères et incorruptibles amis. Je ne prétends nullement à une doctrine, à une méthode, à une idée originale ; je n'ai ni le goût ni le talent du paradoxe. J'ai voulu simplement exprimer, en la dégageant des obscurités naïves ou calculées qui l'enveloppent, la pensée métaphysique de notre siècle, pensée simple, naturelle, en harmonie avec le progrès des sciences positives, et à laquelle doivent se rallier tôt ou tard tous les esprits bien faits, pourvu qu'ils restent libres et fermes dans la recherche de la vérité. Cette pensée n'est pas absolument neuve. L'esprit humain l'a toujours contenue dans son sein, de même que toutes les grandes pensées qui servent de principes aux systèmes philosophiques. On la rencontre déjà, sous des formes obscures ou imparfaites, au fond des grandes religions et des grandes philosophies du passé. Le sentiment de l'Être universel et du lien qui y rattache les individus éclate dans les paroles de l'Apôtre : *In Deo vivimus, movemur et sumus*, aussi bien que dans les abstraites formules de Plotin ou de Spinosa. Mais il était réservé au xixe siècle de lui donner sa forme complète et définitive, en l'épurant par la critique, et en la fécondant par la science. L'imagination a fait une idole de cette conception qui est la vérité métaphysique par excellence; l'abstraction scolastique en a fait une entité stérile et inintelligible : il appartient à notre siècle d'en faire une idée positive, scientifique, aussi réelle dans son objet que simple dans sa démonstration.

Ce livre étant surtout une œuvre d'analyse et de critique, j'ai cru devoir adopter la forme du dialogue, comme la plus propre au développement des questions et des objections. L'art n'entre absolument pour rien dans le choix de cette méthode. Pour les artistes comme Platon, le dialogue est une véritable composition dramatique par le nombre des interlocuteurs, le mouvement des idées, la lutte des esprits, la variété et le contraste des rôles, l'ingénieuse conduite du débat, l'intérêt des incidents et des péripéties, par la mise en scène en un mot de tous les éléments de la discussion. Genre délicat et difficile à manier, s'il en fut, qui est le triomphe des grands artistes, et l'écueil des médiocres ! Pour les philosophes, comme Malebranche et Berkeley, qui n'ont d'autre but que la science et la vérité, le dialogue est la forme naturelle de la discussion ; il en reproduit mieux qu'une simple exposition les vicissitudes et les nécessités; il suit mieux le mouvement de la pensée dans la carrière laborieuse où elle s'est engagée. C'est pour ces diverses raisons que je l'ai employé, avec l'unique intention de le faire servir à l'expression plus variée, plus souple, plus vivante de la vérité. Ce dialogue, du reste, est aussi simple que possible ; il se réduit à deux interlocuteurs, toujours les mêmes dans la série des entretiens. Le but de mon livre étant de réconcilier la métaphysique avec la science, tout se passe entre un métaphysicien et un savant. J'ai exprimé les objections de l'un et les prétentions de l'autre avec toute l'impartialité d'un esprit libre, sans me préoccuper de l'effet que cette polémique loyale pouvait produire sur des esprits faibles ou prévenus. Si l'on n'allait jusqu'à la conclusion, on pourrait être tenté de croire que je prends tour à tour parti pour les doctrines les plus opposées ; mais la conclusion montre l'intention, la méthode, la doctrine profondément dogmatique de ces entretiens. Et parce que j'arrive au résultat par la critique, j'espère qu'on ne confondra point le moyen avec la fin. C'est la critique qui est aujourd'hui le point de départ de tout dogmatisme sérieux. La nouvelle métaphysique n'a pas le droit de rien affirmer qui n'ait passé par cette épreuve. Elle y laisse bien des idoles et bien des abstractions ; mais ce qui survit, ce qui résiste à l'analyse n'en a que plus de solidité. Avec ces éléments indestructibles, la métaphysique sera toujours possible.

Ces entretiens sont moins l'exposé didactique d'une doctrine que l'histoire d'une pensée qui a traversé toutes les conceptions, tous les systèmes décrits successivement, pour se reposer dans une conclusion définitive. Si cette histoire n'était que le fait individuel d'un esprit sincère, elle n'aurait guère d'autre titre à l'intérêt des amis de la philosophie que l'ardeur des sentiments qui m'animent dans la poursuite du vrai. Alors n'eût-il pas mieux valu procéder par une exposition directe de la doctrine que je tiens pour la vérité? Mais, si je ne m'abuse, l'histoire de ma propre pensée est celle de tout esprit qui a souci de métaphysique. Je ne suis pas le seul qui aie passé par l'inévitable succession des systèmes, par le matérialisme, par le spiritualisme, par l'idéalisme, par l'éclectisme, par la critique, avant d'arriver à une métaphysique vraiment scientifique. J'ai cela de commun, non-seulement avec une certaine famille d'esprits, mais encore avec tout esprit à qui la moindre éducation philosophique permet de faire usage de ses facultés. Cette série de conceptions et de systèmes, ce *procès* dialectique, pour parler comme Hegel, me paraît la loi de toute pensée individuelle libre et complète.

Quand l'esprit se dégage de la synthèse confuse qui est l'état d'enfance des individus comme des sociétés, et dans laquelle toutes les facultés se mêlent avec les idées qui leur sont propres; quand il entre en un mot dans la période scientifique et philosophique, la première conception des choses qui se présente à lui est le *matérialisme*. C'est par cette métaphysique de l'*imagination* qu'il représente, qu'il construit, qu'il explique tout. Ce système facile, clair et simple en apparence, peut faire illusion quelque temps; mais le sentiment obscur d'une vérité plus haute, l'évidente absurdité des conséquences auxquelles l'esprit est conduit dans cette voie ne lui permettent pas de s'en tenir à ce début. Bientôt s'éveille la réflexion, qui, sous l'appareil trompeur des représentations de l'imagination, fait saisir et sentir à l'esprit l'essence intime, l'être véritable des choses, la force et la vie dont les formes sensibles ne sont que le symbole extérieur. Telle est la métaphysique de la *conscience*, le *spiritualisme* proprement dit. La pensée se complaît et séjourne plus longtemps dans ce nouveau point de vue des choses, tout autrement intime et profond que le premier ; mais la logique ne la laisse point s'y reposer. Voir les choses par l'imagination ou par la conscience, c'est toujours les voir par l'expérience, et sous une forme tout individuelle, sinon extérieure. L'esprit sent le besoin de franchir cette barrière par un effort plus ou moins tardif d'abstraction, et d'élever sa pensée au-dessus de ces formes de l'imagination, au-dessus de ces forces vives de la conscience, jusqu'à l'Être un, universel, infini, qui les comprend, les domine et les absorbe. C'est la métaphysique de la *raison*, l'*idéalisme*. Alors commencent les embarras de la pensée tiraillée en sens contraire entre les représentations de l'imagination, les perceptions intimes de la conscience, et les conceptions de la raison. Laquelle de ces facultés faut-il croire ? L'une affirme la matière ; l'autre l'esprit ; la troisième Dieu. Le premier mouvement de la pensée pour sortir de difficulté est d'embrasser avec une égale énergie les trois objets exclusivement affirmés par chacune de nos facultés. C'est le conseil du sens commun, lequel s'inquiète peu des objections de la science. Mais la critique, à qui cela ne suffit point, montre les contradictions s'échappant de toutes parts du témoignage de nos facultés. Crise suprême de la pensée, moment fatal de doute et d'angoisse pour tout esprit, pour toute âme tourmentée du besoin de la vérité ! Comment la pensée pourrait-elle s'y reposer, ainsi que le lui conseillent nos critiques de profession ? Il lui faut donc en sortir, et à tout prix. C'est l'heure des défaillances, des défections, des abdications intellectuelles. Nombre d'esprits, par peur du doute, se résignent à ne plus penser, et s'en remettent à l'autorité théologique du soin de penser pour eux. S'ils ne cherchaient pas avant tout dans une doctrine une simple règle pratique, ils comprendraient que le suicide est le pire des remèdes. Mais tout esprit vraiment sain cherche le salut de sa croyance dans un effort supérieur de la pensée ; il poursuit la vérité à travers les antinomies d'une science incomplète, et arrive enfin, par une légitime application des idées rationnelles, au rétablissement de l'harmonie entre les facultés de la pensée, et à l'accord des vérités que chacune d'elles nous révèle. Alors s'engendre et se fortifie en lui cette foi définitive qui peut défier la critique et la science.

Telle est l'épreuve imposée à tout esprit bien fait qui aspire à une croyance vraiment scientifique. La route est longue ; mais il n'est pas possible d'en supprimer une seule étape. C'est du reste la loi de l'histoire, aussi bien que de la pensée individuelle. Tout grand mouvement philosophique, quand il est libre et spontané, commence par le premier degré de la spéculation, la métaphysique des sens et de l'imagination. Dieu, l'homme, la Nature, tout s'y représente, tout s'y explique par les conceptions et les principes de cette faculté. Ce moment est le règne des écoles matérialistes et mécanistes. La première période de la philosophie grecque en offre la preuve ; Thalès, Pythagore, Démocrite, Héraclite, Empédocle, Anaxagore subissent plus ou moins complétement cette loi. Les uns sont purement matérialistes ; les autres mêlent à leur matérialisme un faible et grossier élément de spiritualisme ou d'idéalisme : ceux-ci sont matérialistes à la façon des géomètres ; ceux-là le sont à la façon des physiciens. En somme, c'est la métaphysique des sens et de l'imagination qui domine dans cette période. Puis la métaphysique de la conscience et celle de la raison, le spiritualisme et l'idéalisme entrent en scène, plus ou moins confondus avec la grande école socratique qui, de Socrate à Zénon le stoïcien, remplit toute la seconde période. Puis arrive l'époque critique où Pyrrhon, Énésidème, Sextus sondent, pour les ébranler, les bases de toute connaissance. Vient enfin, après un éclectisme plus ou moins empirique, la grande et forte synthèse des philosophes alexandrins, où dominent, il est vrai, l'idéalisme platonicien et le mysticisme oriental, par l'invasion d'un esprit étranger qui fait perdre à l'esprit grec la liberté de ses mouvements et l'heureux équilibre de ses facultés.

Moins libre et moins spontanée, la philosophie moderne manifeste cette même loi d'une façon moins pure et moins complète ; mais enfin elle la manifeste encore assez clairement. La première école de cette philosophie, le cartésianisme, est aussi matérialiste dans ses principes de philosophie naturelle qu'elle est spiritualiste dans ses principes de philosophie morale et religieuse. Leibnitz remplace cette métaphysique toute géométrique par la théorie des forces simples ou *monades*, dont la notion première est puisée à la source de la conscience. Mais ce grand esprit, fait pour tout comprendre, trouve moyen de faire entrer toute la philosophie du passé dans un ingénieux éclectisme, dont le spiritualisme est le fond. Cet éclectisme arrive à propos après les doctrines idéalistes de Malebranche et de Spinosa, et la philosophie tout empirique de Locke. Cela suffit pour que la philosophie critique de Kant et de son école vienne à son heure en finir avec le dogmatisme de toutes les écoles antérieures, matérialistes, spiritualistes, idéalistes, éclectiques. Aussi, quand se produira au XIXe siècle un nouvel éclectisme plus savant, plus complet que celui de Leibnitz, il ne sera plus qu'un système attardé, un véritable anachronisme, après la *critique de la raison pure*. Pour les philosophes qui comprennent le mouvement et le progrès de la pensée moderne, ce n'est pas un éclectisme plus ou moins ingénieux qui peut succéder à la philosophie critique ; c'est une véritable *synthèse* des facultés et des systèmes de l'esprit humain, fondée sur les principes mêmes de cette critique.

Sans doute, ce serait faire violence à l'histoire que de faire concorder de tout point l'ordre historique des systèmes avec l'ordre logique de la pensée. Ni dans la philosophie ancienne, ni dans la philosophie moderne, l'équation n'est parfaite. La première finit par une synthèse où le sentiment mystique prévaut sur l'esprit critique et philosophique. On voit que les sciences physiques et morales ne sont point assez avancées pour permettre à la métaphysique ancienne une synthèse vraiment scientifique. La seconde commence par une doctrine qui n'est matérialiste que dans sa philosophie naturelle. L'idéalisme s'y produit tout d'abord par un puissant effort du génie, au lieu d'être préparé par les théories de la métaphysique de l'imagination. Enfin, l'éclectisme de Leïbnitz, plutôt historique que philosophique, ne résume pas dans une juste mesure les trois systèmes qui le précèdent et le préparent. En somme pourtant, le mouvement général de la philosophie moderne manifeste suffisamment la loi qui régit la pensée individuelle.

Du reste, les lacunes, les irrégularités, les contradictions plus ou moins nombreuses qui se font remarquer, soit dans l'histoire de la philosophie, soit dans l'histoire de la pensée individuelle, infirment d'autant moins cette loi qu'elles s'expliquent par des causes indépendantes du mouvement logique inhérent à l'essence même de la pensée. Si la pensée individuelle ou générale était toujours libre et spontanée, de manière à n'obéir à d'autre impulsion qu'à la dialectique intime qui l'entraîne, la loi serait absolue et sans exception. Mais, chez les individus comme chez les écoles et les époques philosophiques, certaines causes extérieures, parmi lesquelles il faut compter l'influence des traditions et de l'éducation, modifient d'une manière plus ou moins sensible le cours logique et naturel des mouvements de la pensée. C'est ce qui explique pourquoi tant d'esprits débutent par des aspirations spiritualistes ou mystiques, avant de passer par les inévitables conceptions du matérialisme ; pourquoi d'autres préludent brusquement à la croyance scientifique par des recherches purement critiques ; pourquoi d'autres enfin commencent par un éclectisme ou un syncrétisme plus ou moins confus, avant d'arriver à des idées nettes mais exclusives sur les vérités métaphysiques. C'est également à cela que tiennent les anomalies plus ou moins graves que nous signalent, dans chaque époque, les historiens de la philosophie. Si l'école de Pythagore est spiritualiste en morale et en théologie, tout en étant matérialiste dans sa philosophie naturelle, c'est que l'influence de la tradition s'y fait sentir. Le matérialisme, chez elle, est le fruit naturel de la méthode, tandis que le spiritualisme est un emprunt fait à une tradition, soit religieuse, soit étrangère, mais certainement indépendante de la méthode toute géométrique, et des principes tout mécaniques de la philosophie pythagoricienne. Le même phénomène, avec un caractère encore plus marqué, se reproduit à l'avènement de la philosophie moderne. Si libre dans ses mouvements, si fidèle à la méthode que nous paraisse la pensée de Descartes, il n'est pas douteux que l'œuvre des *Méditations* est encore plutôt de démonstration que d'invention. Quoi qu'il ose dans son doute méthodique, la substance de sa doctrine lui est donnée par l'éducation théologique et scolastique du temps ; son originalité est bien plus dans la méthode que dans le fond des idées. Quant à Leibnitz, s'il se montre éclectique tout d'abord, cela vient de son goût prononcé pour l'histoire ; spiritualiste pur par la pensée, il est éclectique par l'érudition. Toutes les exceptions à la règle s'expliquent facilement par les mêmes causes, ou des causes analogues. Livrée à elle-même, la pensée humaine parcourt jusqu'au bout le cercle des phases que lui impose une dialectique intime et irrésistible. Si elle ne suit pas d'abord la ligne naturelle, si elle en dévie ou s'en écarte, si elle la rompt en plusieurs endroits, cela tient à l'influence de causes qui modifient son activité propre, soit au début, soit dans le cours, soit au terme de son développement.

Enfin, pour tout dire, il faut ajouter que cette évolution complète de la pensée n'est pas le fait de tous les esprits. Il en est beaucoup qui restent en route, faute de force, de courage, de souplesse, d'étendue ou de finesse. Il y a les esprits bornés, qui s'enferment et s'entêtent dans une sorte de monomanie systématique. On a beau leur crier qu'ils sont dans un trou où l'horizon des choses leur échappe; ils sont sourds à tout écho, aveugles à toute démonstration de la vérité. Il y a les imaginatifs, qui ne comprennent les choses qu'autant qu'ils peuvent se les représenter; ceux-là ne sortent guère des constructions et des conceptions de la philosophie mécanique. Il y a les anthropomorphistes obstinés, auxquels le sens métaphysique manque au point de ne pouvoir comprendre les conditions d'existence de l'Infini et de l'Universel. Il y a les mystiques, dont la sensibilité maladive s'effraye des épreuves laborieuses, des incertitudes et des angoisses par lesquelles doit passer tout esprit ferme et libre, avant d'arriver à la vraie foi, à la foi de la science. Ceux-là, ou n'entrent pas dans la carrière philosophique, ou, après y être entrés, l'abandonnent avant d'atteindre le terme de leurs efforts, pour se réfugier dans le ténébreux et muet sanctuaire d'une théologie *révélée*. Il est aussi d'imperturbables logiciens que l'intuition de la vérité, si nette, si vive qu'elle soit, ne peut affranchir d'une formule ou d'un syllogisme. Il est enfin de subtils *abstracteurs de quintessence* que nul sentiment de la réalité ne peut distraire des spéculations raffinées qui leur ont fait perdre de vue le monde de l'expérience. Toutes ces variétés d'esprits, pour une raison ou pour une autre, font défaut à la dialectique qui entraîne la pensée humaine vers son but. Mais il n'en reste pas moins vrai que cette dialectique est la loi de tout esprit bien fait.

L'esprit de ce livre est tout entier dans le titre : *Métaphysique positive*. C'est dire que je crois à la métaphysique, sans croire aux abstractions réalisées qu'on nous a trop souvent présentées sous ce nom. Je ne suis ni empiriste, ni idéaliste, dans le sens historique du mot. Je crois à la raison, à sa portée transcendante, à son objet propre. Mais je tiens qu'elle ne va pas plus sans l'expérience que l'imagination et l'entendement, et qu'en dehors de la réalité son objet n'est jamais qu'un idéal de la pensée. Imagination, entendement, raison, c'est toujours la même fonction de l'esprit opérant par analyse et par synthèse sur des éléments divers, perceptions, notions, jugements. Tout s'explique, à mon sens, par cette double opération, la matière étant invariablement donnée par l'expérience, source unique, je ne dis pas de nos conceptions, mais de nos connaissances. Pour moi, la raison n'est point cette faculté mystérieuse dans son mode d'action, divine dans son origine, que la philosophie idéaliste célèbre plutôt qu'elle ne la décrit. Si la fausse et superficielle analyse de Locke et de Condillac n'a pu l'atteindre et la définir, la véritable analyse reprend ses droits aujourd'hui. Elle montre les conceptions rationnelles se dégageant des données de l'expérience par une nécessité logique fondée sur le principe d'identité. C'est ce qu'un jeune philosophe de l'école critique, M. Taine, a fait voir avec une force d'analyse et une netteté d'expression qui ont singulièrement éclairé les esprits libres, et qui auraient dû faire réfléchir les idéalistes les plus obstinés. Peut-être un succès plus complet eût-il été obtenu, si l'auteur, esprit trop élevé, trop riche pour s'enfermer dans la triste *philosophie de la sensation*, eût réservé plus explicitement les droits de la raison, de la pensée et de la métaphysique, méconnus par l'étroit empirisme de cette école. Mais, s'il voit vite, il voit juste. Sous des formes vives et piquantes, sa critique est sérieuse, bien que trop rapide peut-être, sur ces philosophes qui enveloppent une pensée profonde et vraie dans un langage obscur. En ce moment, la guerre aux abstractions de la pensée et aux mystères de la parole est à l'ordre du jour; la science en a souffert, et en souffre encore tellement qu'on est tout charmé de cette façon si nette et si leste de mener les questions. Mais au fond M. Taine est plus idéaliste qu'il ne le dit, et qu'il ne le veut peut-être; il donnera un éclatant démenti à ceux qui l'accusent purement et simplement de matérialisme. Avec de telles facultés d'analyse et une telle science, on ne peut borner sa pensée au *Traité des sensations;* on n'a pas débuté par Hegel pour finir par Condillac. Cette dernière école est jugée et bien jugée, soit dans ses méthodes, soit dans ses doctrines; il n'y a rien à en reprendre, si ce n'est l'excellent langage. Quant aux partisans des idées à priori, ils auraient dû laisser les anathèmes à la théologie, et les déclamations à la rhétorique. La science eût gagné à une critique serrée qui eût montré, s'il y a lieu, les erreurs et les lacunes de cette analyse des vérités rationnelles.

Quoi qu'il en soit, l'analyse reste la vraie méthode. La métaphysique n'en a rien à craindre; c'est une épreuve dont elle doit sortir avec honneur. L'analyse ne fera qu'en raffermir les bases, en substituant sa lumière au mystère encore non éclairé d'une prétendue faculté révélatrice. Les vérités à priori, sur lesquelles cette science repose, n'inspireront plus de doute, du moment qu'il sera bien entendu qu'elles sont fondées sur les principes ordinaires de la démonstration, comme toutes les vérités à priori des autres sciences. La métaphysique a eu et aura de tout temps pour objet l'Être infini, nécessaire, absolu et universel. Or les conceptions de l'être, de l'infini, du nécessaire, de l'absolu, de l'universel sont tellement impliquées dans les notions du phénomène, du fini, du contingent, du relatif, de l'individuel, que l'esprit ne peut les en séparer. Aussi, pour pouvoir nier la métaphysique et les vérités qui lui sont propres, faut-il mutiler l'esprit humain, et le réduire aux pures facultés de sentir et d'imaginer qui lui sont communes avec l'animal. Du moment que la raison, que la pensée, que la faculté propre à l'intelligence humaine entre en jeu, elle ramène nécessairement les objets de la sensation et de l'imagination sous les catégories de la quantité, de la qualité, de l'être, de la relation, de l'unité. Alors apparaissent à l'esprit la distinction, puis la connexion logique des deux termes correspondant à chaque catégorie, du fini et de l'infini, du contingent et du nécessaire, de l'individuel et de l'universel, du relatif et de l'absolu, du phénomène et de l'être. La pensée entre donc forcément en pleine métaphysique, qu'elle en ait ou non conscience. Il n'y a qu'un empirisme grossier et en quelque sorte animal qui ait le droit de nier les conceptions et les vérités de cette science, au prix des facultés supérieures de l'intelligence.

Mais ce grand objet de la métaphysique, l'Être infini, absolu, universel, que la langue des hommes salue des noms les plus divers, où et comment existe-t-il? Est-ce dans l'espace, dans le temps, dans la vie universelle, ou en dehors de tout cela? Dans la première conception, ne se confond-il pas avec le monde? Dans la seconde, ne se réduit-il pas à un être de raison, à un pur idéal dont la perfection exclut la réalité? Là est le nœud de toutes les difficultés et de tous les problèmes agités par la théologie depuis tant de siècles. Or, ce nœud, il n'y a que l'analyse et la critique de l'intelligence qui puissent le dénouer. Avant cette décisive épreuve, on peut avoir le sentiment, l'intuition plus ou moins nette de la vérité métaphysique, on n'en a pas la démonstration.

Pour moi, si je n'ai pas attendu les analyses de la philosophie critique pour me défier des abstractions réalisées de la théodicée classique, je n'ai été, je l'avoue, pleinement convaincu, sur ce point capital, que le jour où j'ai pu me rendre compte par ma propre analyse des illusions de cette théodicée. C'est seulement alors que j'ai compris le vrai caractère et la véritable portée des concepts sur lesquels la théologie ordinaire construit l'échafaudage de ses laborieuses démonstrations. J'ai vu clairement que ces concepts, tous également réductibles à l'idée du *parfait*, tels que le comprennent Platon, Descartes, Malebranche, Fénelon, Leibnitz, ne peuvent avoir aucune *réalité objective*, et n'existent que dans l'ordre idéal de la pensée pure, absolument de même que les figures de la géométrie, lesquelles perdent toute la rigueur et toute l'exactitude de leur définition, en dehors du domaine de l'entendement. De là, deux ordres de vérités bien distinctes, et deux sciences non moins distinctes qui leur correspondent, la théologie et la cosmologie.

La théologie, si féconde en entités scolastiques, n'est pas une science radicalement fausse, parce qu'elle s'occupe d'abstractions ; car elle a cela de commun avec les sciences les plus exactes et les plus parfaites, les sciences mathématiques. Excellemment vraie, tant qu'elle reste dans le domaine de la pensée pure, elle ne devient une science fausse que lorsqu'elle transforme en réalité les types, les *idées* de son *monde intelligible*, pour parler comme Platon. Tout être parfait, tout type de perfection, depuis le type du moindre individu jusqu'au type le plus compréhensif, ou le plus élevé de la vie universelle, n'est qu'un *idéal* chez lequel la perfection exclut la réalité. Le Dieu de Platon, de Descartes, de Leibnitz, de la théologie classique, l'Être parfait, immuable, en dehors du temps, de l'espace, de la vie universelle, est une *entité*, au même titre que les *idées* de Platon, au même titre que les vérités de la géométrie, s'il plaisait aux géomètres de leur assigner un objet réel, en dehors de l'entendement.

Quant à la cosmologie, entendue comme science du Monde ou de la vie universelle, ce n'est pas une science qui puisse se construire ou se réformer comme la théologie, par une définition et une analyse de simples concepts métaphysiques. Il lui faut pour base l'encyclopédie des sciences physiques et morales, et pour matière l'infinie variété des êtres, des phénomènes et des lois de l'Univers. Mais, outre que la métaphysique seule peut l'élever à la grandeur, à la hauteur, à l'unité de son objet, en la faisant entrer dans le cadre de ses conceptions, elle peut lui rendre le service de la délivrer de nombre d'entités qu'une philosophie plus ou moins scolastique lui a léguées, et que le langage y a en quelque sorte consacrées. Malgré la réforme de Bacon, les mots de matière, de substance, d'atome, d'âme, d'esprit, sans y jouer un rôle aussi important et aussi fâcheux que dans la théologie, y conservent un sens mal défini qui ne laisse pas que de jeter quelques nuages sur la philosophie de toutes les sciences cosmologiques. Les savants ne sont guère moins dupes de l'imagination et de l'abstraction que les théologiens, dont ils aiment à rire; seulement ils ne semblent pas s'en douter.

Et pourtant, quand on y réfléchit sérieusement, on découvre bientôt que le Monde *pensé* est tout autre que le Monde *imaginé*. L'imagination nous représente le Monde comme une masse immense de matière éparse, comme une infinie collection de forces disséminées dans le champ vide de l'espace. Il ne vient guère à la pensée des esprits vulgaires, ni même à celle de nos savants, que cette image de la vie universelle ne soutient pas un instant le regard de la raison; que *vide* est synonyme de *néant*; que l'atome est une hypothèse inintelligible; que l'être est toujours et partout, sans solution possible de continuité, soit dans le temps, soit dans l'espace; que la vie universelle est une dans son apparente dispersion; qu'enfin le Monde est un Être, et non simplement un Tout. Et pourtant c'est ce que démontrent la raison et l'expérience, la métaphysique et la science. Ici encore la pensée rectifie les représentations cosmologiques de l'imagination, au grand étonnement des géomètres et des empiristes. Les savants de profession trouveront, j'espère, dans ces entretiens la preuve que la métaphysique n'est pas inutile à la science, quand celle-ci veut s'élever à une conception générale des choses.

L'histoire n'entre que pour une très faible part dans ce livre; je n'y touche qu'à propos de la critique des systèmes. Comme j'avais à considérer les systèmes dans leurs principes et leurs types généraux plutôt que dans leurs développements et leurs variétés, j'ai cru devoir me dispenser de citations. Les doctrines de la philosophie ancienne et de la philosophie moderne, jusqu'à Kant, sont assez connues et assez bien expliquées pour que la critique puisse opérer sûrement sur des simples résumés. Il n'en est pas de même des derniers systèmes de la philosophie allemande, et particulièrement du système de Hegel, le plus obscur, le plus complet, le plus important de tous ; ce dernier ne pouvait être connu du lecteur français sans une exposition assez développée. Mon ignorance absolue de la langue me privant de l'avantage de puiser aux sources, j'ai dû m'en rapporter aux traductions et aux résumés les plus estimés, particulièrement au consciencieux ouvrage de M. Wilm, qui a obtenu les suffrages de l'Académie des sciences morales. L'opinion des juges les plus compétents sur ce grand travail est que, si la critique est incomplète et parfois superficielle, l'analyse et les traductions sont d'une parfaite exactitude. J'ai donc pu, sans trop de témérité, prendre ce livre pour base de mon exposition et de ma critique. Si cette partie du livre est la plus difficile à saisir, cela ne tient pas à l'insuffisance des éléments dont j'ai disposé, mais à l'obscurité native des idées et des formules de cette philosophie. Sauf erreur, j'incline à croire qu'on ne pourrait, sans la refaire, la rendre beaucoup plus accessible à l'esprit français. Refaire à notre usage la pensée et la langue philosophiques de l'Allemagne serait assurément une entreprise fort utile, mais qui n'entrait point dans le dessein de ce livre. J'ai tâché d'être aussi clair que possible, sans rien changer à cette pensée ni à cette langue. Ai-je réussi ? Le lecteur en jugera.

L'Allemagne a fait son œuvre métaphysique à sa façon, avec les qualités et les défauts qui lui sont propres. Cette œuvre est finie, au moins dans le domaine de la spéculation. En dépit des excès, et des réactions provoquées par les excès, la grande pensée de Kant, de Fichte, de Schelling, de Hegel a passé dans la substance de l'esprit allemand. Art, religion, législation, politique, histoire, tout la reflète ou la reproduit. Elle est descendue des sommets de l'école dans la moyenne du monde savant. L'œuvre de la France est encore à faire, après les grands, les excellents travaux d'érudition et de critique historique dont la philosophie éclectique a donné le signal et l'exemple ; la question métaphysique y est à reprendre au point où l'a laissée l'école de Kant. Descartes et Leibnitz appartiennent à l'histoire, de même que Platon et Aristote ; toute la différence est de l'histoire moderne à l'histoire ancienne. Il faut autre chose à la pensée de notre temps, si l'on ne veut pas que la philosophie critique soit le dernier mot de la science. C'est ce qui m'a décidé à publier ces entretiens. Il m'a semblé qu'en ruinant l'ancienne métaphysique, cette philosophie ne faisait que préparer le terrain d'une nouvelle science. J'ai cru qu'en la délivrant de ses idoles et de ses préjugés, l'analyse et la critique laissaient à la métaphysique ses vrais principes et ses bases solides. Des amis du XVIIe siècle pourront trouver que j'ai fait trop de sacrifices à l'école critique, et que la métaphysique *positive*, telle que je l'entends, n'est plus la métaphysique. Mais la question est de savoir si c'est l'erreur ou la vérité qui est sacrifiée. Si ce n'est que l'erreur et la fiction, je n'aurai pas trahi la cause commune. On sert plus une science en désarmant ses ennemis par des réformes nécessaires, qu'en abusant ses amis par des prétentions qui ne supportent pas l'examen.

E. VACHEROT.

PRINCIPES

DE

MÉTAPHYSIQUE POSITIVE

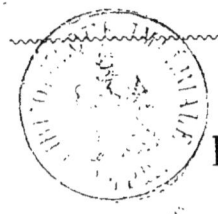

PREMIER ENTRETIEN.

IMPUISSANCE DE LA MÉTAPHYSIQUE.

Le Savant. — Selon votre habitude, mon cher philosophe, vous voilà encore rêveur et soucieux !

Le Métaphysicien. — Et vous, monsieur le savant, toujours joyeux et épanoui !

Le Savant. — Et d'où me viendrait cette inquiétude qui vous ronge l'esprit et vous assombrit le visage ? Il en est de la santé de l'intelligence comme de celle du corps. Elle se conserve ou se perd, se fortifie ou s'affaiblit sous l'influence de causes analogues. Nos esprits se nourrissent bien différemment. Le vôtre souffre, languit, parce qu'il se repaît d'abstractions. Le mien vit de réalités ; voilà pourquoi vous le trouvez calme et satisfait. Votre esprit est sain, il ne demande qu'à vivre. Changez de régime, et vous le verrez renaître à la santé ; il retrouvera cette douce quiétude que vous lisez sur mes traits.

Le Métaphysicien. — Je suis triste, il est vrai ; mais j'aime encore mieux ma tristesse que votre sérénité. Si mes abstractions vous semblent creuses, je trouve vos réalités un peu grossières. L'inquiétude de ma pensée vient de la grandeur de son horizon ; la quiétude de la vôtre tient aux étroites limites dans lesquelles vous l'enfermez. Je ne vous envie pas ces réalités qui se laissent toucher, sentir, voir, saisir par l'expérience ; je préfère les vérités de pure contemplation qui ne se montrent qu'aux yeux de l'intelligence. Je vois bien que ces vérités ont une élévation, une profondeur, une portée qui les rendent plus difficiles que d'autres à saisir, à sonder, à définir. Je me résigne à cette imperfection de la métaphysique, qui tient à sa haute portée ; je m'y résigne d'autant plus volontiers, qu'à mon sens un seul rayon de cette ineffable lumière éclaire mieux la scène du monde que toute votre science *positive*.

Le Savant. — Doucement, monsieur le philosophe, modérez votre essor, ou nous risquons de ne plus pouvoir nous rencontrer. La métaphysique a des ailes, nous ne le savons que trop, et se complaît dans les régions supérieures de la pensée. Elle plane sur les choses, à une merveilleuse hauteur, sans daigner y pénétrer. Elle contemple, sans percevoir ; elle embrasse tout, sans rien saisir. Elle vole et ne marche pas. Il lui faut, pour déployer ses ailes, beaucoup d'espace et de vastes horizons. Elle fait dans l'infini des bonds énormes, et, semblable aux dieux d'Homère, en quatre pas elle est au bout du monde. Mais de tous ces mouvements prodigieux, de ces efforts surhumains quelle trace reste-t-il ? Aucune. Est-ce bien la peine de voler pour n'arriver jamais ? Qu'importent ces courses vagabondes, ces promenades sans fin dans l'espace ? La métaphysique crée beaucoup, crée sans cesse. Elle tisse admirablement ses systèmes ; seulement elle les tisse, comme dit Bacon, avec des fils d'araignée. Elle fait assurément des chefs-d'œuvre d'art et de subtilité, mais elle ne fait pas des œuvres de science : et plus on admire ses rares et puissantes facultés, plus on regrette la fragilité de ses systèmes. A quoi bon tant de génie pour des constructions sans base, ou dont la base est aussi peu fixe qu'un sable mouvant, et qui s'évanouissent au premier souffle de l'analyse.

Le Métaphysicien. — On ne fera pas le même reproche à votre science. Si elle s'égare parfois, ce n'est point sur les sommets de la pensée. Elle n'oublie jamais dans ses voyages le précepte de son maître, l'empirique Bacon, *Non alœ, sed plumbum addendum menti*. Elle n'a pas d'ailes; mais a-t-elle seulement des pieds? Elle ne vole pas; mais en marche-t-elle mieux pour cela? Je conviens qu'elle se tient ferme sur le terrain de la réalité. Elle a même si peur de le quitter, qu'elle s'y cramponne, et qu'elle y rampe pour ne pas tomber. Mais, si lents et si laborieux que soient ses mouvements, arrive-t-elle réellement au but? Si le but de la science est de recueillir et d'entasser des faits, sans pénétrer jusqu'aux causes qui les expliquent, sans embrasser les rapports qui les lient et en font un système, je conviens que vous l'atteignez. Mais, si vous me permettez de me servir de l'autorité de Bacon que vous invoquez sans cesse contre la métaphysique, vous faites comme cet insecte qui amasse et entasse, par un aveugle instinct d'avarice, sans but, sans mesure, sans tirer parti le plus souvent de ses richesses. Si donc, comme l'ont toujours pensé les esprits élevés, le but de la science est de s'élever aux causes et aux principes des phénomènes, vous n'arrivez jamais, condamnés que vous êtes à errer dans le labyrinthe obscur et rocailleux de l'empirisme ; vous sentez la terre ferme sous vos pieds, mais vous manquez de lumière et d'horizon. Vous ressemblez à ces animaux à qui la Nature a refusé la vue, le plus noble, le plus philosophique de tous les sens, leur laissant le tact qui en est le plus nécessaire et le plus sûr. Votre science n'est qu'une matière sans forme. Le terrain en est solide ; mais où est l'édifice, où sont ces sommets qui étendent le champ de la vision ? J'y vois tout au plus les fortes assises d'un monument qui attend son véritable architecte, et que les mains de vos empiriques n'élèveront jamais.

Le Savant. — Trêve de plaisanteries et de métaphores, si vous le trouvez bon ; ce sont des armes légères qui ne terminent jamais une discussion. Nous pourrions continuer longtemps sur ce ton, sans que la question avançât d'un pas. Si Descartes et Gassendi s'étaient contentés de se renvoyer les épithètes de *caro* et de *spiritus*, ils n'eussent point éclairci les questions métaphysiques qui les divisaient. Parlons sérieusement. Le but de ces entretiens n'est pas de faire montre de bel esprit, ou assaut d'épigrammes. Nous voulons tous deux une discussion sincère et sérieuse qui aboutisse à la démonstration d'une vérité, et non au vain triomphe d'une thèse. Quant à moi, vous me voyez tout disposé à croire à la métaphysique ; mais il me faut des raisons. Ni l'esprit, ni l'éloquence n'ont prise sur moi. Si la métaphysique veut prendre place dans la science, elle fera bien de commencer par en parler le sévère langage. La lumière avant tout, l'irrésistible lumière de l'évidence, voilà ce qui nous fera rendre les armes, à nous autres savants.

Le Métaphysicien. — C'est bien ainsi que je l'entends.

Le Savant. — Malheureusement, vous débutez par un aveu accablant pour la métaphysique ; vous parlez de vérités sublimes qu'on ne peut ni saisir, ni définir, ni embrasser, ni approfondir. Mais alors vous sortez du domaine de la science pour entrer dans celui de la poésie. Fille de l'imagination et de la métaphysique, la poésie se fait gloire de sa double origine. C'est le beau qu'elle cherche et non le vrai. Elle plaît, elle enchante; mais elle n'a pas la prétention de démontrer. Les métaphysiciens sont des poëtes qui ont manqué leur vocation. Qu'ils y reviennent, rien de mieux. Mais alors qu'ils ne parlent que la langue des dieux, ils trouveront faveur parmi nous. Nous aussi, nous aimons l'art; mais nous le voulons à sa place, nous ne souffrons pas la confusion des genres. Votre métaphysique fait parler à la poésie le langage de la science; elle met en syllogismes les romans de l'imagination ou les sentiments de l'âme. L'art a tout à perdre à cette métamorphose, sans que la science puisse rien y gagner. On a cru faire l'éloge de la métaphysique en disant qu'elle est tout à la fois science et poésie. C'est la meilleure critique qu'on pût en faire; elle n'est science et poésie que parce qu'elle n'est ni l'une ni l'autre. Fausse poésie et fausse science, voilà la métaphysique, quand même elle se pare des grâces du génie d'un Platon ou d'un Malebranche, ou qu'elle se hérisse des formules d'un Aristote et des syllogismes d'un Spinosa. Nous ne pouvons supporter la métaphysique qu'à une condition, c'est qu'elle reste dans le domaine de la poésie, et qu'elle en parle la langue. La science et la poésie peuvent s'entendre et s'aimer comme deux sœurs immortelles, comme deux filles légitimes de l'esprit humain; elles le peuvent d'autant mieux qu'elles se ressemblent moins, et que le contraste favorise la sympathie. Mais la métaphysique, née du mélange impur des formules de la science et des sentiments de la poésie, est le fruit de l'adultère. Elle a pu, elle a dû jouir d'une certaine faveur, au berceau de l'esprit humain, alors que toutes les formes de la pensée étaient confondues, que la théologie, l'histoire, la science, la poésie, encore enfouies dans le chaos, n'avaient pas nettement marqué chacune leur place, leur caractère, leur but, leur objet, leur forme, leur nom dans l'encyclopédie des œuvres de l'esprit. Mais, depuis que cette séparation nécessaire est accomplie, la métaphysique n'a plus de raison d'être. La confusion des genres la faisait vivre ; la distinction la replonge dans le néant. Il n'y a plus de place pour elle dans le domaine de la pensée. Jamais la science ne la reconnaîtra pour sa sœur. La théologie la repousse, parce qu'elle en a peur ; la poésie craint de ternir ses ailes brillantes au contact de ses abstractions. Elle n'a plus d'asile nulle part ; elle est de trop dans les œuvres de l'esprit humain.

Le Métaphysicien. — L'arrêt est dur, mais vous en reviendrez. En attendant, permettez-moi de vous dire que si la métaphysique risque d'être confondue avec la poésie, la science, telle du moins que vous la faites depuis un siècle, ne court pas le même danger. Vous ne visez pas haut, si vous visez sûr. C'est une justice à vous rendre que vous ne rêvez jamais. Mais êtes-vous bien sûrs de penser ? Vous regardez, vous touchez, vous palpez la réalité ; vous observez les détails avec la loupe ; vous pénétrez avec le scalpel dans l'intérieur de la Nature ; vous comptez les grains de sable ; vous mesurez les infiniment petits ; vous notez les *indiscernables*. Vous multipliez les genres, les espèces, les variétés. Vous enrichissez certainement la science, si elle n'est qu'un magasin dans lequel on entasse indéfiniment. Mais si elle est autre chose qu'un récipient, si elle est un édifice qui toujours doit s'élever, sans jamais s'arrêter, convenez que vos savants du jour la surchargent de détails, l'encombrent de matériaux, au point de l'empêcher d'atteindre à cette hauteur d'où l'on peut découvrir l'ordre, l'harmonie, l'unité, le système des choses, le grand *Cosmos* en un mot. Il est vrai que voir ainsi la Nature de haut, c'est *spéculer*, et que vos savants se défient de tout ce qui ressemble à la métaphysique. Mais alors ne parlez plus de poésie, et ne dites pas que vous l'aimez, puisque vous en tarissez la source. La Nature a certainement sa poésie, inférieure à celle de l'âme humaine, mais grande et ravissante encore. D'immortelles œuvres en sont le témoignage. Mais le côté poétique de la Nature est précisément ce que vous supprimez.

Le Savant. — Que dites-vous là ? Vous n'avez donc pas lu le *Cosmos* de notre illustre Humboldt ? La réalité, telle que la science l'a révélée depuis trois siècles, est bien plus grande et plus merveilleuse que la fiction. Le ciel de l'astronomie moderne est autrement sublime que le ciel des poëtes, même des poëtes inspirés. Que devient la *voûte éthérée*, que devient le *firmament* devant le système du monde, tel que Képler, les Newton et les Laplace l'ont exposé ? Quelle conception poétique, quelle spéculation métaphysique a jamais atteint à la hauteur de la *Mécanique céleste* ? De l'imagination ou de la science, qui a mieux fait comprendre l'infinitude des cieux ?

Le Métaphysicien. — Assurément vous avez agrandi le champ de l'imagination et de la poésie par vos magnifiques découvertes. Votre ciel, votre terre, votre univers prêtent bien autrement à la poésie que le ciel, la terre et l'univers des anciens. Mais ce n'est encore là qu'une matière, admirable il est vrai, pour l'inspiration poétique. Le monde de la science est grand, sublime ; il est infini en puissance, en étendue, en durée, en fécondité. Il ne devient beau, vraiment poétique, qu'à la lumière supérieure de la pensée métaphysique. C'est alors seulement qu'il nous apparaît tel qu'il est véritablement, c'est-à-dire le symbole des idées. C'est alors qu'on peut comprendre le mot profond de Porphyre : *La parole de Dieu est un acte, et le monde est son discours*, et le sublime verset de l'Écriture : *Les cieux racontent la gloire de Dieu.* Tant que cette lumière vous manquera, vous aurez beau décrire et célébrer l'immensité, l'éternité, l'infinie puissance de la Nature, vous ne ferez que de la prose. Ce qui en fait la poésie, c'est l'*idée*, le côté *intelligible* des choses. Croyez-vous faire de la poésie avec de la matière seulement, avec des formes, des couleurs ? Si la poésie est l'art par excellence, c'est parce qu'elle exprime le beau d'une façon plus claire que les autres arts ; c'est que ses symboles sont les plus transparents et les plus intelligibles. Or, qu'est-ce que le beau, sinon la forme visible, l'image du vrai et du bien ? La matière, la réalité n'est pas belle par elle-même, quels que soient l'éclat de ses couleurs, la perfection de ses formes, la puissance de ses effets. Elle n'est pas belle pour les oreilles, pour les yeux, pour les mains, pour les sens, qui ne perçoivent que des qualités sensibles. Elle n'est belle que pour l'intelligence et pour l'âme, qui en entrevoient le principe invisible, immatériel, purement intelligible. L'intelligence perçoit l'idée sous la forme, l'âme sent la vie sous la couleur ; c'est pour cela que la forme et la couleur sont belles, c'est-à-dire *expressives*. Or qui révèle au poëte, à l'artiste, à l'amant de la Nature, ce monde des idées, des forces, de la vie, de l'âme, de l'esprit, dont le monde matériel n'est que la représentation visible, sinon la métaphysique ? En la supprimant, vous tarissez la source de la vraie, de la grande poésie. Il ne reste plus qu'une poésie toute matérielle, dont l'unique mérite est de flatter les sens, de bien résonner à l'oreille, d'étaler devant les yeux de puissantes formes ou de riches couleurs, et dont l'unique procédé est d'imiter, de copier servilement la Nature ; poésie de toutes les écoles matérialistes dont on se lasse bien vite, parce qu'elle ne dit rien à l'âme ni à l'intelligence. On a vu cette poésie à l'œuvre au xviiie siècle, dans les plus beaux jours des sciences physiques et naturelles, au milieu de ces grandes découvertes qui nous révélaient les lois, les forces, la grandeur infinie de la Nature. Toute cette science a-t-elle fait jaillir une inspiration poétique ? Les seuls poëtes qui aient su célébrer dignement la Nature étaient d'une autre école, et avaient puisé à une tout autre source. La métaphysique est donc, quoi que vous en disiez, une sœur légitime de la poésie, puisque c'est elle qui l'éclaire, l'inspire, l'élève à ce monde supérieur, principe et source de toute beauté, comme de toute vérité, d'où l'univers entier apparaît comme un immense symbole. Votre science, au contraire, en est l'ennemie ; en enfermant l'esprit humain dans le monde réel, elle le condamne à la prose.

Le Savant. — J'entends. Ici vous pouvez avoir raison. Mais alors ne nous parlez plus de méthode, d'analyse, de démonstration, de définition, de raison pure, de vérités évidentes, et de toutes les prétentions scientifiques de la métaphysique. Si vous ne voulez que toucher les âmes, inspirer les imaginations, relever les arts par le sentiment des choses morales et religieuses, prévenez votre lecteur qu'il sache bien que vous parlez la langue de l'éloquence et de la poésie, mais non de la science ; vouez-vous définitivement au culte du beau, du bon, du saint. C'est encore là une noble mission, et nous ne sommes pas de ceux qui nient que la poésie ait son prix. Gardez-vous seulement des méprises et des confusions. Restituez à la métaphysique son vrai rôle et son vrai nom. Qu'elle rentre dans la poésie, dont elle n'eût jamais dû se détacher, et qu'elle continue à lui fournir ses plus hautes et ses plus profondes conceptions. Qu'elle cesse d'aspirer à une forme scientifique. Elle n'a jamais été, n'est point, ne sera jamais une science, dans le vrai sens du mot.

Le Métaphysicien. — Et la raison, s'il vous plaît?

Le Savant. — C'est que vos systèmes de métaphysique ne réunissent aucune des conditions de la science, la clarté, la précision, l'exactitude, l'évidence, la vérification, enfin tout ce qui fait l'incontestable autorité de nos théories. Et malheureusement pour vos espérances, il faut avouer que c'est moins la faute de vos métaphysiciens que de la métaphysique elle-même. Ce n'est ni le génie, ni la sagacité, ni même la méthode qui vous ont manqué. Mais il semble que la nature même des questions métaphysiques se refuse à cette clarté, à cette précision, à cette exactitude, à cette évidence qu'on retrouve dans les analyses ou les démonstrations des sciences positives. Dans ces sciences, toutes les questions sont simples ou susceptibles d'être simplifiées; on peut toujours en définir la portée et les limites. C'est ce qui fait qu'on ne les quitte point avant de les avoir épuisées. En métaphysique, les questions ont une étendue, une subtilité, une profondeur qui ne permettent pas de les épuiser. L'analyse a beau les creuser, elle n'en trouve jamais le fond. Il n'y a pas de synthèse assez puissante pour les embrasser et les enfermer dans des formules précises. Il n'y a pas de dialectique assez serrée pour les enlacer dans son réseau. La critique découvre toujours des éléments qui ont échappé à l'analyse, des faits qui résistent à la synthèse, des contradictions que la dialectique ne peut résoudre. Laissez donc tous ces procédés et toutes ces prétentions aux sciences proprement dites. Traitez les vérités métaphysiques par l'éloquence, par la poésie, par les arts de l'imagination. Faites de beaux livres, et même de beaux vers, si vous pouvez ; mais renoncez à a chimère d'une *science* métaphysique.

Le Métaphysicien. — Je vous remercie de votre estime pour les vertus poétiques de la métaphysique, mais elle ne me suffit pas. Je trouve que vous concluez bien vite de mes premières paroles à son incapacité scientifique. Si je vous avais dit que la métaphysique n'est pas susceptible de méthode, d'analyses exactes, de définitions précises, de démonstrations rigoureuses et autres conditions de la science, l'aveu serait en effet décisif, et vous auriez raison de renvoyer les métaphysiciens à la poésie. Mais vous vous êtes mépris sur la portée de mes concessions. Je reconnais sans peine et sans crainte que les questions métaphysiques ont une tout autre étendue, une tout autre profondeur, une tout autre portée que les problèmes de la science. Mais cela même est un signe certain de l'excellence de la métaphysique ; car elle a ce point de commun avec les sciences dont s'honore le plus l'esprit humain. Il en est de la science comme de son objet : plus elle s'élève, plus elle se complique. De la matière brute à la matière organisée, de celle-ci à la vie, de la vie à la sensibilité, de la sensibilité à l'intelligence et à la pensée proprement dite, la Nature va s'élevant, s'enrichissant, se compliquant de plus en plus. De même, de la géométrie à la mécanique, de la mécanique à la physique, de la physique à la physiologie, de la physiologie à la psychologie, de la psychologie à la métaphysique, la science croît graduellement en importance, en dignité, en difficulté. Cette vérité n'avait point échappé au plus grand esprit de l'antiquité, Aristote, qui a rétabli la vraie hiérarchie des sciences, intervertie par Platon et son école. Une science est d'autant plus facile qu'elle est plus élémentaire, d'autant plus élémentaire qu'elle est plus simple, d'autant plus simple qu'elle est plus abstraite, d'autant plus abstraite qu'elle touche moins au fond intime de la réalité, au mystère même de la vie. La géométrie, la première de toutes les sciences dans l'échelle de l'abstraction, est la dernière dans l'ordre de la Nature. Si Platon et toute l'école des philosophes géomètres l'ont mise à la tête de toutes les sciences, c'est qu'ils mesuraient faussement la dignité d'une science à son degré de simplicité et d'abstraction. Que la métaphysique, la première de toutes les sciences par l'importance de son objet, soit la plus compliquée et la plus difficile, j'en conviens volontiers. Elle demande, pour être traitée avec succès, des qualités rares à concilier, l'étendue et la précision, l'élévation et la solidité, la puissance d'attention et la rigueur d'analyse. Il est facile d'être clair, précis, rigoureux, judicieux, quand on opère sur des notions simples, exactes, évidentes, ou sur des faits grossiers et toujours observables. Les esprits les moins précis, les plus faux, peuvent y réussir. C'est dans les faits moraux, si délicats, si fugitifs, dans les questions métaphysiques, si étendues et si complexes, que la rigueur d'analyse, que l'exactitude démonstrative est difficile. Plus la science approche des points obscurs, intimes, profonds de la vérité, plus elle veut de précision, d'exactitude, de solidité, dans les esprits qui se vouent à cette étude. A cet égard, il en est de la métaphysique comme de la médecine, comme de la politique, comme de toutes les sciences d'un intérêt vital pour l'humanité.

Le Savant. — Vous convenez que la métaphysique est la plus difficile des sciences, par la nature même des questions qu'elle traite. Vous avouez que, pour y réussir, il faut la réunion de facultés qui s'excluent ordinairement. Vous auriez pu dire toujours; car vous ne citeriez pas un seul métaphysicien qui ait laissé un système à l'épreuve de la critique. Auriez-vous la prétention de réussir là où les plus grands et les plus beaux esprits ont échoué?

Le Métaphysicien. — Je n'ai pas la folle témérité de tenter ce que le génie des Platon, des Aristote, des Descartes, des Spinosa, des Leibnitz, des Kant aurait vainement entrepris. Il faut ici garder une juste mesure. Je pense que la vraie méthode a manqué le plus souvent, même aux plus grandes œuvres de la métaphysique, et qu'en profitant des leçons de l'expérience, le moment est venu de mieux faire, avec bien moins de génie. Mais l'histoire de la métaphysique n'en est pas moins un éclatant témoignage de la puissance de l'esprit humain et de la vérité de ses œuvres. Si la métaphysique n'a pas pleinement réussi, elle n'a pas échoué, dans la poursuite des hautes vérités qui en font l'objet. La vérité n'a pas toujours, dans nos systèmes, la rigueur, la précision, l'évidence de vos sciences exactes. On la sent encore plus qu'on ne l'y voit; on la comprend sans toujours la bien définir; on la montre plutôt qu'on ne la démontre. La grandeur des problèmes, l'imperfection des méthodes, l'obscurité et le vague du langage, font planer sur les plus solides doctrines encore bien des doutes et bien des nuages. Mais si l'esprit n'est pas complétement satisfait, le cœur est atteint et subjugué; car il a le sentiment invincible de la vérité.

Le Savant. — Je reconnais votre distinction de la science et de la vérité. Mais c'est de science qu'il s'agit entre nous. La métaphysique est-elle réellement une science, et si elle ne l'est pas encore, peut-elle le devenir? Voilà toute la question. Pour nous convaincre, nous autres savants, de la solidité de vos spéculations, il nous faut mieux que des épigrammes spirituelles, ou des tirades poétiques, ou même des réflexions éloquentes sur la beauté et la vérité de la métaphysique. C'est son autorité scientifique qu'il faut établir. Montrez-nous vos méthodes, vos principes, vos résultats, vos progrès. Soyez clair, précis, démonstratif. Je ne suis pas de ces savants qui ne croient qu'aux réalités qui se touchent, se voient ou s'entendent. Je reconnais toute vérité, physique ou morale, naturelle ou métaphysique, au signe de l'évidence. Faites briller à mes yeux ce signe infaillible, je croirai à votre science. Mais voyons d'abord vos résultats.

Le Métaphysicien. — J'accepte la discussion sur ce terrain, et d'autant plus volontiers que je n'aurais pu moi-même en choisir un qui fût plus favorable à ma cause. La fécondité est, de tous les mérites de la métaphysique, celui qu'on peut le moins contester. C'est un spectacle vraiment merveilleux que le nombre, la grandeur, la richesse, la beauté de ses systèmes. De très bonne heure, quand les sciences proprement dites commencent à peine à bégayer, la métaphysique parle déjà le plus savant langage. Ces sciences en sont encore aux procédés les plus élémentaires de l'observation, aux résultats les plus grossiers de l'induction, que déjà la métaphysique soulève les plus hautes questions, résout les plus difficiles problèmes avec une audace et un génie qu'on ne saurait trop admirer. Elle fleurit sur le berceau même de la pensée humaine, dans cet Orient où l'esprit, noyé dans les délices ou accablé sous les coups d'une Nature tour à tour enivrante et terrible, n'a encore ni la conscience ni le libre exercice de sa force, et hésite perpétuellement entre le rêve et la science. En Grèce, dès le début, la métaphysique s'annonce par des doctrines obscures, mais profondes, et par des noms qui resteront dans son histoire. Tous les procédés de la pensée, tous les aspects de la vérité, toutes les écoles de la philosophie y ont déjà leurs représentants. Mais y a t-il rien de plus beau, de plus grand, de plus achevé que les systèmes de Platon et d'Aristote, qui ont rempli le monde du bruit de leurs noms? Et autour de ces deux astres éclatants de la métaphysique grecque, combien de satellites encore renommés? Les doctrines se multiplient sans nombre, se succèdent sans interruption, de l'époque socratique à l'époque alexandrine. Le mouvement néoplatonicien n'est pas moins fécond. Mêlant la tradition orientale à la science grecque, il élève la métaphysique à une hauteur qu'elle n'avait point connue encore. Même en cet hiver de l'esprit humain où aucune science ne pousse, qu'on appelle le moyen âge, la métaphysique fleurit de plus belle; elle étend ses rameaux dans toutes les directions; elle remplit tout de son immense et luxuriante végétation. La renaissance des lettres et la résurrection de l'antiquité aux XVe et XVIe siècles lui communiquent une vie nouvelle, une nouvelle fécondité. Enfin on ne compte plus les doctrines, quand arrive le grand siècle de l'esprit moderne, le siècle de la méthode et de la vraie science : alors c'est encore la métaphysique qui tient le premier rang pour le nombre, la grandeur, l'éclat de ses œuvres. Les noms de Descartes, de Malebranche, de Spinosa, de Leibnitz n'ont pas de rivaux dans l'histoire contemporaine des sciences, et les découvertes scientifiques de quelques-uns de ces grands hommes, si importantes qu'elles soient, contribuent moins à leur gloire que leurs spéculations métaphysiques. Cette noble étude n'est plus, il est vrai, la science par excellence au XVIIIe siècle. Locke, Condillac, Hume, Kant la nient et la remplacent par l'analyse, la critique de la pensée, l'idéologie et la grammaire générale. C'est un moment d'éclipse pour la métaphysique, mais ce n'est qu'un moment. Ce siècle n'a pas encore accompli son œuvre d'analyse que, régénérée et rajeunie par son alliance avec les sciences, la métaphysique reparaît plus puissante, plus hardie, plus imposante que jamais, dans les systèmes de la nouvelle philosophie allemande. Voilà, ce semble, des résultats qui ne laissent pas de doute sur la fécondité de la métaphysique, et en présence desquels il est bien difficile de lui contester le droit d'exister. On le lui conteste pourtant, tant est grande la défiance de certains esprits. Mais alors elle fait comme ce philosophe devant lequel on niait le mouvement : elle fait éclater de plus en plus sa puissance créatrice.

> Le Dieu poursuivant sa carrière
> Versait des torrents de lumière
> Sur ses obscurs blasphémateurs.

Le Savant. — Voilà bien le langage de la métaphysique. Toujours de l'éloquence, au lieu de démonstration ! Mais je vous ramène à la question. Ce n'est pas la fécondité de la métaphysique que nous contestons, nous autres savants, c'est sa solidité. Elle est très riche, trop riche en systèmes. L'est-elle autant en vérités bien démontrées ? De tous ces systèmes si puissants, si divers, si habilement présentés, si éloquemment soutenus, lequel a résisté à la critique d'un adversaire ou à l'épreuve du temps ? Que prouvent ces hardies constructions élevées les unes sur les ruines des autres, sinon le génie de l'architecte et la fragilité du terrain ? Où est l'édifice resté debout ? où est le monument que les siècles aient respecté ? Platon a paru et a ébloui les esprits. Les a-t-il définitivement fixés ? Aristote, avec un autre esprit et une méthode toute différente, a conquis et gardé plus longtemps les intelligences. Mais enfin il les a perdues sans retour. Vous pourriez me répondre que c'est de la vieille métaphysique, et que toutes les sciences de l'antiquité ont eu le même sort. Eh bien! prenez la métaphysique aux plus beaux jours de l'esprit moderne, au moment même où les sciences prennent leur essor, sous la direction des grandes méthodes de Bacon et de Descartes, est-elle plus heureuse que dans l'antiquité? Ses systèmes, construits plus méthodiquement peut-être, ont-ils plus de solidité? La doctrine des *méditations*, la *vision en Dieu*, la théorie de la *substance unique*, la *monadologie* et l'*harmonie préétablie* ont-elles mieux résisté à la critique que les *idées* de Platon, les *formes* péripatéticiennes, les *hypostases* alexandrines?

Le Métaphysicien. — Prenez garde à ce que vous venez de dire. Votre critique n'atteint pas seulement la métaphysique; vos sciences elles-mêmes n'y échappent point. Est-ce que les savants n'ont pas leurs systèmes, comme les métaphysiciens? Est-ce que ces systèmes ont résisté à la critique et à l'épreuve du temps? Est-ce que les *tourbillons* de Descartes, la *théorie de la terre* de Buffon, le *système botanique des plantes* de Linné, les *hypothèses zoologiques* de Lamarck, et tant d'autres spéculations qu'il est inutile de rappeler n'ont pas eu le sort des systèmes métaphysiques? Est-ce que la *théorie géologique des soulèvements* de M. Élie de Beaumont, si ingénieuse et si probable qu'elle soit, est autre chose qu'une hypothèse? Y trouvez-vous ce caractère d'absolue certitude, de parfaite évidence que vous exigez de nos métaphysiciens? Est-elle à l'épreuve de toute critique, à l'abri de toute objection? Et les théories de vos physiciens sur la nature et le mode de transmission de la lumière, depuis l'hypothèse newtonienne des *émanations lumineuses* jusqu'à l'hypothèse beaucoup plus rationnelle des *ondulations éthérées*, sont-elles plus assurées de l'avenir que les systèmes de nos philosophes? Vous voyez donc que vos théories ne résistent pas mieux que les nôtres à votre *criterium*. C'est la destinée de la vérité et de la science ici-bas, de toute vérité et de toute science, d'être soumise à la critique et à la discussion. *Tradidit mundum disputationibus eorum :* aucune pensée humaine n'échappe à cette nécessité. Il faut vous y résigner comme nous, et n'en pas moins poursuivre l'œuvre éternelle de la science, cette révélation de plus en plus complète, mais jamais définitive de la vérité. Le monde physique est, comme le monde moral, plein d'abîmes et de mystères dont l'esprit humain ne connaîtra jamais le fond, tout en y pénétrant de plus en plus.

Le Savant. — L'analogie que vous essayez d'établir entre la métaphysique et les sciences, en ce qui concerne la certitude, est plus apparente que réelle. Une simple distinction la fera évanouir. Vous auriez raison, s'il n'y avait dans les sciences que des théories et des spéculations. Mais ce n'en est là qu'une partie, la partie la moins solide, la moins précieuse, la plus *métaphysique*, la moins *scientifique*, dans le sens précis du mot. Les faits et leurs lois, voilà le résultat net de nos recherches, ce qui, après avoir passé par toutes les épreuves de l'expérience et de l'induction, sort du domaine de la critique pour entrer définitivement dans celui de la science. Nos théories ont pour but d'expliquer ces faits et ces lois; elles n'y réussissent pas toujours. Il n'est pas facile de savoir le *comment* et le *pourquoi* des choses. Mais je vous abandonne toute cette *métaphysique* des sciences, et je me retranche dans la partie purement scientifique, dans la connaissance des faits et des lois. Voyez ce qui se passe dans nos sciences, depuis le jour où elles ont été en possession de leur légitime méthode et de leur véritable objet. La vérité dont elles s'occupent n'est point une *cause*, une *raison*, une *substance*, mais ou une *loi*, c'est-à-dire une propriété générale et constante à découvrir par l'expérience et l'induction, ou une simple réalité à analyser, à décrire et à classer. Cette vérité ne s'établit pas sans effort, sans controverse, sans contradiction. Mais un jour vient où tout ce bruit cesse, où la vérité en question prend une autorité incontestable et passe dans le domaine des vérités acquises. Et c'est ainsi que les vérités, s'ajoutant aux vérités, ont formé ce précieux trésor, qui, depuis trois siècles, s'enrichit presque chaque jour d'une découverte nouvelle. Voilà la science. Des innombrables vérités qui la composent, il n'en est pas une qui ne soit maintenant hors de page. C'est le signe infaillible auquel se reconnaît la vérité *scientifique*. Là où ce signe manque, la science n'est pas. Malheureusement, c'est le cas de la métaphysique. Citez-moi, je ne dis pas une de ses théories, mais une de ses vérités qui soit hors de discussion à l'heure qu'il est. Citez-m'en une qui jouisse d'une autorité universelle et définitive. Quelle est la doctrine qui ait eu le dernier mot? Sur quel point s'est-on jamais mis d'accord? Quelle question sur Dieu, sur l'âme humaine, sur la matière, sur l'origine, la fin, la substance des choses, a rallié toutes les opinions et toutes les écoles. On a toujours disputé et l'on dispute encore sur tout, et l'on ne semble pas plus près de s'entendre aujourd'hui qu'il y a deux mille ans.

Le Métaphysicien. — Vous êtes bien sévère pour la métaphysique; je crois que son histoire bien étudiée porterait témoignage contre vous. La distinction si importante que vous invoquiez tout à l'heure en faveur des sciences, permettez-moi d'en réclamer le bénéfice pour la métaphysique. Elle aussi a ses spéculations et ses analyses, ses hypothèses et ses observations, ses théories et ses faits. Elle contient beaucoup plus de vérités incontestées et incontestables que vous ne pensez, et qui ont survécu à ses systèmes. Croyez-vous, par exemple, qu'on puisse nier aujourd'hui, sans heurter de front le sens commun, des vérités comme celles-ci : la distinction du bien et du mal, l'existence de la liberté, l'influence de l'habitude sur nos facultés, l'identité de notre personne, la notion de l'infini ? N'y a-t-il pas des questions définitivement résolues, sinon épuisées, après de longues recherches et de grands débats, comme l'origine des idées, le principe des facultés et des opérations de l'âme, l'innéité des penchants et des affections dites de nature ? Quel esprit impartial et tant soit peu familier avec les études métaphysiques pense aujourd'hui que toutes nos idées sont de pures perceptions de l'expérience, que toutes les facultés et opérations de l'entendement ne sont que des sensations transformées, que nos affections et nos passions sont toutes égoïstes ? Il y a donc dans la métaphysique, aussi bien que dans les sciences, des faits acquis, des questions vidées. On pourra revenir sur ces faits, non pour les constater de nouveau, mais pour les approfondir encore ; on pourra reprendre ces questions, non pour les remettre en discussion, mais pour les éclairer d'une nouvelle lumière. N'en est-il pas de même chez vous ? Sauf les faits et les questions d'une simplicité élémentaire, ne remettez-vous pas sans cesse à l'étude les faits complexes, les grandes questions de la science ? Ainsi les propriétés générales de la matière, la pesanteur, la chaleur, l'électricité, le magnétisme, la lumière, ne sont-elles pas un texte inépuisable de recherches, d'analyses, d'expériences? Vous voyez que rien ne manque à ma comparaison, et que l'analogie est complète entre la métaphysique et les sciences.

Le Savant. — Pas si complète que vous semblez le croire. Si les vérités dont vous venez de parler appartenaient réellement à la métaphysique, vous auriez raison ; car je n'hésite pas à reconnaître l'évidence et l'autorité *scientifique* de ces vérités. Qu'il y ait encore des esprits faux ou grossiers qui les contestent, il ne faut pas s'en inquiéter; la lumière n'est pas faite pour les aveugles. Nous avons aussi de ces esprits infirmes ou bizarres dans nos rangs, et la science passe outre à leurs absurdes critiques. Mais prenez garde que la certitude de ces vérités morales ou psychologiques ne prouve rien en faveur de la métaphysique. Ce sont des vérités de fait qui se constatent et s'établissent par l'observation. Elles font partie d'une science qui n'a rien de commun avec la métaphysique, et qui, quel que soit le nom dont on l'appelle, idéologie, psychologie expérimentale ou descriptive, n'a pas d'autre objet que l'analyse, la description et la classification des phénomènes de conscience. Cette étude n'est pas absolument moderne, puisque de tout temps les poëtes, les moralistes, les métaphysiciens y ont puisé les éléments de leurs descriptions, les principes de leurs enseignements, les données de leurs systèmes. Mais ce n'est guère qu'à partir du xviiie siècle qu'elle a son objet, sa méthode, ses résultats propres. Née de la grande révolution intellectuelle qui a détrôné la métaphysique, elle croît et se développe à mesure que celle-ci perd de son prestige et de son crédit. Si elle n'est pas encore une science faite à l'heure qu'il est, elle s'organise et s'enrichit de manière à le devenir dans un avenir prochain ; en tout cas, elle en possède toutes les conditions. Science précieuse, s'il en fut ; car elle est la vraie, la seule base des sciences morales pour lesquelles, nous autres savants, professons la plus profonde estime. C'est de cette science que relèvent les vérités de fait, les questions d'observation et d'analyse qui se trouvent égarées dans les obscures régions de la métaphysique. Y a-t-il dans l'esprit humain une notion du bien, une notion du beau, un sentiment du bien, un sentiment du beau, et quels en sont les caractères distinctifs? simple question de fait. L'homme est-il libre, et dans quelle mesure l'est-il? autre question de fait. Toutes nos idées sont-elles autre chose que des sensations? encore une question de fait. Il ne s'agit ici que d'observer ; seulement l'œil qui observe est la conscience, et le microscope est l'analyse mentale, la réflexion. On peut ne pas voir toute la réalité ; mais il est impossible de voir ce qui n'est pas. L'erreur n'est possible, la prudence n'est nécessaire que dans la conclusion. La métaphysique n'a rien à faire en tout cela ; c'est une étude essentiellement abstraite et générale, qui, préoccupée de l'explication et non de l'observation des phénomènes, recherche en tout le *comment* et le *pourquoi*, et tend toujours à s'élever aux causes, aux principes, aux raisons des choses. Or, j'ai dit et je maintiens qu'il n'y a pas une seule théorie, pas une seule vérité métaphysique qui soit à l'épreuve de la critique et du temps. Citez-moi une théorie définitivement acceptée, une vérité qui ne soit contestée encore aujourd'hui sur toutes les grandes questions de la métaphysique, sur l'âme, sur la matière, sur l'origine du monde, sur Dieu.

Le Métaphysicien. — Il faut bien en convenir. Mais cela prouve-t-il que toutes les critiques et toutes les objections soient fondées? Vous avez trop de sens pour le soutenir. Il y a système et système ; il y a la bonne et la mauvaise métaphysique. Il y a une métaphysique à laquelle les plus beaux génies de l'humanité ont mis la main, qui est en parfaite harmonie avec les croyances du sens commun et les grandes traditions religieuses des sociétés. C'est celle qui proclame Dieu, l'infini, l'universel, l'idéal, l'âme et l'esprit. Il y a une autre métaphysique, œuvre malheureuse d'esprits qui se disent positifs et qui ne sont que grossiers, énergiquement contredite par le sens commun, l'instinct irrésistible des âmes, et les meilleurs dogmes des religions. C'est celle qui nie Dieu, ramène à la matière tout principe des choses, et borne à la vie animale la destinée de l'homme. Vous êtes trop éclairé pour envelopper dans un mépris commun des doctrines si contraires, si inégalement appréciées par le bon sens vulgaire et par l'élite des penseurs.

LE SAVANT. — Je suis de votre avis. Je reconnais volontiers que toutes vos doctrines n'ont ni le même degré de vérité, ni la même vertu morale. Si vous me les donnez pour de simples croyances, plus ou moins probables, mais qui servent de règle pour la conduite de la vie, je n'hésite pas plus que vous, et mon choix est le vôtre. Je m'attache invinciblement à la doctrine qui affranchit, élève, fortifie, épure la nature humaine. Mais c'est de science qu'il s'agit entre nous, et non de croyance. Je ne conteste ni la beauté, ni la portée morale, ni même la vérité de certaines doctrines métaphysiques ; j'en conteste la rigueur, l'évidence, l'autorité *scientifique*. Si la métaphysique ne prétendait pas au titre de *science*, nous serions d'accord. Il n'est pas un esprit éclairé qui mette en doute ses titres à l'admiration et à la reconnaissance de l'humanité. C'est comme science que nous la nions, nullement comme croyance.

De tous ces systèmes dont elle est fière à juste titre, et qu'elle abrite sous l'autorité des grands noms de Platon, de Descartes, de Malebranche, de Leibnitz, en est-il un seul qui ait été mis enfin hors de discussion, qui jouisse d'une véritable autorité scientifique ? Je n'en vois pas. Je ne dis pas pour cela que tous les systèmes se vaillent. Pourtant j'avoue mon embarras sur le choix. Les doctrines contraires à celles que vous célébrez ne sont point si méprisables. Les noms d'Aristote, de Spinosa, de Hume, de Kant, permettent d'hésiter. Si les doctrines matérialistes ou sceptiques sont faibles ou absurdes dans leurs conclusions, elles ne manquent ni de force ni de solidité dans leurs objections. Il y en a de graves, de terribles auxquelles vos idéalistes et vos spiritualistes n'ont jamais sérieusement répondu. Que n'a-t-on dit pour et contre l'éternité du monde, la création, la Providence, la prescience divine, la spiritualité de l'âme ? Et après tant d'efforts, tant de discussions savantes, profondes, subtiles, la lumière de l'évidence, la certitude est encore à venir. En tout cas, il n'est pas une de ces doctrines qui ait désarmé la critique. Remarquez que ceci n'est pas une opinion, mais un fait reconnu par les amis aussi bien que par les adversaires de la métaphysique. Qu'il n'y ait rien à en conclure contre l'avenir de cette étude, je le veux bien. Je ne recherche pas en ce moment si cette incertitude de la métaphysique tient à la nature même des questions, ou à l'imperfection des méthodes. Je ne suis pas un adversaire aveugle et prévenu ; je croirai avec vous, si vous le voulez, à l'avenir *scientifique* de la métaphysique, pourvu que vous m'accordiez que jusqu'ici elle n'a point les caractères d'une véritable science.

Le Métaphysicien. — La bonne foi est la condition de toute discussion sérieuse. Nous ne sommes point des sophistes qui luttent d'artifices, ou des dialecticiens qui s'escriment dans le champ clos de la scolastique. Nous sommes des esprits sincères qui, bien qu'engagés dans des voies différentes, poursuivent le même but, la vérité. Je n'éprouve donc aucune peine à reconnaître que nos doctrines métaphysiques n'ont point encore acquis la précision, la rigueur, l'évidence, et par suite l'autorité qui en fait une science.

Le Savant. — Voilà déjà un point définitivement acquis à la discussion. Le sceau de l'autorité manque à vos théories les plus solides. Vous allez voir que ce n'est pas le seul côté faible de la métaphysique. Un autre caractère non moins décisif de la vraie science est le progrès dans la succession des recherches scientifiques. Voyez la philosophie naturelle. Tant qu'elle n'a été qu'une suite d'observations mal faites et d'hypothèses plus ou moins fausses, elle a erré de théorie en théorie, toujours incertaine dans sa marche et dans sa direction, œuvre accidentelle du hasard et du génie, tantôt avançant, tantôt reculant, selon l'influence des lieux, des époques, des individus. Mais le jour où elle est devenue une science, grâce à Galilée, à Bacon, à Descartes, à Newton, grâce surtout aux habitudes sévères de l'esprit moderne désabusé d'hypothèses, le progrès a été régulier et continu, accéléré quand il a trouvé un auxiliaire dans le génie, mais constant, uniforme, toujours sensible, quand la science n'a été servie que par de bons et modestes esprits. Pourvus d'instruments, guidés par d'excellentes méthodes, des savants même médiocres font avancer la philosophie naturelle, en l'enrichissant d'observations de détail et d'expériences ingénieuses, dont ils ne voient pas toujours toute la portée, et que le génie fera servir à ces découvertes qui changent la face de la science. En un mot, le progrès affecte des formes et des degrés divers, mais c'est toujours le progrès. La métaphysique n'offre pas le même spectacle. Elle en est encore à sa période de tâtonnement, d'incertitude, d'hypothèses. Elle marche, si vous voulez, mais elle change de route à chaque instant, voyant qu'elle n'aboutit pas dans la voie qu'elle a essayée. Elle s'agite sans règle ; elle erre sans méthode dans le labyrinthe des subtilités et des abstractions, sans qu'on puisse dire si elle avance ou si elle recule. Elle se développe sans doute, et même avec une luxuriante fécondité, mais sans arriver à prendre une forme ou une assiette définitive. De l'école atomistique de Platon la métaphysique a-t-elle gagné ou perdu? Les avis sont partagés. Si les idéalistes voient un magnifique progrès dans les sublimes horizons ouverts à la pensée par la philosophie platonicienne, les empiristes regrettent la simplicité, la clarté, la précision des théories de Leucippe et de Démocrite. De Platon à Aristote y a-t-il eu progrès? Ceux-ci disent que c'est le progrès même de la poésie à la science ; ceux-là soutiennent que c'est une dégradation de la métaphysique. Qui a tort? qui a raison? *Et adhuc sub judice lis est.* De l'antiquité aux temps modernes la question n'est pas moins douteuse. Les partisans des doctrines anciennes trouvent plus de grandeur, les amis de la philosophie moderne plus de solidité dans leurs doctrines de prédilection. Il y a des esprits éclairés qui doutent que la métaphysique ait réellement avancé depuis Aristote. Et beaucoup sont d'avis que depuis le xviie siècle elle est en pleine décadence. Le fait est que, sauf la nouvelle philosophie allemande qui n'est encore ni bien connue ni bien appréciée en France, le xviiie ni le xixe siècle n'ont rien produit qui puisse être comparé aux grandes spéculations des Descartes, des Malebranche, des Spinosa, des Leibnitz.

Le seul génie de cet ordre, Kant a dirigé sa redoutable critique contre les prétentions de toute espèce de métaphysique.

Le Métaphysicien. — Ici permettez-moi de vous arrêter. Ceux qui nient les progrès de la métaphysique n'en connaissent point l'histoire. Si vous ne considérez dans son développement que les accidents du génie, vous n'y verrez pas le progrès. Vous pourrez même trouver qu'il y a chute de Platon et d'Aristote aux philosophes postérieurs, soit de l'antiquité, soit même des temps modernes. Mais qu'importe? Là n'est pas la question. Le génie joue aussi un grand rôle dans l'histoire de vos sciences. Toutes les époques n'ont pas leur Galilée, leur Newton, leur Cuvier. Et pourtant tel est le progrès des sciences, que le moindre savant de nos jours, que l'élève de nos écoles en sait plus que ces grands hommes sur la physique, l'astronomie et l'histoire naturelle. N'en est-il pas de même de la métaphysique? Assurément, du génie des Descartes, des Malebranche, des Leibnitz au bon sens de Locke, de Reid, de Dugald-Stewart, la chute est profonde. Mais la science n'a-t-elle pas gagné en clarté, en précision, en analyse, ce qu'elle a perdu en élévation, en grandeur, en éclat? Son trésor s'enrichit chaque jour de théories nouvelles; le travail incessant de l'analyse multiplie et complique les questions; l'horizon de la science s'étend de plus en plus. Il n'est pas un élève de logique qui ne sache résoudre aujourd'hui des difficultés que n'avaient pas même prévues les plus grands esprits des siècles précédents.

Le Savant. — Je conviens du fait pour la psychologie, mais non pour la métaphysique. L'analyse de l'esprit humain, de ses facultés, de ses opérations, de ses affections et de ses passions, n'a pas cessé d'enrichir cette science d'observations de détail et même de théories de plus en plus complètes, sous la direction de méthodes sûres, avec ou sans le secours du génie. Là, comme dans nos sciences, les questions succèdent aux questions, les vérités s'ajoutent aux vérités et viennent grossir incessamment le trésor de la science. En sorte qu'il est parfaitement exact de dire que le dernier élève de nos écoles en sait plus que Platon et Leibnitz sur certaines questions d'idéologie ou de psychologie morale. Mais il n'en est pas de même de la métaphysique. J'y vois bien les systèmes succéder aux systèmes, mais non les vérités aux vérités. Si les solutions se renouvellent sans cesse, les questions restent toujours les mêmes. C'est exactement l'inverse des sciences, où les solutions demeurent après l'épreuve du temps et de la critique, et où les questions se renouvellent. J'admets bien que les questions en métaphysique vont toujours se développant, se raffinant, se compliquant de plus en plus. Mais je ne puis voir là un véritable progrès. Reprendre sans cesse et sans relâche les mêmes questions sans les résoudre une fois pour toutes, creuser toujours les mêmes difficultés sans jamais les approfondir, n'est-ce pas là le travail de Sisyphe et des Danaïdes? Et je demanderais volontiers quel crime a commis l'esprit humain pour avoir été condamné à cet ingrat labeur. Pendant que la science s'enrichit perpétuellement de vérités nouvelles, la métaphysique ne s'enrichit que de systèmes. Non-seulement les vieilles questions y sont reprises, mais souvent même les vieilles solutions, qu'on s'applique à restaurer d'âge en âge, et qui trouvent faveur un moment, grâce à l'habileté des érudits qui se vouent à cette tâche ingrate. Voilà donc à quoi la métaphysique passe son temps, depuis Thalès et Pythagore jusqu'aux derniers travaux de la philosophie moderne :

une douzaine de grandes questions qui occupent invariablement le fond de la scène, des systèmes sans nombre qui se dévorent successivement, point de vérités acquises, point de solutions définitives. Je ne vois là ni développement ni progrès. La pensée humaine, dans la métaphysique, ressemble à un manége ; elle tourne indéfiniment dans le cercle des mêmes questions sans jamais avancer. Ce n'est point là le progrès, le développement, le mouvement d'une science vraie et vivante, comme le dit notre grand Bacon dans son beau langage :
« Si hujusmodi scientiæ plane res mortua non essent,
» id minime videtur eventurum fuisse, quod per multa
» jam sæcula usu venit, ut illæ suis immotæ fere hæ-
» reant vestigiis, nec incrementa genere humano digna
» sumant : eo usque, ut sæpe numero non solum asser-
» tio maneat assertio, sed etiam quæstio maneat quæstio,
» et per disputationes non solvatur, sed figatur et ala-
» tur ; omnisque traditio et successio disciplinarum re-
» præsentet, exhibeat personas magistri et auditoris,
» non inventoris, et ejus qui inventis aliquid eximium
» adjiciat..... Philosophia et scientiæ intellectuales,
» statuarum more, adorantur et celebrantur, sed
» non promoventur ; quin etiam in primo nonnumquam
» autore maxime vigent, et deinceps degenerant. »
(*Instaur. magn. præfatio gener. par.* 5.) Cet anathème me paraît injuste, pris dans sa généralité. Mais s'il n'atteint pas toutes les sciences de l'*esprit*, il frappe au cœur la métaphysique. Il est impossible de mieux penser et de mieux dire.

Le Métaphysicien. — J'en demande pardon à Bacon : mais ici, comme en beaucoup d'endroits de ses livres, il me semble avoir confondu la scolastique et la sophistique avec la vraie métaphysique, l'abus des mots avec la science des choses. Vous me permettrez donc d'en appeler de son arrêt. Quant au vôtre, je trouve que vous avez une manière un peu étroite de définir le *progrès*. Je conviens avec vous que les progrès de la métaphysique ne peuvent se mesurer à la somme des vérités qui s'ajoutent à la science. Mais parce qu'ils ne sont point réductibles à une simple opération d'arithmétique, est-ce à dire qu'ils ne sont point appréciables ? Songez donc que le progrès n'a pas qu'une forme et qu'une mesure, qu'il se diversifie selon les choses qui le comportent, qu'il affecte autant de modes qu'il y a de sciences distinctes. Tantôt le progrès se mesure par une simple addition de vérités, comme dans les sciences exactes ou *positives* ; c'en est le mode le plus sûr et le plus élémentaire. Tantôt le progrès s'annonce par le développement des questions ; c'en est le mode le plus complexe, le plus riche, le plus profond. Le premier est essentiellement *mécanique*, et appartient aux sciences de la matière. Le second est proprement *organique*, et est inhérent aux sciences de la vie et de l'esprit. C'est le mode de progrès que je réclame pour la métaphysique. Je vous accorde que, contrairement à ce qui se passe dans vos sciences, les mêmes questions à peu près occupent constamment la scène métaphysique. Mais d'abord ces questions ont tout autrement d'étendue, de portée, de profondeur que les vôtres. L'analyse n'en trouve pas le fond, ni la synthèse le sommet. Mais qu'importe, si l'une descend toujours plus avant, et si l'autre s'élève toujours plus haut ? N'est-ce pas là un progrès tout aussi réel que celui de vos sciences, bien que tout différent ? Qu'importe que les questions soient inépuisables et que les solutions ne soient que provisoires, si elles sont des révélations de plus en plus complètes de l'infinie vérité ? Croyez vous que les discussions qui ont retenti de siècle en siècle sur Dieu, sur l'âme, sur la matière, n'ont pas fait sans cesse jaillir de nouvelles lumières sur ces grands objets de la connaissance humaine ? Est-ce là le rocher de Sisyphe, le tonneau des Danaïdes, la toile de Pénélope ? Puisque vous aimez les comparaisons, dites que la métaphysique marche, sans jamais atteindre le but, mais non qu'elle tourne indéfiniment dans le même cercle. Dites que c'est un rocher qui s'élève toujours plus haut sans jamais retomber, un tonneau qu'on ne peut combler, parce qu'il est infiniment profond, une toile qui n'est jamais finie, parce qu'elle est immense. Mais ne vous laissez pas prendre à de fausses analogies. Prenez garde d'appliquer vos petites mesures aux grandes œuvres de la métaphysique.

Le Savant. — Cela peut être vrai, mais n'est pas clair. Expliquez-vous ?

Le Métaphysicien. — Il y a science et science, comme il y a vérité et vérité. Vos questions sont faciles à définir, à embrasser, à épuiser. Observer des faits et les généraliser en lois ou en classes, voilà tout le secret des sciences physiques et naturelles. Déduire des rapports de notions très simples et en former une chaîne continue, voilà tout le secret des sciences mathématiques. Le progrès est alors simple et élémentaire comme la science. C'est par addition que se construit la science ; c'est par addition que procède le progrès. Il en est des diverses sciences comme des divers règnes de la Nature. Elles se forment par construction ou par organisation, par succession ou par développement, celles-ci selon les lois de la matière, celles-là selon les lois de la vie. Vos sciences procèdent dans leur formation comme les êtres non organisés, par simple addition de parties. Le progrès n'y est qu'une succession de vérités qui vont incessamment grossir le corps de la science. La métaphysique procède, comme les êtres organisés, par intussusception, transformation, développement. Le travail de son organisation est trop compliqué pour que le progrès soit visible à tous. Mais il n'en est pas moins réel et perceptible à des yeux exercés. Voulez-vous un autre exemple plus populaire, et qui fera mieux encore ressortir le caractère du progrès de la métaphysique? Transportons-nous dans le domaine de l'histoire. Vous croyez, avec tous les esprits éclairés de ce temps, au progrès de l'Humanité. Mais quelle idée vous en faites-vous? Vous représentez-vous l'Humanité telle qu'elle se montre dans l'histoire, comme un Tout qui s'accroît indéfiniment par l'addition d'éléments nouveaux, ou même comme un Être vivant dont tous les organes se développent et se fortifient incessamment? De pareilles conceptions ne tiennent pas devant les faits. La chute des empires, la dissolution des sociétés, la décadence et la ruine des civilisations, l'invasion de la barbarie, les révolutions qui brisent violemment la tradition, les restaurations qui la ressuscitent, le flambeau des lettres, des sciences et des arts qui s'éteint à l'Orient pour se rallumer à l'Occident, les incertitudes, les variations, les déviations, les brusques élans vers l'avenir suivis d'étranges retours vers le passé; tous ces incidents et bien d'autres contredisent victorieusement la théorie d'un progrès continu, uniforme, inflexible, *géométrique*, consistant dans une série non interrompue de conquêtes de la civilisation sur la barbarie, de la science sur l'ignorance, de la liberté sur le despotisme, de la richesse sur la misère, du bien sur le mal, en un mot. Le vrai symbole du progrès de l'Humanité, c'est le développement organique d'un être vivant, non pas d'une vie éphémère et qui passe par toutes les phases de la nature mortelle, mais d'une vie éternelle et inépuisable, qui survit à toutes les formes, qui remplace perpétuellement des organes vieillis par des organes nouveaux, supérieurs en force et en vitalité, et qui, toujours plus complet, plus beau, plus riche, s'élevant de formes en formes, d'organisations en organisations, se rapproche de plus en plus de son type absolu, sans pouvoir y atteindre. Ce genre de progrès ne saute pas aux yeux comme le progrès géométrique; et bien des gens le nient parce qu'ils ne le voient pas. N'en serait-il pas de même en métaphysique qu'en histoire.

Le Savant. — Votre distinction est vraie, mais elle ne résout pas tout à fait la difficulté. Tout ce que vous venez de dire sur le développement *organique* de la métaphysique, et sur son progrès comparé à celui de l'Humanité, me paraît ingénieux et profond. Je laisse les esprits superficiels ou prévenus vous chicaner sur ce point, et je reconnais avec vous que l'histoire de la métaphysique révèle un véritable progrès *organique*, comme l'histoire générale de l'Humanité, pourvu qu'on l'interroge sérieusement. Mais c'est une autre question qui nous divise. Je n'ai jamais songé à contester ni la puissance vitale, ni la fécondité, ni l'efficacité morale et sociale, ni même un certain progrès de la métaphysique. Je suis là-dessus aussi libéral que ses meilleurs amis. C'est une admirable gymnastique pour l'esprit; c'est une source précieuse de doctrines, d'idées, de sentiments pour les croyances morales et religieuses ; c'est un magnifique développement de la pensée humaine, dans lequel la loi du progrès se montre comme dans tout le reste. La seule chose que je conteste et qu'il vous faut démontrer, c'est que la métaphysique est une science, une science au même titre et dans les mêmes conditions que les nôtres, aussi simple, aussi évidente dans ses principes, ses méthodes, ses progrès et ses résultats. Vous avez déjà reconnu que ses résultats, dont je ne nie d'ailleurs ni l'utilité ni même la vérité, n'ont pas l'autorité *scientifique*. Vous êtes forcé également de convenir que le progrès de la métaphysique ne ressemble point au progrès *scientifique*. Cet aveu me suffit. Ce n'est pas du progrès en général qu'il s'agit entre nous, mais du progrès *scientifique*. Ce progrès consiste dans une succession non interrompue de vérités qui s'enchaînent, et servent de point de départ à la découverte de vérités nouvelles. Or dans la métaphysique, ce ne sont pas des vérités qui se succèdent, mais des systèmes. Et notez bien que le système nouveau commence invariablement par faire table rase, en sorte que l'œuvre de la métaphysique est toujours à recommencer. Il lui faut reprendre les mêmes questions, asseoir ses bases, fonder ses principes, instituer ses méthodes comme au premier jour, enfin construire *a novo*. Tandis que la science, une fois sûre de ses bases, de ses principes, de ses méthodes, élève lentement, mais solidement son édifice, en ajoutant pierre sur pierre, étage sur étage, la métaphysique jette tout à coup dans les nues, comme par enchantement, ses brillantes mais fragiles constructions, sans base, sans matière solide, sans ciment; véritables châteaux de cartes qui s'écroulent au premier souffle de la critique. Que cette succession de créations éphémères soit soumise, comme toutes les œuvres de l'humanité, à la loi universelle du progrès, je n'en disconviens pas. Mais c'est là le progrès de la nature et non de la science; c'est le progrès des choses où il n'y a encore ni ordre, ni organisation. La philosophie naturelle aussi a connu ce progrès avant sa véritable période *scientifique*. La métaphysique en est là. Est-ce un signe de supériorité? Quand vous comparez ce progrès à celui de nos sciences, et que vous le trouvez bien supérieur, en ce qu'il est *organique*, tandis que le nôtre est purement *mécanique*, permettez-moi de vous dire que vous abusez des mots. Réfléchissez un peu, et vous verrez que votre progrès *organique* n'est que l'enfance de l'art. A mesure qu'une chose quelconque susceptible de progrès, une société, une science s'ordonne et s'organise ; à mesure que son mouvement devient plus régulier, ou sa vie plus normale, le progrès devient de moins en moins organique, de plus en plus mécanique. C'est à tel point que le signe le plus caractéristique d'une société bien organisée, d'une science bien faite, c'est le progrès géométrique, c'est-à-dire celui où les vérités succèdent aux vérités, les réformes aux réformes, sans interruption, sans déviations, sans défaillances, sans révolutions, sans réactions, sans tous ces accidents qui indiquent que la victoire du bien et du vrai est encore contestée. Que la métaphysique ne soit donc pas trop fière de son progrès *organique* ; c'est le signe certain qu'elle n'est point encore parvenue à sa période *scientifique*, si jamais elle doit y arriver.

Le Métaphysicien. — Vous êtes un rude jouteur. Il n'est pas facile d'avoir le dernier mot avec vous. Hé bien, soit ; je conviens des faits. Point de solutions définitives ni, par suite, de résultats *scientifiques* ; point de progrès uniforme et constant : voilà deux graves symptômes de l'état de la métaphysique, mais non décisifs au point qu'il faille en désespérer. Vous avez prouvé que la métaphysique n'est pas une science faite, mais nullement qu'elle ne soit pas en voie de le devenir. Toute science a eu ses essais, ses tâtonnements, ses difficultés, ses hypothèses, ses systèmes, son enfance en un mot. La philosophie naturelle en était là au xvie siècle, avant les découvertes de Galilée, les préceptes de Bacon et de Descartes. Vous eussiez eu alors le droit de la traiter comme vous faites aujourd'hui la métaphysique. On spéculait, on discutait beaucoup, on observait très peu et mal. La méthode inductive a changé tout cela, et a transformé la philosophie naturelle en une science véritable. Qui vous dit que la période *scientifique* de la métaphysique n'est pas enfin arrivée? Je conviens que son enfance a été longue, plus longue que celle des sciences ; j'en dirai les raisons plus tard. Comme ces raisons n'existent plus, je ne vois pas pourquoi la métaphysique ne marcherait pas enfin d'un pas ferme et assuré dans la voie de la science, ainsi que l'ont fait ses rivales deux siècles plus tôt. Que lui manque-t-il pour cela? Elle a l'exemple des sciences physiques et naturelles, de leurs erreurs, de leurs méthodes, de leurs progrès, de leurs admirables résultats. Elle a l'expérience de ses illusions, de ses chutes, de ses brillants et vains systèmes. Elle n'est plus jeune et n'a pas l'aveugle confiance de cet âge. Elle sait où l'ont conduite les hypothèses et les idées *a priori;* elle n'en veut plus. Vous n'entendez aujourd'hui sortir de sa bouche que de sages paroles sur la méthode, sur le danger des doctrines exclusives, sur la vanité des hypothèses, sur la nécessité de se rallier au sens commun. On ne peut avoir un meilleur esprit. Serait-ce la force vitale qui lui manquerait? Elle n'a pas, il est vrai, les allures ni les sentiments de la jeunesse, cette confiance qui ne doute de rien, cette audace qui brave tout, cette fécondité luxuriante qui multiplie les systèmes. Mais tant mieux ; c'est le signe que l'âge de la maturité, de la virilité est arrivé, après une longue et orageuse jeunesse. Tout fait espérer qu'il en sera de la métaphysique comme de ces natures vigoureuses et généreuses qui, dans l'âge mûr, rachètent amplement leurs folies de jeunesse par de grandes vertus et de magnifiques œuvres. Je ne veux point dire par là que la métaphysique ait rien à racheter d'un passé glorieux, tout resplendissant d'œuvres immortelles. J'entends seulement qu'elle a eu les défauts aussi bien que les mérites de la jeunesse. Espérons qu'elle aura désormais tous les caractères de la virilité.

Le Savant. — A vous dire vrai, je le souhaite plus que je ne l'espère. Je crains que vous ne vous fassiez illusion, à en juger du moins par les apparences. Je reconnais avec vous que la métaphysique n'a plus les allures de la jeunesse. Je la trouve en effet sage, prudente, défiante, modérée. Mais cette sagesse ne dépasse guère le sens commun; cette prudence dégénère en timidité; cette défiance sent le découragement; cette modération ressemble singulièrement à l'impuissance. En un mot, cette prétendue maturité me paraît avoir tous les caractères de la vieillesse. La métaphysique du XIXe siècle aime l'érudition et l'histoire. C'est un mérite qui lui est propre, et qui manquait absolument à la philosophie du XVIIIe siècle, fort ignorante et fort dédaigneuse de la tradition. Il est bon que la science connaisse son passé, ne fût-ce que pour ne pas le recommencer. Mais si elle abdique toute initiative, si elle se repose et s'endort dans les ombres de l'histoire, si elle pousse la défiance d'elle-même, la confiance de la tradition au point de croire son œuvre faite, et d'ériger l'érudition en science, n'y a-t-il pas là un signe de mort et de stérilité? Or, c'est là précisément l'esprit de votre école métaphysique, le goût de l'érudition, la passion de l'histoire, le culte de la tradition. Elle étudie l'histoire par pure curiosité, dans une parfaite indifférence de la science elle-même. Je dis par pure curiosité, car il est difficile de prendre au sérieux la tentative imaginée par vos éclectiques pour faire de l'histoire de la science la science même. Ériger le fait en principe, transformer la lutte des systèmes en loi nécessaire de la métaphysique, c'est tout simplement organiser l'anarchie. Une science n'est réellement fondée, au contraire, qu'à partir du moment où cette lutte des systèmes cesse, où d'accord enfin sur les bases, les méthodes et les principes de la science, les savants ne se divisent plus que sur les questions secondaires, où les divergences se réduisent à des diversités de direction, suivant le goût et le génie de chacun. La tentative désespérée de l'éclectisme ne pouvait faire illusion à des esprits sérieux. On en est resté à l'indifférence ou au découragement. Si la métaphysique n'a pas d'autre moyen de ramener à elle les esprits défiants et abattus, je la plains et je pense qu'elle n'a plus qu'à faire son testament. Une science ainsi faite est une science morte.

Le Métaphysicien. — Rassurez-vous. La métaphysique n'en est pas réduite à cette extrémité. Elle vient de traverser une période tout historique qui n'a été pour elle ni sans profit ni sans gloire. Elle a appris à cette école bien des choses dont elle ne se doutait pas, et qui la guideront dans ses futures recherches : par exemple, les dangers de l'imagination, la fâcheuse influence des mots, l'abus des abstractions, l'impuissance des doctrines exclusives, la nécessité de méthodes sûres et précises. Mais, avec tous ses avantages, l'histoire n'est pas la science ; elle n'en est que la préface nécessaire. La métaphysique a pu, dans un moment de fatigue, se reposer dans l'érudition. Mais, croyez-le bien, le moment n'est pas éloigné où elle reprendra son essor. Fille de l'esprit humain, et fille légitime, quoi qu'en disent les mauvaises langues, elle a la force, la jeunesse immortelle de son père. Et elle vivra autant que lui, car elle répond à ses besoins les plus profonds et les plus impérieux.

Le Savant. — Je crois comme vous à l'immortalité de la métaphysique, et par les mêmes raisons ; seulement vous croyez à son avenir *scientifique*, et vous semblez l'espérer prochainement. Pour mon compte, je suis moins confiant. Je ne découvre encore, je l'avoue, aucun des symptômes de l'heureuse révolution qui doit amener cette métamorphose. Si vos résultats seulement étaient contestables, il n'y aurait point à désespérer. Quand les principes sont bien établis, l'œuvre de la science n'est point à refaire. Il suffit d'en corriger ou d'en changer les conclusions. Je voudrais croire que la métaphysique en est là, et qu'elle n'a failli que pour avoir manqué aux règles de la logique. En ce cas, le remède est facile. Mais le vice de la métaphysique est autrement profond. On lui conteste ses principes tout autant que ses conclusions. Toute vraie science a ses principes qui restent debout, lors même que les théories s'écroulent; ce sont les assises de la science, qui en supportent l'édifice entier. Ces principes sont des vérités incontestables servant de base aux inductions ou de point de départ aux démonstrations. Dans les sciences purement démonstratives, comme les mathématiques, ce sont les définitions. Dans les sciences expérimentales, comme la physique, la chimie, l'histoire naturelle, la psychologie, ce sont les perceptions immédiates de l'expérience. Les inductions, les conclusions, les explications, les théories enfin changent, se modifient, se complètent, se transforment, se renouvellent; les principes se maintiennent invariables et invincibles. Si ces principes eux-mêmes étaient sujets à discussion, le terrain manquerait sous les pieds de la science, et il lui serait impossible de rien édifier. Eh bien ! c'est ce qui arrive en métaphysique. La controverse emporte les principes avec les résultats. Citez-moi un seul principe qui ait survécu au naufrage des systèmes? Où sont les vérités premières, où sont les notions simples sur lesquelles la métaphysique puisse s'appuyer comme sur une base inébranlable, *fixum quid ac inconcussum,* comme disait notre grand Descartes?

Le Métaphysicien. — Je vous arrête d'un mot. La métaphysique n'a-t-elle pas ses vérités premières aussi bien que les autres sciences? A-t-on jamais contesté ces axiomes : tout phénomène a une cause, tout moyen suppose une fin, tout mode suppose une substance, tout corps est dans un lieu, toute succession de faits est dans le temps?

Le Savant. — Non sans doute. Mais vous confondez les *axiomes* avec les *principes* proprement dits. Les axiomes ne sont que les conditions nécessaires de la déduction et de l'induction; ils n'en sont pas les principes. La science ne peut en rien déduire ou induire, ni directement, ni indirectement. Par exemple, sans le principe de causalité, l'esprit ne serait pas conduit à la recherche des lois, des causes, et surtout de la Cause suprême; mais de cet axiome il est impossible de déduire aucune proposition physique ou théologique. Sans l'axiome des causes finales, le naturaliste et le physiologiste ne s'enquerraient pas de la fonction d'un organe; le théologien ne s'élèverait pas de l'ordre du monde au Suprême ordonnateur. Mais tourmentez les axiomes tant qu'il vous plaira, vous n'en tirerez jamais rien; et si la science n'avait pas d'autres principes d'induction ou de déduction, elle en serait encore à chercher sa première proposition. C'est donc des principes et non des axiomes qu'il s'agit. Or, citez-moi un seul principe qui n'ait été contesté en métaphysique? De même que, dans les sciences mathématiques, les principes sont les notions ou définitions des lignes, des surfaces, des solides, des figures diverses qu'affecte l'étendue; de même, en métaphysique, les principes sont les notions ou définitions de cause, de fin, de substance, de matière, d'essence, d'acte et de puissance, de fini et d'infini, de contingent et de nécessaire, de relatif et d'absolu, de réel et d'idéal, d'individuel et d'universel, de temps et d'espace. Ces notions y jouent absolument le même rôle que les notions de l'étendue et de ses diverses propriétés et figures en géométrie. Toute proposition métaphysique s'en déduit directement ou indirectement, à l'aide des axiomes précédemment énumérés. Or, quelle est la notion, quelle est la définition métaphysique qui n'ait été sérieusement contestée? Est-ce la notion de substance? Mais il n'en est point sur laquelle les métaphysiciens soient moins d'accord. La substance pour le plus grand nombre est ce qui existe en soi. Pour Spinosa et tous les panthéistes, c'est ce qui existe en soi et par soi. D'où il suit qu'il ne peut y avoir qu'une substance, Dieu, dont tous les individus ne sont que des modes. Et même, parmi ceux qui s'accordent sur la définition générale de la substance, combien d'opinions diverses sur sa nature? C'est la *puissance* pour les uns; pour les autres, à la suite d'Aristote, c'est l'*acte*. Est-ce la notion de la matière? Ceux-ci, comme Descartes et son école, n'y voient que de l'étendue; ceux-là, Leibnitz en tête, en font une force vive. Est-ce la notion de l'essence? Mais qui ne connaît le grand débat non encore terminé entre Platon et Aristote? Suivant le premier, l'essence des choses réside dans l'*idée*, dans le genre; suivant le second, c'est dans la *forme*, dans l'espèce qu'il faut la chercher. Est-ce la notion de la cause, notion si peu claire par elle-même, que nous confondons sous ce nom les choses les plus diverses, la cause génératrice ou le principe, la cause créatrice ou l'architecte, la cause motrice ou le simple moteur? Ce qui fait que, lorsque nous appliquons cette notion au grand problème de l'origine du monde, nous ne pouvons arriver à une solution précise ou même intelligible. Est-ce la notion de fin, d'ordre, de perfection? Spinosa réduit tout cela à de pures convenances de l'esprit humain, et trouve que rien n'est moins philosophique que de s'enquérir de la fin des choses. A ses yeux, leur nature, leur essence, voilà l'unique objet de la science ; le reste est affaire d'imagination et de poésie. Descartes pensait à peu près de même. On sait le mépris du xviii° siècle pour les causes finales. Quant à la notion de principe, elle est encore plus vague, plus élastique, plus féconde que la notion de cause en équivoques et en controverses. C'est tantôt la simple origine, tantôt le germe, tantôt la cause elle-même. Voilà encore un mot à renvoyer à la logique. Serait-ce la notion de l'infini par hasard qui rallierait toutes les opinions? Mais toute une école la nie, ou, ce qui est la même chose, la réduit à la notion de l'indéfini. Je sais bien que l'analyse a démontré à tous les esprits sérieux combien cette doctrine est fausse. Mais enfin il reste encore, sinon du doute, du moins des nuages dans les meilleurs esprits sur les vrais caractères de cette notion de l'infini. Est-ce une notion précise, comme la notion du fini, ou la simple impossibilité pour la pensée de s'arrêter à une limite? Sait-on ce qu'est l'infini, ou seulement ce qu'il n'est pas? Enfin le *connaît-on* réellement, ou ne fait-on que le *concevoir* ? C'est un point que l'analyse n'a pas encore complétement éclairci. Il en est de même de la notion de l'idéal, du parfait. En avons-nous la connaissance précise, la vraie *représentation*, ou cette simple *conception* qui fait qu'on peut dire ce qu'il n'est pas, mais non ce qu'il est? Les notions de l'absolu, du nécessaire, de l'universel, bien que plus simples, plus précises que toutes les autres notions métaphysiques, donnent lieu à la même difficulté et appellent les lumières de l'analyse. Les notions de temps et d'espace restent encore indécises sur quelques points essentiels, même après les savantes dissertations de Leibnitz et de Clarke, et les profondes analyses de Kant. Qu'est-ce que le temps? Qu'est-ce que l'espace? Faut-il y voir des substances véritables avec Clarke, ou de simples rapports avec Leibnitz, ou de pures formes de la sensibilité avec Kant? *Et adhuc sub judice lis est.* Tout le dictionnaire des principes de la métaphysique serait à refaire. Et si l'obscurité, la contradiction, l'équivoque sont ainsi à la source même de la science, comment veut-on que la lumière, la certitude, la précision se trouvent dans les systèmes, qui ne sont que des déductions ou des combinaisons savantes de ces notions premières? Tout est donc à recommencer, tout est à reprendre, les résultats et les principes, les théories et les définitions, les déductions et les notions premières. C'est l'édifice entier qui est à refaire depuis la base jusqu'au sommet.

Le Métaphysicien. — J'aime mieux en convenir que de résister à l'évidence. Oui, la métaphysique entière est à remanier. Pourquoi le nier? Cet aveu d'ailleurs n'a rien de décourageant. Le temps n'est pas fort éloigné où la philosophie naturelle en était là, aussi incertaine dans ses principes que dans ses théories. En deux siècles elle a regagné le temps perdu en hypothèses, et, à en voir les magnifiques résultats et les merveilleux progrès, on croirait qu'elle date de la plus haute antiquité. Pourquoi la métaphysique ne ferait-elle pas de même? Elle n'est en retard que de deux siècles. Et encore que de vérités enfouies dans ses erreurs? que de belles doctrines mêlées à ses vains systèmes? Plus on étudie son histoire, plus on se convainc que, si elle n'est pas encore une science, elle n'a point perdu son temps. Mais la voilà aujourd'hui bien avertie par l'expérience, et sachant parfaitement ce qu'elle a à faire pour devenir une science. Elle comprend la nécessité de sonder de nouveau ses bases, avant de rien édifier; de remonter aux principes, avant de songer aux résultats; de soumettre les notions premières à l'analyse, avant d'en rien déduire; enfin de *critiquer*, avant de *dogmatiser*. Tous les bons esprits se remettent aujourd'hui à ce travail, et tout fait espérer qu'avant peu on sera en mesure de reprendre, avec succès cette fois, et sur une base solide, l'œuvre de construction impuissante jusqu'ici.

Le Savant. — Doucement. Vous êtes trop prompt à l'espoir. Vous parlez d'établir les assises de la métaphysique, comme s'il n'y avait qu'à se mettre à l'œuvre pour cela. Vous oubliez une chose : c'est que vous manquez d'instrument. Vous n'avez pas de méthode, et vous songez à fonder votre science! Sans méthode, rien n'est possible, rien n'est stable, ni résultats, ni principes. Vous croyez reprendre l'œuvre de la science à son début, en remontant des résultats aux principes; vous vous trompez. Il y a quelque chose de plus essentiel, de plus élémentaire, de plus primitif encore que les principes; c'est la méthode. Car c'est par elle qu'une science fonde ses principes, avant même de construire ses théories. La méthode est donc le vrai début, le premier mot de la science. C'est par là qu'il vous faut reprendre l'œuvre entière. Or vous n'avez pas de méthode. Ne vous récriez pas; je ne veux pas dire que la métaphysique en manque absolument. En fait de méthodes, comme en fait de systèmes, on pourrait dire qu'elle est trop riche; elle n'a que l'embarras du choix. Mais où est la bonne? où est la vraie? où est celle qui doit mener la métaphysique à la science? Les idéalistes dédaignent l'expérience. Les empiristes ne veulent pas entendre parler de la spéculation. L'*analyse* d'Aristote n'est pas moins suspecte que la *dialectique* de Platon. Si celle-ci égare la pensée dans la région des chimères, celle-là la retient dans le monde des réalités sensibles. La méthode alexandrine, la *réduction à l'unité*, bien plus aventureuse encore que la *dialectique* platonicienne, ne doit être citée que pour mémoire. Et croyez-vous les modernes plus d'accord ? Si Descartes ramène la métaphysique au *Cogito, ergo sum*, Malebranche la fait remonter dans les régions de l'idéalisme. Spinosa préfère la méthode géométrique, et l'applique à tout. Leibnitz incline vers la méthode historique. Et de nos jours, tandis que Schelling invoque l'*intuition* et l'inspiration pour atteindre d'emblée à l'absolu, Hegel y prétend parvenir par la voie plus longue et plus laborieuse de la *logique*. Parmi les métaphysiciens qui ont agité les questions de théologie naturelle, les uns préfèrent l'induction psychologique, les autres les pures conceptions de la raison. « Vous allez droit à l'anthropomorphisme », disent ceux qui cherchent Dieu dans la raison pure. « C'est vous qui courez au panthéisme », répondent ceux qui le cherchent dans la conscience. Il n'y a pas de point sur lequel on dispute davantage encore aujourd'hui.

Le Métaphysicien. — Ici je vous arrête. D'où venez-vous donc ? Il semble que vous ayez dormi un siècle, comme la princesse d'un conte d'enfants. Ce que vous dites était vrai il y a cent ans ; mais aujourd'hui la méthode de la métaphysique est définitivement fixée. C'est l'observation et l'analyse. Comment en doutez-vous encore après Descartes, après Kant, après Locke et Condillac, après l'école écossaise tout entière, après l'école éclectique ? Qui a pratiqué la vraie méthode philosophique avec plus de suite et de profondeur que Maine de Biran ? Qui l'a enseignée avec plus d'autorité et appliquée avec plus de succès que Jouffroy ? Qui l'a proclamée avec plus d'éloquence et d'éclat que M. Cousin ?

Le Savant. — Je crains que vous ne confondiez encore ici deux méthodes, comme vous avez tout à l'heure confondu deux ordres de vérités. De même que la psychologie et la métaphysique sont fort distinctes, de même les méthodes qui leur sont propres diffèrent essentiellement. Il est bien vrai que la psychologie a sa méthode faite aujourd'hui. Il faudrait fermer les yeux à l'évidence pour le nier. La psychologie a cherché longtemps sa méthode, plus longtemps que les sciences physiques et naturelles. Mais enfin elle l'a trouvée et la possède maintenant sans contestation possible, du moins de la part des gens sensés. C'est déjà une science, faible et pauvre encore, pleine de lacunes, encombrée d'hypothèses et de questions métaphysiques. Mais enfin chaque jour elle comble ces lacunes, elle se dégage de ces hypothèses, elle s'enrichit d'observations, d'analyses, de descriptions, et tend à devenir une science, au même titre que la philosophie naturelle. Il en est tout autrement de la métaphysique. Sa méthode est encore à fixer. Je sais bien que quelques métaphysiciens suppriment la difficulté en identifiant les deux sciences et les deux méthodes. Selon eux, la métaphysique n'est qu'une simple induction de la psychologie. La méthode psychologique suffit et répond à tout. C'est par la psychologie qu'on arrive à la science de la Nature et de Dieu, aussi bien qu'à la science de l'homme. La conscience est un livre où tout se peut lire, quand on y regarde bien, Dieu et le Monde, de même que l'homme. Mais cette doctrine est loin d'être admise par la majorité des métaphysiciens. Et à vrai dire, si l'on conçoit que la métaphysique emprunte plus à la psychologie qu'à toute autre science, on ne comprend guère comment deux sciences, dont l'objet est aussi différent ; pourraient se traiter par une seule et même méthode, comment une science essentiellement générale, comme la métaphysique, pourrait se déduire ou s'induire entièrement d'une science particulière, comme la psychologie. Les grands métaphysiciens ne l'ont jamais entendu ainsi. La métaphysique du XVIIe siècle n'a point connu cette méthode. La nouvelle philosophie allemande n'en veut pas entendre parler. Ceux même qui la prônent éprouvent beaucoup d'embarras à la pratiquer, et se trouvent dans la nécessité d'en modifier, d'en corriger sans cesse les résultats, en y mêlant les conceptions à priori de la méthode spéculative. La question de la méthode n'est donc pas plus décidée que la question de système. Entre la méthode psychologique et la méthode spéculative, on hésite encore, tout comme entre l'anthropomorphisme et le panthéisme. Aussi voyez chaque métaphysicien à l'œuvre. Ce n'est pas seulement un système nouveau qu'il annonce, c'est aussi une méthode nouvelle. En sorte que l'œuvre entière de la science est toujours à recommencer.

Le Métaphysicien. — Voilà encore un fait dont il est impossible de ne pas convenir dans une discussion loyale. Oui, la méthode de la métaphysique est à fixer, sinon à trouver, puisqu'elle est l'objet de tant de contestations et de contradictions. Mais rien ne prouve qu'on ne puisse y parvenir.

Le Savant. — J'ai parlé du présent, non de l'avenir. J'aime à espérer, comme vous, que la métaphysique aura un jour sa méthode. Mais quel jour ? Précisément celui où elle aura défini son objet. En effet, la méthode et l'objet d'une science se tiennent étroitement, si étroitement, qu'il est impossible de songer à fixer la méthode d'une science quelconque, si d'avance on n'en a défini l'objet. Ainsi, jusqu'à ce que l'objet des sciences physiques et naturelles eût été bien défini et circonscrit dans ses véritables limites, ces sciences ont erré de spéculations en spéculations, à peu près comme la métaphysique, sans méthodes définitives, sans résultats certains, sans progrès continus. Mais le jour où Bacon fit comprendre que la philosophie naturelle a pour objet la recherche *positive* des lois et non des causes, la généralisation et non l'explication des faits, la science eut bientôt trouvé sa méthode, et les résultats et les progrès ne se firent point attendre. Eh bien ! il ne semble pas que ce jour soit venu pour la métaphysique ; car on dispute encore sur son objet. Et à la difficulté de s'entendre, à la diversité et à la divergence des définitions, on dirait que cet objet n'existe pas, et que la métaphysique n'est qu'un vain mirage de l'esprit humain. Vous me rassurerez sans doute sur ce point, mais, si la conclusion est contestable, le fait ne l'est malheureusement pas. Nierez-vous qu'il y ait tout autant d'incertitudes, d'obscurités, de contradictions sur l'objet que sur la méthode, les principes, les résultats, les progrès de la métaphysique ? Nierez-vous que la métaphysique ait cent fois changé de terrain pour trouver une assiette solide, sans jamais y parvenir ? Pour ne pas remonter plus haut, voici Platon qui en fait la science des *idées*. Puis arrive Aristote qui réduit les *idées* à de vaines abstractions, supprime l'objet même de la philosophie platonicienne, et y substitue la recherche des principes et des causes premières. Voilà la métaphysique engagée à la poursuite des causes. Toutes les écoles, sauf le néoplatonisme alexandrin, n'ont plus d'autre souci. L'antiquité, le moyen âge, la renaissance répètent le mot d'ordre, jusqu'au XVIIe siècle, qui le conserve encore dans ses écoles, mais le combat et le tourne en ridicule par l'organe de Bacon, de Descartes, de Malebranche, de Spinosa et de ses plus hardis penseurs. Au xviiie siècle, les causes proprement dites ont disparu de la science, causes efficientes, causes formelles, causes matérielles, causes finales, et ont emporté la métaphysique avec elles ; tant on était habitué à identifier la métaphysique avec le péripatétisme et la scolastique, malgré la révolution cartésienne qui avait créé une métaphysique nouvelle. Au fond, c'est plutôt contre la science de l'école que contre le cartésianisme que s'insurge la philosophie du xviiie siècle. Mais si la métaphysique n'est pas la science des causes et des principes, qu'est-elle donc ? Il semble qu'elle n'ait plus d'objet, ni par suite de raison d'être, depuis le discrédit de la définition péripatéticienne. C'est là en effet la conclusion avouée ou tacite de tous les vrais organes du dernier siècle, de Reid et de Kant, aussi bien que de Locke, de Condillac et de Hume. Mais ils avaient compté sans l'esprit humain qui n'abandonne pas ainsi ses prétentions. L'Allemagne vint en aide à la métaphysique et lui trouva un nouvel et merveilleux objet. A en croire ses philosophes, Aristote et les autres étaient vraiment trop modestes dans leurs spéculations. La métaphysique est bien autre chose que la science des causes et des principes ; ce n'est pas moins que la science de l'absolu. Il ne s'agit que d'y arriver. On y grimpe comme on peut. Schelling n'y fait pas de façons ; il ne marche point, il vole, et porté sur les ailes de l'*intuition*, le voici d'emblée dans l'absolu. Hegel y parvient également, mais à travers l'obscur labyrinthe d'une logique inextricable. Une fois au sommet de la pensée et des choses, l'esprit voit, contemple, domine la réalité. Il la domine si bien, qu'il la corrige, la refait au besoin, si elle a le malheur de ne pas reproduire fidèlement le système *transcendantal* des idées à priori. C'est sa faute et non celle de la métaphysique. Car notez bien ceci : ce n'est pas la pensée qui est le miroir de la Nature ; c'est la Nature qui est le miroir de la pensée. A cette hauteur, la métaphysique assiste à la création universelle ; elle a le secret de la pensée divine qui a présidé à tout ; elle connaît et contemple le Monde à priori, avant que l'expérience le lui ait successivement révélé. Tant mieux, si l'expérience confirme ses spéculations ; mais la métaphysique allemande ne la reconnaît point pour juge de ses constructions logiques. L'expérience ne témoigne que de la réalité, et c'est la vérité même que poursuit la science. Peu importe ce qui est à qui sait ce qui doit être. C'est à ce point de vue que Hegel et plusieurs de ses disciples ont surpris parfois la Nature en défaut, au point d'en signaler même certaines lacunes et certaines aberrations. Vous voyez donc que l'objet de la métaphysique change avec les systèmes et les époques. C'est avec Platon la science des *idées*, avec Aristote la science des *causes*, avec les alexandrins la science de l'*unité*, avec Spinosa la science de la *substance*, avec Malebranche la science des *idées* prises dans un sens un peu nouveau, avec Leibnitz la science des forces simples ou *monades*, avec Schelling la science de l'*absolu*, avec Hegel la science de l'*idée* pure, avec les éclectiques la science de toutes ces belles choses à la fois. Voilà encore un fait que vous ne pouvez nier.

Le Métaphysicien. — Je ne nie pas, mais j'explique. Je ne nie pas la diversité des définitions ; mais je soutiens qu'elles reviennent toutes à peu près au même ; que la pensée de Platon, d'Aristote, de Plotin, de Spinosa, de Malebranche, de Leibnitz, de Schelling, de Hegel est identique, sous les définitions et les formules

les plus diverses. Partout et toujours la métaphysique n'est que l'effort de l'esprit humain pour descendre au fond ou monter au sommet des choses. Elle pousse l'analyse jusqu'aux éléments les plus simples, jusqu'à la substance même des êtres; elle élève la synthèse jusqu'aux lois les plus générales, jusqu'à l'unité de la vie universelle. Dieu, l'âme, la matière, qu'est-ce autre chose que l'absolu dans les trois catégories de la cause, de la vie et de la substance. L'absolu en tout et partout, l'absolu dans toutes les catégories de la pensée humaine, quantité, qualité, relation, modalité, temps, espace, etc. : c'est là l'objet constant, invariable, unique de la métaphysique. Moquez-vous de ses prétentions tant qu'il vous plaira; mais reconnaissez qu'elle n'a jamais varié sur ce point.

Le Savant.—Je vous entends, et je ne suis pas éloigné de partager votre opinion sur l'identité réelle des définitions de la métaphysique. Je vois bien qu'en effet c'est l'absolu que vous poursuivez tous, sous des noms différents. Mais quand votre accord serait parfait, vous n'y gagneriez pas grand'chose. Tout ce qu'on pourrait dire, c'est que vous poursuivez la même chimère. Chercher l'absolu, quelle prétention, pour ne pas dire quelle folie! Est-ce bien l'esprit de l'homme, si imparfait, si borné, qui aspire à l'absolu? L'impossibilité d'y atteindre est déjà évidente à priori, et l'histoire de la métaphysique n'en est qu'une longue et triomphante démonstration. Depuis que l'esprit humain connaît mieux la mesure de ses forces, il a abandonné aux rêveurs ces spéculations ambitieuses. Mais alors la métaphysique s'est trouvée sans objet, et a fait place à la psychologie et à l'idéologie proprement dite. Fallait-il en venir à cette extrémité? La métaphysique est-elle condamnée sans retour à l'alternative de manquer d'objet ou d'avoir un objet chimérique? C'est ce que je ne décide point. Je me borne à constater un fait : l'incertitude actuelle de la métaphysique jusque dans son objet; c'est tout ce qu'il me faut pour le moment. Remarquez bien que, dans toute cette discussion, je n'ai mis en avant que des faits. J'ai mis en lumière l'état présent de la métaphysique, sans en tirer aucune induction pour l'avenir. Il reste constant que l'autorité *scientifique* manque à la métaphysique, qu'elle manque à son objet, à sa méthode, à ses principes, aussi bien qu'à ses progrès et à ses résultats. Je n'en conclus rien contre la possibilité de cette science, et je laisse aux métaphysiciens toutes leurs espérances. Je n'entre même pas dans l'appréciation des objections et des contradictions auxquelles les questions métaphysiques ont donné lieu jusqu'ici. Il est possible, à la rigueur, sinon probable, que ces objections n'atteignent pas sérieusement la métaphysique. Toujours est-il qu'elles ont ébranlé les convictions et réussi à jeter un nuage sur tous les points essentiels. Elles ont eu assez de crédit pour empêcher la métaphysique d'arriver à l'évidence et à l'autorité, conditions *sine qua non* de toute science. En un mot, à l'heure qu'il est, la métaphysique n'est pas une science, telle est ma seule, mais invincible conclusion. *Dura veritas, sed veritas!* Vous pouvez la regretter, mais non la nier.

Le Métaphysicien. — Vous avez raison; il faut se résigner. Hélas! il est impossible à un esprit sérieux et sincère de se faire illusion. La métaphysique n'est pas encore une science. Cet arrêt est écrit en caractères trop visibles dans son histoire. Toutefois ne triomphez pas trop de mon aveu. Vos sciences auront leur tour.

DEUXIÈME ENTRETIEN.

INSUFFISANCE DES SCIENCES.

Le Savant. — Eh bien ! en avez-vous pris votre parti ? A vous voir ainsi préoccupé, je crains que votre défaite ne vous reste sur le cœur. Il faut que la métaphysique soit une sirène bien dangereuse, et qu'on ne se dérobe pas facilement au charme de sa voix. J'ai eu beau la réduire au silence, vous prêtez toujours l'oreille de ce côté, comme s'il devait vous venir quelque grande révélation. Ne feriez-vous pas mieux de vous joindre à nous ? Quittez donc enfin le pays des ombres et des rêves pour le séjour de la lumière et de la réalité.

Le Métaphysicien. — C'est précisément ce que j'ai fait depuis notre dernier entretien. Je l'ai visité, votre séjour de lumière, et je vous avoue que je n'en reviens pas tout à fait content.

Le Savant. — Vous m'étonnez. Je ne vois pas ce qui a pu vous laisser des doutes ou des regrets. Par quelque côté que vous considériez nos sciences, par leurs résultats, leurs progrès, leurs principes, leurs méthodes, leur objet, vous retrouvez partout les signes infaillibles de la science, l'évidence et l'autorité. Qui s'avise aujourd'hui de les révoquer en doute sur aucun de ces points ? Vous ne voyez pas même d'esprits faux, d'amateurs de paradoxes, de chevaliers des causes désespérées qui se vouent à une tâche aussi ingrate. Les résultats de nos sciences sont à l'épreuve de la critique et du temps. Nul ne songe à contester nos théories, depuis qu'elles se bornent à des analyses, à des classifications, à des inductions sûres. Leurs progrès sont éclatants comme la lumière du soleil. Les aveugles eux-mêmes, c'est-à-dire les ignorants, y croient, entraînés par la foi universelle. Et depuis que nos principes ne sont plus de stériles abstractions, comme au temps de la physique péripatéticienne ; depuis qu'ils ne sont autre chose que les faits attestés par une observation exacte, vérifiés par une expérimentation savante, généralisés par une induction sûre, qui penserait à les remettre en questions ? Il a fallu du temps pour en venir aux vraies méthodes. L'esprit humain est impatient ; il aime mieux spéculer qu'observer ; le résultat est plus prompt et plus brillant. Mais, enfin, depuis Galilée, Bacon et Newton, tout embarras, toute incertitude a cessé sur la marche à suivre. La méthode des sciences physiques et chimiques, astronomiques, naturelles est à jamais fixée. Quant à la méthode des sciences mathématiques, elle n'a jamais été incertaine. Dès le berceau, elles ont fait comme Hercule ; leur premier signe de vie a été une œuvre virile, et elles ont marché d'un pas ferme et sûr dans la voie de la vérité. Je ne parle pas de l'objet de nos sciences. Il est fixe, constant, tellement visible à tous les yeux, qu'il n'a besoin ni d'être défini, ni même d'être exprimé pour être présent à l'esprit. C'est l'étendue abstraite et le nombre pour les mathématiques ; pour l'astronomie, la physique et la chimie, les corps considérés dans leurs grandes masses, leurs actions générales et réciproques, leur constitution intime et élémentaire ; pour l'histoire naturelle, toujours les corps, mais étudiés dans leur structure, leur organisation, leurs fonctions. Ainsi, sur tous ces points, rien à contester, rien à éclaircir, rien à chercher. La subtilité des métaphysiciens est grande ; mais je doute que vous puissiez ici nous opposer un argument sérieux.

Le Métaphysicien. — Je n'en ai nulle envie. Les

arguties ne sont pas de mon goût. Vous êtes invincible sur ce terrain. Aussi n'est-ce pas sur la solidité de vos sciences que j'élève des doutes. Seulement je suis frappé de leur insuffisance. Depuis que vous avez exclu la métaphysique du domaine de la science, c'est à vous de satisfaire l'esprit humain sur toutes ces questions théologiques, cosmologiques, physiologiques, psychologiques que la métaphysique n'a pu résoudre. Or j'ai beau prendre une à une vos sciences si fières de leurs progrès ; je ne vois pas qu'elles soient en mesure de le faire.

Le Savant. — Je crains que vous ne vous mépreniez sur le but et la vraie portée de nos sciences. Elles ont renoncé à sonder l'essence, à deviner les raisons finales, à remonter aux principes des choses. Elles ne veulent savoir de la Nature que ce qui leur est nécessaire pour agir sur elle, la gouverner, la transformer, la faire servir aux besoins et aux convenances de l'Humanité. Depuis les préceptes de Bacon et de Locke, depuis les exemples de Galilée, de Newton, de Lavoisier et de tant d'autres, la philosophie naturelle laisse les causes pour les lois, dont la connaissance lui suffit pour le but qu'elle se propose. Ce but est tout pratique : c'est l'art, c'est l'industrie, c'est la morale, c'est la politique, selon la nature des sciences qui le poursuivent.

Le Métaphysicien. — Vos sciences, quel qu'en soit l'objet, physique ou moral, ont parfaitement le droit de marquer leur but, de circonscrire leur domaine et de restreindre la portée de leurs recherches ; mais elles n'ont pas celui de limiter l'esprit humain, et de lui dire, de leur autorité privée : *Tu n'iras pas jusque-là.* Il est encore plus difficile de supprimer les besoins et les exigences de l'esprit humain que la science qui a eu jusqu'ici la mission d'y répondre. Si les systèmes passent, les questions restent. Je veux que la métaphysique soit impuissante à les résoudre ; c'est à vos sciences de le faire.

Le Savant. — Pourquoi nous imposer cette tâche ? N'admettez-vous pas que l'esprit humain puisse avoir des prétentions supérieures à ses forces ? Sa curiosité est infinie. Pensez-vous que sa capacité le soit également ? N'y a-t-il pas des problèmes dont la solution est impossible à la science, et qu'il serait temps, après tant d'efforts inutiles, d'abandonner aux rêves de l'imagination ?

Le Métaphysicien. — Ici permettez-moi de vous arrêter. Les écoles peuvent poser des questions oiseuses ou insolubles. Cela s'est vu dans les écoles de l'antiquité, du moyen âge et même des temps modernes. Mais il est un signe auquel on reconnaît sûrement l'inopportunité ou l'illégitimité de ces problèmes, c'est qu'ils arrivent et s'en vont avec l'école qui les a produits. En est-il de même des questions qui nous préoccupent ? Nées avec l'esprit humain, elles ne finiront qu'avec lui. La science aura beau les exclure de son programme ; l'esprit humain les maintiendra toujours dans le sien. L'utile ne lui suffit pas ; il ne sera jamais, au moins dans ses organes d'élite, indifférent à la contemplation du vrai, pas plus qu'au sentiment du beau.

Le Savant. — D'accord. Mais faut-il donc vous rappeler que, pour avoir renoncé à toute recherche, soit de l'essence, soit de la fin, soit du principe des choses, la science moderne a pénétré bien plus avant dans la connaissance intime de la Nature que la spéculation métaphysique de l'antiquité ou du moyen âge ? L'astronomie moderne vous a révélé un monde dont l'imagination des poëtes, dont le génie des métaphysiciens n'avaient compris ni la grandeur infinie, ni la sublime harmonie, ni la majestueuse uniformité. Pour cela, il lui a suffi de l'observation, aidée du calcul. La physique, la chimie, l'histoire naturelle, vous ont fait connaître les propriétés générales de la Nature, les formes des êtres qui la composent, les forces qui les font mouvoir ou qui les animent, les moindres détails de leur structure et de leur constitution, les lois qui président à leur formation et à leur organisation, la nature et le jeu de leurs fonctions, enfin le grand mystère de la vie, tout cela par l'observation, l'analyse, l'expérience et l'induction. Que demandez-vous de plus? Que nous veut la métaphysique? Êtes-vous bien sûr que l'esprit humain l'approuvé dans ses prétentions chimériques, et la suive dans ses aspirations impuissantes? Sans doute tous les mystères de la Nature ne sont point éclaircis. La science n'a pas dit le dernier mot; elle n'a même pas la prétention de le dire jamais. Mais chaque jour, elle soulève un coin du voile qui cachait la Nature à l'esprit humain. Tout ce qu'il est permis à celui-ci de savoir sur la Nature, sur le Monde, sur l'homme, c'est par la science seule qu'il le sait et le saura, par la science irrévocablement vouée à l'observation, à l'expérience, à l'analyse, à l'induction, à ces procédés lents, laborieux, modestes, dont l'impatient et rapide génie de la métaphysique dédaigne l'usage.

Le Métaphysicien. — Je pourrais peut-être trouver une ombre au tableau. A part toute métaphysique, dont vos savants ne veulent plus entendre parler, ne conviendrez-vous pas que l'esprit philosophique manque à vos sciences considérées, soit dans chacune d'elles prise séparément, soit dans leurs rapports entre elles. Ce n'est pas seulement la spéculation métaphysique qui vous fait peur; c'est toute vue générale, toute synthèse, disons le mot, toute philosophie des sciences. Un de vos meilleurs esprits n'a pas craint de l'avouer et de le regretter. « Les sciences physiques et naturelles, dont la méthode est si puissante, n'ont aucune efficacité philosophique. L'unité leur manque ; elles ne forment pas un tout, un ensemble lié par une doctrine commune ; et surtout elles laissent en dehors le phénomène complexe et immense des sociétés humaines. On aurait beau combiner sans fin toutes les notions sur l'espace et le mouvement, sur le système céleste, sur les agents physiques, sur les compositions chimiques, sur l'anatomie et la physiologie, on n'en ferait sortir aucune solution touchant ce sujet, le plus compliqué, le plus difficile, le plus important de tous (1). » Un pareil témoignage vous doit être d'autant moins suspect que l'auteur n'a pas moins de répugnance que vous pour la métaphysique.

Le Savant. — C'est ce qui prouve précisément que vous n'en pouvez tirer aucun argument en faveur de la métaphysique. On peut reconnaître, avec M. Littré et bien d'autres esprits éminents, l'insuffisance des sciences en tout ce qui touche aux questions psychologiques et morales, et l'esprit généralement étroit des savants en ce qui concerne ce qu'on appelle la philosophie des sciences, sans faire la moindre concession ni aux idées, ni aux méthodes de la métaphysique. C'est le cas de M. Littré et de toute l'école dite positive. Les spéculations métaphysiques n'ont pas d'adversaire plus implacable et j'ajoute plus dangereux que les savants de cette école. Car ils ne veulent pas seulement supprimer la métaphysique, comme tous les savants de notre temps ; ils ont la prétention (légitime selon moi) de la remplacer par une certaine philosophie des sciences. Il est une école, ou plutôt une espèce de savants avec la-

(1) *Conservation, révolution et positivisme*, chap. 1.

quelle vous avez encore assez beau jeu : c'est celle qui ne veut rien admettre en dehors des sciences de la Nature, et qui, même dans cet ordre de connaissances, exclut absolument tout ce qui ressemble à la philosophie proprement dite. A ces esprits grossiers et bornés vous pouvez opposer la nécessité des études psychologiques et des spéculations métaphysiques pour combler la double lacune qu'ils laissent subsister dans la science. Mais que répondre à cette autre école d'esprits élevés, de savants philosophes, qui rappellent eux-mêmes la science aux études morales et aux considérations philosophiques? A quoi bon dès lors la métaphysique?

Le Métaphysicien. — Voilà la question. Je conviens tout d'abord que la métaphysique n'a rien à apprendre aux savants, soit sur les questions morales, soit sur les questions philosophiques qui intéressent la science proprement dite. Mais je prétends qu'indépendamment de ces questions, il est des problèmes très intéressants pour l'esprit humain que la métaphysique seule peut poser et résoudre. J'ajoute que l'omission de ces problèmes laisse un vide choquant dans vos sciences elles-mêmes, telles que l'observation, l'expérience et l'analyse les ont faites, même en y comprenant les études morales et les vues philosophiques que réclament M. Auguste Comte, M. Littré, M. Renan, M. Taine et les plus éminents organes, soit de l'école positive, soit de l'école critique, qui nient plus ou moins la métaphysique. Et pour le prouver, je vais prendre une à une vos sciences physiques et morales, que la méthode de Bacon et de Reid a affranchies du joug de la métaphysique, et chercher avec vous si elles répondent, par certain côté, aux plus légitimes exigences de l'esprit humain.

Le Savant. — Eh bien! faisons l'épreuve.

Le Métaphysicien. — Je vous prends tout de suite

par votre fort. L'astronomie, par exemple, est la plus admirable, la plus parfaite de vos sciences. Elle nous a fait connaître avec la dernière exactitude le nombre, la figure, la vitesse, la direction, la distance des corps qui composent le système solaire. Étendant ses explorations au monde lointain des étoiles, elle nous en a décrit la géographie, ne s'arrêtant qu'aux limites extrêmes du ciel visible. C'est un prodigieux effort de la science humaine. Mais ce n'est point encore assez pour l'esprit. Le ciel de l'astronomie moderne, si vaste qu'il soit, est encore fini. La science nous conduit du système solaire au ciel des étoiles, du ciel des étoiles au ciel des nébuleuses, et s'arrête là. Est-ce à dire qu'au delà il n'y ait plus rien ?

Le Savant. — La science ne le prétend pas.

Le Métaphysicien. — Je le crois bien. Mais où la science se tait, la raison affirme. L'imagination nous représente le système céleste enveloppé par l'espace pur de toutes parts. Mais l'espace pur n'est que le vide ; le vide, c'est le néant. La pensée répugne invinciblement à cette inintelligible abstraction. Nul esprit, pas plus celui du savant que celui du métaphysicien, ne peut rester enfermé dans ce ciel que la science a ouvert à la contemplation. Il faut à la raison un ciel sans bornes, un nombre infini de mondes qu'elle ne connaît pas, qu'elle ne connaîtra jamais dans son infinité, mais qu'il lui est impossible de ne pas concevoir à priori. Réduite aux limites de l'observation et du calcul, votre idée du ciel, malgré sa grandeur, reste à une distance incommensurable de la réalité.

Le Savant. — J'en conviens.

Le Métaphysicien. — Si l'astronomie est muette sur l'infinité du Monde, elle n'en fait pas comprendre davantage la vie universelle. C'est beaucoup sans doute d'avoir montré la régularité, la correspondance, l'harmonie des mouvements des corps célestes ; en un mot, le système du monde solaire. Mais est-ce assez pour la raison? Sous cette harmonie extérieure, ne devine-t-elle pas une harmonie plus intime? Sous cette unité de système, ne voit-elle pas une unité plus organique et plus substantielle? Peut-elle s'arrêter à la simple représentation mécanique de corps isolés dans l'espace, telle que la science nous la donne? N'est-ce pas là un jeu de l'imagination, une illusion que dissipe la vraie lumière de la pensée? Ne sentez-vous pas ici l'insuffisance des conceptions astronomiques?

Le Savant. — Que voulez-vous? Il faut bien que la science se résigne à s'arrêter avec l'observation et l'induction.

Le Métaphysicien. — C'est facile à dire. Mais l'esprit ne se résigne pas aussi aisément que votre science. Il a d'autant plus raison d'insister, que cette science, sans s'en douter, se laisse prendre à des images qui ne représentent nullement la vérité. Votre idée astronomique du système céleste repose sur la conception abstraite de l'espace pur, conception nécessaire à la représentation des phénomènes, mais dont la valeur réelle, la vérité *objective* est plus que douteuse. Vos astronomes sont dupes d'une illusion ; ils prennent une construction géométrique pour une théorie scientifique, un échafaudage provisoire pour la base elle-même du système astronomique. Votre conception générale n'est pas seulement incomplète, mais fausse, quelle que soit la vérité des faits et des lois qui lui servent de fondement. Il vous faut donc la rectifier vous-mêmes, ou la laisser rectifier par une conception plus rationnelle.

Le Savant. — Nous laissons ce soin à la métaphysique.

Le Métaphysicien. — Ne raillez pas; vous aussi, vous faites de la métaphysique, parce qu'il est impossible de se faire aucune idée des choses sans elle. Seulement vous en faites mal, et sans vous en rendre compte. Mais passons à une autre science. J'admire beaucoup la géologie. En la fondant sur la physique, sur la chimie, sur la minéralogie, sur la paléontologie, sur l'observation et l'induction, vous avez fait une science véritable de ce qui n'était jusqu'ici que roman d'imagination ou superstition théologique. La géologie décrit merveilleusement la surface du globe, pénètre dans les couches intérieures qui en composent la croûte, explique les grands phénomènes dont elle est le théâtre, les mers, les continents, les fleuves, les montagnes, les volcans, les tremblements de terre, fait l'histoire des révolutions du globe, et tout cela sans fictions et presque sans hypothèses. Mais, en résumé, quelle idée générale nous donne-t-elle de la terre? Une simple masse, une agglomération de matières condensées et formant une sphère durcie à la surface, voilà toute la conception géologique de la science. L'esprit ne saurait se contenter d'une idée aussi grossière et aussi pauvre; il lui faut une conception plus rationnelle. Cette masse sphérique n'est pour la pensée du philosophe que la forme géométrique, la simple enveloppe d'un système organique, d'un être réel, d'un véritable individu.

Le Savant. — Pourquoi ne pas attribuer aussi à la terre une âme, et même une intelligence?

Le Métaphysicien. — Cette idée est peut-être plus près de la vérité que votre conception scientifique; mais c'est encore une fiction. On abuse de l'induction, quand on assimile la terre à une plante ou à un animal. Les notions positives que nous donne la science sur les éléments, la constitution et l'organisation de la terre ne nous permettent pas d'aller jusqu'à cette hypothèse. Mais elles nous autorisent parfaitement à lui attribuer une certaine unité organique qui en fait un individu, au lieu de cette simple unité de rapport que lui accorde votre géologie, laquelle n'y voit qu'une collection d'éléments.

Le Savant. — La science n'a pas pensé à cela.

Le Métaphysicien. — Je le crois bien. Votre science voit, décrit, classe, mais ne *pense* pas. Elle abandonne cette fonction à la métaphysique qu'elle dédaigne, ou à la théologie à laquelle elle montre plus de respect, sinon de confiance. Toutes vos sciences positives en sont là. Vous n'avez pas de science plus riche que la physique. Tous les grands agents de la Nature, la pesanteur, la chaleur, la lumière, l'électricité, le magnétisme, y sont décrits dans leur mode d'action, ramenés à leurs lois, mesurés dans leurs degrés, comparés dans leurs rapports. Mais cela suffit-il à nous donner une idée générale de la Nature? Si riche qu'elle soit, cette science n'a pas d'unité, ne forme pas de système. Les théories s'y succèdent, comme les phénomènes dans l'espace, sans lien, sans ordre, et comme au hasard. Les diverses parties de cette science sont autant de monographies à peu près indépendantes les unes des autres. Quelques esprits généralisateurs ont cherché et reconnu des rapports entre la lumière, l'électricité et le magnétisme. Mais ces essais sont rares, et peu du goût du monde savant. La physique est loin d'avoir la même unité que l'astronomie. Elle ne s'élève point au système de la Nature, comme celle-ci s'élève au système du Monde.

Le Savant. — Sans doute. Mais cela ne tient-il pas à la différence des objets? Les phénomènes physiques sont autrement nombreux et complexes que les phénomènes célestes; ils ne comportent pas la même simplicité de formules et d'explications. D'ailleurs, ce que vous demandez là se fera peu à peu, par le progrès naturel de la science, par l'application de l'esprit philosophique aux résultats de l'observation et de l'analyse. La métaphysique, vous en êtes convenu vous-même, n'a que faire ici.

Le Métaphysicien. — Je le veux bien. Toujours est-il que votre synthèse, si philosophique qu'on la suppose, n'atteindra point, ne peut atteindre à l'unité que poursuit la métaphysique et que réclame l'esprit humain. La Nature est un mot, c'est-à-dire une abstraction pour la physique, même élevée par ses savants généralisateurs à la hauteur d'une philosophie. Pour la métaphysique, et permettez-moi d'ajouter pour la pensée humaine, c'est un Être. Votre synthèse n'aboutit qu'à une unité de rapport et de système, tandis que la nôtre, la synthèse métaphysique, atteint l'unité de vie et de substance, l'unité réelle et vivante.

Le Savant. — Ceci est autre chose et donne à réfléchir. Je commence à voir la lacune. Mais comment la combler?

Le Métaphysicien. — Nous verrons plus tard. Il s'agit en ce moment des problèmes, non des solutions. Mais passons. Je ne suis pas de ceux qui veulent ramener la chimie à la recherche d'un principe élémentaire unique. L'analyse a fait justice de cette prétention qui avait son origine dans une notion fausse de la substance matérielle. La vieille métaphysique ayant imaginé une matière dont l'attribut essentiel serait l'étendue, l'unité de substance était passée en axiome, et l'ancienne chimie n'avait d'autre but et d'autre souci que de ramener les corps composés à cette substance unique. Dieu sait les efforts qu'elle fit, les artifices qu'elle mit en œuvre pour arriver à son résultat. Ce fut en vain. Depuis que l'expérience et l'analyse ont rectifié nos idées sur la nature et la composition des corps, on ne craint pas d'étendre la liste des corps simples, quand les faits le réclament. Ce n'est donc pas cette grande variété de principes élémentaires qui me choque ; je l'accepte parfaitement, telle que la donne l'analyse chimique, mais à la condition qu'on n'y voie pas autre chose que le produit et l'expression de cette analyse. Je veux bien que ces principes soient des actions, des forces non décomposées, peut-être même non décomposables de la Nature. Mais je n'entends pas que votre analyse en conclue rien contre l'unité de la Nature elle-même. Or, pour vous et pour tous les chimistes, la Nature est un mot et non un être ; c'est une abstraction qui exprime la collection des corps composés et des corps simples dont l'expérience nous révèle l'existence. Ces corps sont les seuls êtres, et tout s'explique par l'action réciproque de leurs propriétés essentiellement primitives. C'est le système des atomes transformé par l'analyse en une théorie scientifique. Croyez-vous que la philosophie de la Nature puisse en rester là ?

Le Savant. — Ce n'est pas notre affaire de résoudre de pareils problèmes.

Le Métaphysicien. — J'attendais cette réponse. Mais votre théorie atomique est déjà une solution. Vous faites de la métaphysique malgré vous ; malheureusement vous en faites à l'usage de l'imagination et à l'encontre de la raison.

Le Savant. — Vous nous prêtez gratuitement la naïveté de ce personnage de Molière, qui faisait de la prose sans le savoir. Il est possible que, parmi nous, bon nombre d'esprits un peu simples soient assez dupes as représentations de l'imagination pour prendre au sérieux la théorie des atomes. Mais tous les savants dont l'esprit n'est pas dépourvu de sens critique, ne voient dans cette théorie qu'une hypothèse provisoire, pouvant servir à *représenter* les phénomènes de la Nature, tels que la science les observe et les expérimente, abstraction faite de tout jugement sur la réalité objective, la portée ontologique de ces principes élémentaires de la représentation sensible.

Le Métaphysicien. — Cette réserve est rare chez les savants, beaucoup plus rare que vous ne semblez le croire. Sans parler de la foule des esprits *imaginatifs*, vos philosophes eux-mêmes ont accepté la théorie des atomes comme les éléments nécessaires de la composition des êtres de la Nature. Laplace en a fait la base de sa philosophie mécanique. Auguste Comte y croit fermement. Je ne sache pas même que M. Littré, dont le sens critique est si éveillé contre tout ce qui ressemble à la spéculation métaphysique, ait formellement exprimé ses doutes sur ce point. Et quant à la notion vulgaire de la matière, ayant pour propriétés essentielles l'étendue et l'impénétrabilité, l'immense majorité, disons la presque unanimité des savants français l'accepte comme une vérité de sens commun au-dessus de toute discussion. Un de ces esprits que la philosophie dispute à la science, M. Cournot est peut-être le seul de vos savants qui ait fait des réserves sur la notion commune de la matière, comme sur la philosophie des atomes. Mais sa critique, aussi solide qu'ingénieuse, n'a pas essayé de rien mettre à la place de la théorie dominante.

Le Savant. — Et c'est là précisément le véritable esprit scientifique : s'interdire toute hypothèse sur les problèmes insolubles de la métaphysique. Or, il est un signe certain auquel il est facile de reconnaître le caractère propre de ce genre de problème ; c'est l'*à priori*. Toute question qui n'est pas susceptible d'être traitée *à posteriori*, c'est-à-dire par l'observation, l'expérience, l'analyse, l'induction et les autres procédés de la méthode positive, doit être éliminée du domaine des sciences comme absolument et à jamais insoluble.

Le Métaphysicien. — Nous verrons plus tard ce qu'il faut penser de ce que vous appelez les *idées à priori*. N'anticipons pas sur ce point délicat et capital. Quoi qu'il en soit, l'esprit humain ne peut se résigner et ne se résigne pas réellement à l'arrêt de la philosophie critique. Il lui faut à tout prix une notion quelconque de la matière, et une explication des principes élémentaires de cette matière. A défaut d'une idée, il s'attache à une image ; à défaut d'une théorie vraiment rationnelle, il prendra l'hypothèse qui lui permettra, sinon de comprendre, au moins de se représenter la constitution et la composition des êtres de la Nature. M. Cournot et les philosophes de son école auront beau faire ; leur critique, si sûre et si concluante qu'elle soit, ne réussira point à ruiner, même parmi les savants, l'autorité de la philosophie atomique, tant qu'elle n'aura pas trouvé une conception supérieure à y substituer. On continuera à *imaginer* la Nature dans ses compositions et ses décompositions, jusqu'à ce qu'on arrive à la *penser*, c'est-à-dire à la contempler à la pure lumière de la raison.

Le Savant. — Je vois revenir la métaphysique.

Le Métaphysicien. — Rassurez-vous, pour le moment du moins. Aujourd'hui je ne veux que vous signaler les lacunes de vos sciences, relativement à certaines questions qui intéressent l'esprit humain. Et ne venez plus me dire que ces *desiderata* de la pensée humaine ne vous regardent pas. Depuis que vous avez proclamé l'impuissance de la métaphysique, qui comblera le vide, si ce n'est la science ?

Le Savant. — Je conviens que ces problèmes, que nous excluons du domaine de la science, ne se laissent point aussi aisément éliminer du domaine de la pensée. La science, du reste, a peut-être les moyens de les résoudre sans recourir à la spéculation métaphysique et aux constructions à priori. C'est une chose à voir.

Le Métaphysicien. — Nous verrons cela, en effet, tout à l'heure. Pour le moment, poursuivons notre revue. Nous ne sommes pas au bout des *desiderata*. A mesure que je m'élève dans la série des sciences cosmologiques, ces lacunes me semblent croître en nombre et en gravité. Vous avez pu jusqu'ici vous convaincre qu'elles se ramènent à peu près toutes à une question de synthèse : votre astronomie ne comprend que l'unité de concours et d'harmonie, dans le système céleste ; votre géologie arrive à grand'peine et très imparfaitement à une *représentation* toute superficielle et toute mécanique du système terrestre ; votre chimie explique la formation et la constitution des corps par une simple composition des parties indivisibles de l'étendue matérielle ; votre physique n'en est pas même encore, tant la philosophie de cette science est peu avancée, à une vue générale, à une synthèse quelconque de la Nature. Unité de système, unité de rapport, unité de composition, voilà le terme où chacune de vos sciences s'arrête, en fait de synthèse. Nous trouvons, nous autres métaphysiciens, que c'est rester en route, et que l'esprit humain entend voir plus à fond dans l'être même des choses. Jusqu'ici pourtant les lacunes de vos sciences, réelles et visibles pour nous, ne sautent point aux yeux de la foule que n'intéressent que médiocrement les recherches des esprits d'élite sur la métaphysique de ces sciences. Mais, si nous passons à la science cosmologique par excellence, à la science de la vie, à la *biologie*, pour l'appeler par le nom que lui ont donné vos amis de l'école positive, l'insuffisance de votre science éclate à tous les yeux. Ce n'est pas que là encore vos méthodes d'observation et d'analyse n'aient produit d'admirables résultats. Vos descriptions, appuyées sur l'anatomie, sont d'une merveilleuse précision ; vos classifications fondées sur l'observation et la description des organes sont de vrais tableaux de la Nature, où les rapports naturels des espèces, des individus et des organes sont exactement conservés. Mais si vos sciences naturelles excellent à tout décrire et à tout classer, remarquez-vous qu'elles n'expliquent rien ?

Le Savant.—Que voulez-vous qu'elles expliquent? La vie? mystère insondable ! La métaphysique, vous en êtes convenu, a passé son temps et usé son génie à en chercher le principe. Voulez-vous que la science moderne, toute positive, rentre dans cette voie sans issue ? Voulez-vous qu'elle renouvelle le dialogue sans fin du spiritualisme et du matérialisme sur la nature et le rapport des deux substances, la matière et l'esprit, sur l'âme des bêtes, sur l'âme des plantes, sur l'âme de la Nature ? Me direz-vous, avec Platon, que l'âme est le principe du mouvement, principe qui forme un être à part dans la Nature et dans le corps humain? Me direz-vous, avec Aristote, que l'âme est le principe de la vie, l'âme végétative de la vie des plantes, l'âme sensitive de la vie des animaux, et que cette âme ne fait qu'un avec le corps dont elle est l'*entéléchie* ? Me direz-vous, avec Descartes, que la Nature entière, mouvement, sensibilité, instinct, imagination, n'est qu'un automate dont la mécanique explique toute la vie, sous l'unique réserve de la *chiquenaude* divine, comme dit Pascal? Me direz-vous, avec Leibnitz, que les principes de la vie et même de la matière universelle sont des monades ou unités de force, sans action véritable les unes sur les autres, mais seulement reliées entre elles par une *harmonie préétablie*? Me direz-vous, avec Cudwort enfin, que l'âme et le corps, étant deux substances absolument contraires et sans attributs communs, ne peuvent communiquer entre elles et agir l'une sur l'autre que par un *médiateur plastique*? Qu'est-ce que toutes ces hypothèses m'apprennent sur la nature même du phénomène vital, qui en est l'objet? En quoi résolvent-elles le véritable problème, l'apparente contradiction de l'unité et de la variété de la vie organique, l'action des organes sur la vie générale et centrale, et la réaction de cette vie sur la constitution et l'état des organes?

Le Métaphysicien. — J'espère vous faire voir que la philosophie du xixe siècle, aidée des lumières de la science, est arrivée à une solution plus satisfaisante du problème. Mais je ne crains pas de l'avouer, dussent vos savants en rire; il n'est pas d'hypothèse spiritualiste que je ne préfère à cette espèce de matérialisme vulgaire auquel aboutit fatalement votre science empirique. Comme vous ne parlez, dans la constitution des organes, que de l'agencement des parties, et dans la description des phénomènes vitaux, que du jeu des organes et du concours des fonctions, vous aurez beau faire vos réserves sur la question du principe même de la vie; l'hypothèse matérialiste est au bout de votre science. Veuillez réfléchir que tout la prépare, que tout y conduit, et que tout éloigne de la solution contraire, dans votre manière d'envisager les phénomènes de la vie. La vie expliquée comme la simple résultante du jeu d'organes qui ne sont eux-mêmes que le résultat de la composition des parties moléculaires, telle est la philosophie biologique qui ressort d'une science ainsi faite, et à laquelle s'arrête la grande majorité de vos savants. Or, sachez bien que c'est là de la métaphysique. Seulement, c'est une métaphysique fausse, superficielle et tout imaginative, contre laquelle l'expérience ne proteste pas moins que la raison. Dans cette hypothèse, toute réaction de la vie centrale et générale contre la vie spéciale, locale des organes, est aussi difficile à comprendre que la réaction de l'effet sur la cause. Quoi qu'il en soit, vous comprenez l'intérêt, je ne dis pas philosophique seulement, mais scientifique de cet ordre de problèmes. Que la science renonce à rechercher le principe du système céleste, ou le principe du système terrestre, ou le principe de la composition des corps, ou le principe des propriétés générales de la Nature, passe encore ; c'est une satisfaction qu'elle refuse à l'esprit philosophique. Mais il n'est personne d'entre vous qui puisse regarder comme indifférente à l'intelligence des phénomènes vitaux telle ou telle explication de la vie, soit par la doctrine qui la fait jaillir de la matière atomique, soit par la doctrine qui lui assigne pour principe un être à part et distinct de l'appareil organique, soit par la doctrine qui supprime la matière et la vie, le *corps* et l'*âme* comme êtres distincts, pour les réduire aux fonctions différentes et inégales en dignité d'un seul et même être qui serait l'individu vivant, plante ou animal.

Le Savant. — J'en tombe d'accord. Mais je ne voudrais pas rentrer dans l'éternelle antithèse du matérialisme et du spiritualisme. Avez-vous une autre méthode de solution à proposer ?

Le Métaphysicien. — Je suis aussi fatigué que vous de cette interminable dispute ; mais nous aviserons plus tard. Pour le moment, poursuivons notre revue des sciences. Ici nous arrivons aux sciences morales proprement dites ; nous quittons le domaine de la matière pour entrer dans celui de l'esprit. Ce n'est plus seulement l'insuffisance qui me frappe dans votre méthode baconienne ; c'est une impuissance absolue à atteindre l'objet même des sciences morales : l'âme, l'esprit, l'*homme* dans le sens propre du mot. La psychologie est le fondement de toutes ces sciences : morale, politique, esthétique, logique, toutes ont en elle leur point de départ. Or, la psychologie n'a qu'une définition : science de l'*âme*. Dès le premier mot, nous voici donc en pleine métaphysique. Vous n'en voulez pas, vous autres savants, fidèles en cela à la méthode de votre maître Bacon qui a exclu la psychologie, aussi bien que la métaphysique, du domaine des sciences positives. Vos naturalistes et vos physiologistes, ou suppriment la psychologie comme une science sans objet, ou la relèguent dans un coin de la physiologie où elle figure comme une sorte d'appendice de cette science. Et pourtant que peuvent être les sciences morales sans la psychologie ? Que peut être l'éducation des individus, la civilisation des sociétés, sans les sciences morales ? N'est-ce pas le *sel de la terre*, le baume conservateur, sans lequel la science, l'industrie et l'art ne sont plus que le poison des sociétés civilisées ?

Le Savant. — Vous parlez d'or, et je me garderais bien de vous arrêter, si je n'étais de votre avis. Mais qui songe à exclure les sciences morales, la psychologie en tête, du domaine de la science ? Quelques esprits étroits, quelques savants attardés de l'école de Broussais. Mais tous les bons esprits, dans nos sciences, se gardent bien de confondre la métaphysique avec la psychologie. Autant nous nous défions de la première, autant nous avons d'estime pour la seconde, pour cette science qui, depuis un siècle surtout, entreprend de fonder les sciences du beau, du bien, du juste sur l'analyse de la nature humaine. Cette science nous inspire toute confiance, depuis qu'elle a renoncé aux spéculations métaphysiques pour se borner à recueillir, à observer, à décrire, à classer, à généraliser les faits. Elle ne se fait pas aussi rapidement que nous le voudrions, parce qu'elle trouve encore un obstacle dans l'esprit métaphysique ; mais enfin elle se fait depuis le jour où elle a pris notre méthode, où elle a laissé les hypothèses pour les faits, les abstractions pour l'analyse, la chimérique poursuite des causes pour la recherche des lois. Assurément, s'il est des questions vitales pour les individus et les sociétés, ce sont celles qui concernent leur fin, leur destinée, leurs devoirs et leurs droits, leur moralité, leur dignité, leur *humanité*. Mais où est le secret de toutes ces choses? Est-ce dans les ténèbres de la spéculation, ou dans les clartés de l'analyse? Est-ce la métaphysique qui le révélera, ou la psychologie? L'expérience a déjà prononcé. Depuis que la science observe et ne spécule plus, elle a jeté plus de lumière sur les problèmes moraux que les systèmes les plus ingénieux de la métaphysique. Et, en effet, voyez comme l'enchaînement de tous ces problèmes est simple, comme la solution en est facile, depuis que la métaphysique a fait place à la psychologie. Si l'homme, individu ou société, a tels droits et tels devoirs, c'est qu'il a telle fin. S'il a telle fin, c'est qu'il a telle nature. L'analyse de la nature humaine contient donc la révélation de sa fin ; la fin connue, il est facile d'en déduire la loi de l'homme, ses devoirs et ses droits. La politique ou science sociale est contenue tout entière dans la morale, et la morale dans la psychologie. Qu'avons-nous besoin de la métaphysique? Quel peut être son rôle dans des questions de faits, dans des sciences d'observation, sinon d'em brouiller, d'obscurcir, de discréditer les vérités morales les plus simples et les plus certaines? Tous les bons esprits sont d'accord sur ce point. La philosophie morale n'a point d'autre méthode que la philosophie naturelle. La métaphysique est encore aujourd'hui le plus grand obstacle aux progrès de la première, comme elle l'était, il y a deux siècles, aux progrès de la seconde. Le mot d'ordre de la critique, depuis Kant jusqu'à Jouffroy, c'est l'analyse substituée à la spéculation, les faits mis à la place des systèmes. Toutes les sciences vraiment inspirées par l'esprit moderne ont définitivement rompu avec la métaphysique, la psychologie et la morale aussi bien que la physique et l'histoire naturelle. Elles ont compris qu'il y va du salut de la philosophie morale, et de l'autorité de ces vérités nécessaires aux individus comme aux sociétés.

Le Métaphysicien. — Voilà un langage libéral est digne d'un vrai savant. Une telle manière d'entendre la science est bien plus dangereuse pour la métaphysique que l'empirisme étroit et grossier qui renferme l'esprit dans le cercle des sciences physiques et naturelles. En restituant à l'observation et à l'analyse les sciences psychologiques et morales, vous venez d'enlever à la métaphysique le plus beau diamant de sa couronne. Si je n'étais ici qu'un avocat plaidant sa cause devant la foule, je devrais faire les plus grands efforts pour lui maintenir ce précieux privilége. Mais l'intérêt de la vérité passe avant tout. Entre nous, vous avez raison sur ce point. Quoi qu'il arrive de la métaphysique, les sciences morales n'en doivent point partager la destinée; car elles ont leur existence indépendante et leur autorité propre. Entre la psychologie, base et point de départ de toutes ces sciences, et la métaphysique, il y a toute la différence des *faits* aux *questions,* comme l'a si bien expliqué Jouffroy dans sa préface de *Reid.* Quel que soit le sort des questions métaphysiques qui touchent à la nature même du principe de la vie morale, les faits resteront ce qu'ils sont. Mais ces questions n'en ont pas moins leur intérêt, et même leur nécessité. Jouffroy l'avait bien senti, lui qui a mis tant de fois au service du spiritualisme toutes ses facultés d'analyse. C'est qu'en effet l'esprit ne peut s'arrêter au point où le laisse la psychologie purement expérimentale. Quand celle-ci a énuméré, décrit, classé les phénomènes de la vie morale, croyez-vous que tout soit dit? La pensée peut-elle s'en tenir à une collection de faits, de lois ou de facultés? Est-ce que cette collection, si complète qu'elle soit, répond pleinement à l'idée que nous nous formons de l'homme? Est-ce que la pensée n'est pas invinciblement conduite aux problèmes de la nature et de l'unité de l'être humain, de l'âme et du corps, et des rapports qui les unissent? Je veux bien que ces problèmes n'aient pas reçu jusqu'ici une solution vraiment scientifique, que tantôt l'imagination, tantôt l'abstraction scolastique ait égaré la science qui essayait de la résoudre. Il n'en est pas moins vrai qu'ils forment un complément nécessaire de la psychologie. Si vous les supprimez, vous laissez l'esprit en pleine absurdité. Le sens commun lui-même vous dira que l'homme est un être, et non une collection de sentiments ou d'idées.

Le Savant. — Nous l'admettons parfaitement. Nous reconnaissons l'unité et l'identité du moi humain, de même que son activité, sa volonté, sa liberté, et généralement tous les autres faits dits de conscience. Seulement nous nous en tenons là, et nous renonçons à les expliquer, c'est-à-dire à en chercher le principe.

Le Métaphysicien. — Sans doute les faits conservent toute leur autorité, qu'ils soient ou non susceptibles d'explication. Nul système, nulle hypothèse ne fera que le moi humain n'ait pas conscience de son unité, de son identité, comme il a conscience de sa volonté et de sa liberté. Mais il n'est point indifférent de montrer, si cela est possible, comment il en est ainsi, comment ces propriétés du moi dérivent de l'idée qu'il faut se faire de la nature même de son être.

Le Savant. — N'est-il pas plus simple et plus sûr de supprimer les questions et les systèmes qui y répondent? De cette façon, on n'est jamais exposé à voir les faits contredits par des hypothèses ou des spéculations à priori. Qui a fait mettre en question l'unité, l'identité, la liberté du moi, sinon le matérialisme? Toutes ces propriétés sont en effet radicalement incompatibles avec l'idée que cette hypothèse nous fait concevoir de l'être humain. Et si cette même liberté a été infirmée, réduite, niée même, au moyen âge et depuis, n'est-ce pas au nom de la *prescience de Dieu*, ou de la *prédestination*, ou de la *grâce*, ou de telle autre hypothèse théologique? Le moyen de couper court à ces difficultés et à ces doutes, c'est de supprimer les questions et les systèmes, de manière que rien ne vienne ébranler l'autorité souveraine des faits.

Le Métaphysicien. — Moyen facile, mais moins sûr que vous croyez. L'esprit humain, que vous ne changerez pas, passera outre à votre consigne, et cherchera l'explication des faits dont vous ne lui donnez que l'analyse et la description. Si vous pouvez me démontrer, non-seulement que telle ou telle explication est une vaine hypothèse, mais que toute explication a nécessairement ce caractère, il nous faudra bien y renoncer. Jusque-là nous chercherons, et nous continuerons à taxer d'insuffisance toute science qui supprime ou néglige cet ordre de questions. Nous ne pouvons nous résigner à croire que votre psychologie toute descriptive soit le dernier mot de la sagesse moderne. Tandis que tout le monde, théologiens, moralistes, politiques, poëtes, romanciers, s'occupe de ces problèmes, il est vrai un peu à tort et à travers, n'est-il pas humiliant pour la science d'être la seule à n'avoir point d'opinion là-dessus ? Elle qui a tant à cœur de tout savoir, de soulever tous les voiles, et de pénétrer tous les mystères, pour qui il semble que la Nature ne doive plus avoir de secret, la voilà qui n'a rien à nous dire sur toutes ces questions que le langage maintient invinciblement dans le domaine de la pensée humaine, en dépit des réserves de la science, sous les noms populaires de matière, d'âme, d'esprit !

Le Savant. — J'en conviens ; mais la science ne peut se payer d'hypothèses, de fictions ou d'images. Il lui faut des démonstrations solides ou des conceptions évidentes par elles-mêmes. Trouvez des arguments qui lui permettent de conclure en pareille matière. Trouvez une idée de l'être humain qui, non-seulement soit d'accord avec tous les phénomènes psychologiques et physiologiques, mais même les explique d'une manière naturelle et satisfaisante. A cette condition, votre théorie aura sa place dans la science de l'homme.

Le Métaphysicien. — Nous verrons. Il suffit, pour le moment, que vous reconnaissiez l'insuffisance de la psychologie purement descriptive. Mais ma critique n'est pas au bout de sa tâche. La psychologie couronne la série des sciences spéciales qui ont un objet déterminé, tel que le monde céleste, le monde terrestre, les propriétés générales de la Nature, la composition et la constitution des corps, le règne minéral, le règne végétal, le règne animal, l'homme. Si l'insuffisance de ces sciences est manifeste, dans leur état actuel, que sera-ce donc des sciences générales, telles que la théologie et la cosmologie, qui dominent ou embrassent la vie universelle ? Ici ce ne sont pas seulement des lacunes dans telle ou telle science que j'aperçois ; ce sont des sciences entières dont je ne trouve pas même le nom dans la liste de vos sciences. Ainsi, que devient la cosmologie ?

Le Savant. — Entendons-nous. La cosmologie n'est pas une science proprement dite, puisqu'elle n'a pas d'objet qui lui soit propre. C'est la simple collection des sciences qui ont telle partie ou tel côté du monde pour objet.

Le Métaphysicien. — A votre point de vue, la cosmologie n'existe pas autrement. Et pourtant il faut être bien défiant, je ne dis pas de toute spéculation métaphysique, mais de toute vue synthétique, pour en venir là.

Le Savant. — C'est aller bien loin en effet. Le mot pourrait, dans l'état actuel de la science, exprimer quelque chose de plus qu'une simple abstraction. Il pourrait représenter le tableau général des faits et des lois de la vie universelle, tableau où seraient marqués les rapports qui en unissent, et les analogies qui en relient les diverses parties entre elles. Ce serait une esquisse de cette science que nous aurait laissée l'illustre Humboldt dans son *Cosmos*.

Le Métaphysicien. — J'ai lu le *Cosmos* avec admiration. Mais je n'y ai pas vu que le magnifique tableau qui s'y déroule eût le moins du monde ce caractère de synthèse et de système qui fait une science. C'est un résumé de la vie universelle tracé par la main du génie, rien de plus. Loin qu'on puisse y voir une science proprement dite, il n'y a pas même là ce qu'on pourrait appeler une véritable philosophie des sciences.

Le Savant. — Je le reconnais ; mais que voulez-vous de plus que cette philosophie des sciences, sous le nom de cosmologie ? Pour qu'il y eût matière à une science, il faudrait un objet.

Le Métaphysicien. — Et qui vous dit que cet objet manque ? Dans votre point de vue, la Nature n'étant qu'un mot, le Monde n'étant que la collection des êtres qui le composent, je comprends que la cosmologie soit sans objet. Mais là est précisément la question entre nous. Ce grand Tout n'est-il qu'une collection ? N'est-il même qu'un système ? La vie universelle est-elle continue, ou fractionnée, éparpillée à l'infini, à travers le temps et l'espace ? En un mot, le monde est-il réellement un Tout ou un Être, l'Être universel, l'Être cosmique à proprement parler, principe, cause, substance, sujet de la vie universelle ? S'il en était ainsi, vous voyez comment la cosmologie aurait aussi son objet, et pourrait être considérée comme une science.

Le Savant. — Nous voilà retombés en pleine métaphysique.

Le Métaphysicien. — Je vous abandonne le mot et même la chose, si vous voulez ; mais la question n'est pas de celles que vous puissiez supprimer. Elle s'impose à la science, à votre science toute positive, avec d'autant plus de force que c'est surtout depuis les grands progrès des sciences physiques et naturelles que l'idée de la Nature et du Monde, si pauvre et si grossière avec la physique des anciens, a grandi au point de se confondre presque avec la conception métaphysique de l'Être universel.

Le Savant. — Vous dites vrai. Si la science allait vous rendre jaloux en marchant sur vos brisées ?

Le Métaphysicien. — Nous ne demandons pas mieux. Enfin, il est un mot sans objet, une abstraction absolument inintelligible pour toutes vos sciences, aussi bien celles de l'homme que celles de la matière, c'est le mot, c'est l'idée de Dieu. N'y eût-il que cette lacune dans la science, telle que la font l'observation et l'analyse pure, ne trouvez-vous pas qu'elle suffirait pour justifier les spéculations métaphysiques? Je regrette assurément qu'on abuse de ce grand mot et de cette suprême idée, qu'on les définisse mal, qu'on les fasse intervenir à tout propos et pour toute explication. Mais enfin ils occupent trop de place dans l'esprit et dans le langage humain pour n'en pas trouver du tout dans la science.

Le Savant. — Tous les systèmes métaphysiques en parlent diversement. Lequel dit vrai?

Le Métaphysicien. — Je ne suis pas en mesure de le savoir en ce moment, n'ayant pas encore soumis à l'analyse et à la critique les principes et les méthodes de la théologie. Mais qu'importe? la question théologique n'en existe pas moins. Elle demande une solution que jusqu'ici l'état empirique de vos sciences ne comporte guère. Dieu ne peut être ainsi exilé du domaine de la pensée humaine parce que vos méthodes ne peuvent l'atteindre. Vous trouvez, non sans raison, que la métaphysique n'a pas réussi à le faire comprendre et à le démontrer. Alors chargez-vous de cette tâche vous-mêmes. Faites sortir de vos sciences une théodicée rationnelle. Et ce que je vous dis de Dieu, je le dis de tous les grands problèmes dont la solution semblait réservée à la métaphysique. Laissons-la de côté pour le moment. Depuis que vous l'avez exclue du domaine de la science, vous y régnez seuls, vous l'occupez tout entier. Votre responsabilité en est d'autant plus grande. C'est à vous de répondre à toutes les questions que pose l'esprit humain; non pas sans doute quand il se laisse conduire par l'imagination, mais quand il s'inspire véritablement de la raison, ainsi que nous venons de le voir tout à l'heure. Or il est bien clair que les sciences n'y répondent pas dans leur état actuel.

Le Savant. — Cette conclusion n'est pas contestable.

Le Métaphysicien. — Mais ne peuvent-elles pas y répondre? Ce que la science proprement dite ne nous donne pas, la philosophie des sciences ne pourra-t-elle pas nous le donner? Est-ce la faute des savants si leurs sciences n'ont pas comblé jusqu'ici la lacune laissée dans la pensée humaine par l'exclusion de la métaphysique? Ou bien est-il dans la nature même des sciences de ne pouvoir le faire, même dans leur plus haute philosophie? C'est un problème à résoudre avant de passer outre. Je souhaite sincèrement aux sciences le succès qui a manqué à la métaphysique. Quand il y a un tel intérêt en jeu, les questions d'amour-propre disparaissent. Que la science puisse se passer de la métaphysique pour résoudre les problèmes dont celle-ci avait eu en quelque sorte le monopole jusqu'ici, notre vanité de métaphysiciens pourra en souffrir. Mais qu'importe? Nous avons été malheureux et impuissants dans la poursuite de ces grands problèmes, moins peut-être que vous ne l'avez dit. Mais enfin il faut bien avouer que nous n'avons pas su ou pas pu donner à nos solutions la netteté, la précision, l'exactitude, l'évidence des analyses et des démonstrations scientifiques. Tant pis pour nous. Soyez plus habiles ou plus heureux : nous ne nous en plaindrons pas. La métaphysique sera perdue, perdue sans retour par votre succès. Mais la science du monde, de Dieu, et des plus hautes vérités rationnelles sera sauvée. Voyons donc vos moyens de solution.

Le Savant. — Ils sont bien simples. L'observation,

l'expérience, l'induction aidée du calcul, voilà pour la méthode. Les faits et les lois, voilà pour les résultats. Rien de plus, rien de moins. Notre devise est la sage maxime de Newton : *Hypotheses non fingo*. Ces moyens de connaissance vous semblent bien bornés. C'est avec cela pourtant que la science a découvert le *système* du monde, inutilement imaginé par les métaphysiciens et rêvé par les poëtes.

Le Métaphysicien. — Les faits et les lois, voilà donc toute la science pour vous, disciples fidèles de Bacon.

Le Savant. — Oui, sans doute. Que voulez-vous de plus? Seulement vous ne nous croyez pas l'esprit assez grossier, assez étroit, pour n'admettre dans le domaine de la science que les phénomènes et les lois de la matière. Je me suis suffisamment expliqué pour que vous ne conserviez aucune prévention à cet égard. La science a pour objet toute réalité. Son criterium est l'évidence ; sa méthode, l'observation. Toute étude, toute recherche où se réunissent ces conditions, est scientifique, quelle qu'en soit la matière. Nous croyons à la réalité morale, comme à la réalité physique, à la lumière de la conscience comme à la clarté des perceptions sensibles, à l'analyse des faits moraux comme à l'observation des phénomènes physiques.

Le Métaphysicien. — J'entends bien. J'ai affaire à un esprit trop élevé pour s'en tenir au brutal empirisme des écoles matérialistes. Mais enfin vous ne voyez rien, vous ne cherchez rien au delà des faits et des lois. C'est là un empirisme habile et savant, qui comprend toutes les sciences morales, en tant qu'elles reposent sur l'observation et l'analyse ; mais c'est toujours de l'*empirisme*.

Le Savant. — Permettez : vous savez qu'un mot suffit pour faire pendre un homme. Il suffit aussi d'un mot pour ruiner une doctrine. *Empirisme* est une étiquette équivoque et fâcheuse pour une science. Il signifie ordinairement, dans l'histoire de la philosophie, cette école qui a pris pour devise l'axiome célèbre : *Nihil est in intellectu quod non fuerit priùs in sensu*, et qui, dans le problème de l'origine des idées, rapporte tous les éléments de la connaissance humaine à l'expérience, niant l'entendement, ses concepts, ses principes et ses objets. Grâce à Dieu, nous ne sommes point de cette école, nous autres savants, quelle que soit notre défiance de la métaphysique. Nous ne nous confions qu'à l'observation, qu'à l'analyse, c'est vrai ; mais en vertu même de la méthode expérimentale, nous croyons à tout ce que nous révèlent l'observation et l'analyse, aux concepts de l'entendement, aussi bien qu'aux intuitions de l'expérience. Dans toute connaissance, nous distinguons l'élément rationnel à côté de l'élément empirique ; nous acceptons parfaitement la réserve de Leibnitz : *Nisi ipse intellectus*. Nous reconnaissons avec Kant que, sans l'entendement, l'esprit n'aurait pas de notions pour juger ni pour raisonner, et qu'il en serait absolument réduit à la perception et à l'imagination des bêtes. Nous n'entendons mutiler ni l'intelligence, ni la science. En ce sens, nous ne sommes donc pas des *empiristes*. Mais tout en distinguant, sur la foi de l'analyse et à l'exemple de Kant, les concepts de l'entendement des perceptions empiriques dont ils sont les conditions, nous en limitons comme lui la portée aux objets de l'expérience, et nous fermons ainsi la porte aux spéculations métaphysiques. Voilà notre *empirisme*, qu'il serait plus juste d'appeler d'un nom moins suspect. Comme nous laissons à la métaphysique les principes invisibles, les causes, les raisons et les substances, pour nous attacher aux phénomènes et aux lois, purs objets de l'expérience, notre vrai nom est science expérimentale, ou mieux *science* proprement dite, tandis que le vôtre est *spéculation*. La métaphysique engendre des systèmes, c'est-à-dire des conceptions abstraites, mais non de vraies connaissances ; c'est pourquoi nous la bannissons de la république des sciences.

Le Métaphysicien. — Vous serez trop heureux de lui en rouvrir les portes. En attendant, elle vous laisse le champ libre et vous regarde faire. Puisque le mot d'empirisme vous choque, je le retire. Toujours est-il que votre science, quel qu'en soit l'objet, physique ou moral, matière ou esprit, se borne à la connaissance des faits et des lois. Or, que sont les lois, sinon des faits généralisés et coordonnés entre eux ? Mais ni la généralisation ni la coordination des faits n'en sauraient être l'explication. Votre science est donc incomplète, puisqu'elle n'explique rien. Vous prenez le début pour la fin, et vous arrêtez l'esprit humain à son premier pas.

Le Savant. — C'est une œuvre bien modeste, en effet, que l'observation et l'induction pour des esprits superbes qui aiment à perdre terre tout à coup et à s'envoler jusqu'au sommet des choses, sur les ailes de la spéculation ; mais enfin voyons les résultats. La philosophie naturelle a pendant nombre de siècles plus spéculé qu'observé. Qu'a-t-elle vu du grand tableau de la Nature ? Qu'a-t-elle compris de l'admirable système de ses lois et de ses forces ? Depuis qu'elle se borne à observer, elle a révélé à l'esprit humain surpris un monde bien plus grand que la métaphysique n'avait pu le concevoir, bien plus beau que la poésie n'avait pu le rêver. La poésie n'a jamais su que personnifier la Nature, et l'enfermer dans les représentations plus ou moins bornées de l'imagination. Elle a fait de l'immensité des cieux une voûte et un firmament parsemé de points brillants (pour ne pas rappeler une image plus grossière) dans toute son étendue. La spéculation métaphysique, avec de tout autres prétentions, n'a trouvé que des abstractions qui ont faussé le peu de connaissances positives que l'observation avait recueillies sur les propriétés et les lois de la Nature. Elle a inventé la *matière*, ce substrate inerte qui semble n'avoir pas d'autre fonction que de supporter les phénomènes. Elle a inventé le *vide absolu*, qui n'est qu'un pur néant, pour y faire mouvoir à son gré ses *atomes*, autre conception aussi contraire aux lois de l'expérience qu'aux notions de la raison. Elle a imaginé l'explication du mouvement et de la vie universelle par l'impulsion mécanique, ou, selon l'expression de Pascal, par la *chiquenaude* du doigt divin. Si elle n'a pas inventé, elle a emprunté à la théologie l'inintelligible création *ex nihilo* ; de concert avec cette même théologie, elle maintient et défend le Dieu tout-puissant, le solitaire Jéhovah qui a créé le monde un jour, pour le détruire un autre jour, qui suspend, change, supprime les lois naturelles qu'il a faites; et, par cette étrange conception, elle justifie et confirme rationnellement la théorie des *miracles*. Et qu'a fait la science, cette science que la poésie, la métaphysique regardent du haut de leur grandeur, cette science qui observe et ne spécule point? Elle a révélé à la poésie l'immensité des cieux, le nombre infini des mondes, l'harmonie des sphères, l'unité de la vie universelle, le vrai *Cosmos*, devant la beauté, la grandeur, la richesse duquel pâlissent tous les rêves de l'imagination. Elle a rectifié la métaphysique et la théologie sur toutes ces grandes questions de la matière, de la création, du principe moteur, du plan de l'univers, et des lois de la Nature. Elle a rendu à la matière sa véritable essence, la force et la vie; à la force motrice le mouvement par cohésion, par affinité, par attraction ; à la création son vrai caractère de développement intrinsèque, de génération spontanée ; aux lois de la Nature leur constance et leur universalité ; à la Providence divine elle-même son immuable nécessité, en l'identifiant avec les lois physiques et morales du monde qui en sont les véritables arrêts. Bien des métaphysiciens avaient sans doute entrevu ces vérités, avant les découvertes de la philosophie naturelle. On avait protesté au nom de la logique et de la raison contre l'inertie de la matière, la création *ex nihilo*, le moteur mécanique, la Providence personnelle et par trop *humaine*, les miracles. Mais l'expérience n'ayant pas prononcé, il semblait seulement qu'il ne pouvait en être ainsi. C'est la science qui a résolu la question de fait. On ne peut plus douter des forces de la matière, après ces expériences ; on ne peut plus douter de l'impossibilité des miracles, après la découverte de ses lois ; on ne peut plus soutenir l'impulsion d'un moteur mécanique, après la magnifique révélation de la loi de l'attraction universelle. La science en a fini avec tous ces rêves, avec toutes ces hypothèses par l'observation, quand la spéculation était également impuissante à édifier et à détruire.

Le Métaphysicien. — Je vous écoute avec plaisir ; je n'ai qu'une crainte, c'est de vous voir rester à moitié chemin dans la belle carrière où vous venez d'entrer. Tout ce que vous dites de la science est vrai. Elle a détruit bien des préjugés, dissipé bien des erreurs qui eussent été un insurmontable obstacle à la solution des grandes questions métaphysiques qui nous occupent. Elle a ainsi admirablement préparé le terrain ; mais jusqu'ici elle n'a point essayé d'y construire. Elle a une telle défiance de tout ce qui ressemble à la spéculation, qu'elle se refuse aux conclusions les plus légitimes des faits. Elle observe, analyse, expérimente, décrit, classe, induit; mais ne lui demandez rien de plus. Comment, avec de tels procédés, atteindra-t-elle des questions qui dépassent la sphère de l'expérience?

Le Savant. — Il me semble que vous restreignez outre mesure la portée de la science. Tout en laissant à la métaphysique la vaine recherche des causes, la science ne s'en tient pas à l'observation et à la description des faits; elle les explique à sa manière. Il ne s'agit que de s'entendre sur le mot. Qu'est-ce donc qu'expliquer, sinon faire rentrer le particulier dans le général? Or c'est ce que nous faisons perpétuellement. La loi de gravitation terrestre, par exemple, qui explique les divers phénomènes de la chute des corps, est elle-même expliquée par l'attraction universelle. Autre exemple. On cherche à ramener à un principe unique les phénomènes de l'électricité et du magnétisme. Supposez qu'on y réussisse; on aura simplifié, coordonné, ramené à l'unité deux ordres de phénomènes reconnus distincts et indépendants jusqu'ici. Voilà une explication. Autre exemple encore. En histoire naturelle, on cherche à ramener à un type unique la diversité très complexe des types auxquels les naturalistes qui ne sont que savants rapportent les différents êtres du règne animal. On tente même de réduire à ce même type unique les êtres du règne végétal. Si cette généralisation philosophique réussit à se fonder sur l'anatomie comparée, ce sera encore là une explication des faits de l'histoire naturelle.

Le Métaphysicien. — Tout cela est fort intéressant.

Le Savant. — Vous voyez donc que les faits s'expliquent par les faits; les moins généraux par les plus généraux. Ramener les faits à l'unité, n'est-ce pas la seule explication que puisse se permettre l'esprit humain sans s'égarer? Autrefois c'était l'unité de cause, l'unité de substance, l'unité de fin, quand la science se laissait séduire par la métaphysique. Aujourd'hui que l'expérience l'a rendue plus sage, c'est l'unité de loi seulement qu'elle poursuit. L'esprit humain aurait tort de s'en plaindre; la carrière est encore assez vaste. Les faits connus sont si nombreux, si divers, que la science a fort à faire de les coordonner et de les réduire en système. Peut-être pourrait-on lui reprocher de se laisser trop absorber par les détails. Tout entière à l'étude des individus, à l'analyse des particularités, elle néglige les rapports, ne voit point les choses d'ensemble et par masses, semble oublier enfin que l'analyse est faite pour la synthèse. C'est le défaut actuel de nos sciences, j'en conviens. Elles ont raison de ne point chercher à franchir le domaine de l'expérience; mais elles ont tort de s'y arrêter à moitié chemin. Elles se perdent dans le détail des faits; elles répugnent aux vues générales, à tout ce qui ressemble aux spéculations métaphysiques. C'est un scrupule outré, puisque la synthèse s'y fait, comme l'analyse, sans sortir de l'observation. Étudier les choses dans leur rapport ou dans leurs différences, n'est-ce pas également observer? Si c'est la lacune qui vous choque dans les sciences, nous sommes d'accord. Il n'y a pas d'esprit un peu élevé parmi nos savants qui ne reconnaisse la nécessité de vous donner satisfaction sur ce point. Parlez-nous d'unité, de synthèse, de philosophie des sciences, nous vous entendrons. Mais si la métaphysique compte rentrer par cette lacune dans le domaine de la science, elle attendra longtemps. Nous n'avons que faire de ses dangereux offices.

Le Métaphysicien. — La métaphysique attendra en effet une meilleure occasion. Je reconnais que vous n'avez nul besoin d'elle pour vider cette querelle de famille qui vous divise. Vous avez vos partisans de l'analyse et vos amis de la synthèse, vos observateurs microscopiques et vos généralisateurs plus ou moins hardis. Mais les uns et les autres se meuvent également dans le cercle de l'expérience. La métaphysique est parfaitement étrangère à leurs débats. Je veux être juste envers vos sciences. Les mesquines proportions auxquelles les réduisent vos *empiriques* laisseraient trop beau jeu à ma critique ; j'aime mieux les prendre telles que les comprennent et essayent de les faire vos meilleurs esprits, avec leurs vues générales et leurs synthèses. Mais que sont ces vues générales et ces synthèses elles-mêmes? Encore et toujours des faits, des faits plus généraux dans lesquels tout le reste vient se coordonner. Vous avez grand soin de le dire vous-même, vous n'entendez pas sortir de l'expérience. Or c'est là précisément que vous attend la métaphysique. Ramener des faits à des lois, des lois à d'autres lois plus générales, ce n'est rien expliquer. Par exemple, la loi de l'attraction universelle, cette grande découverte due au génie de Newton, simplifie la science en ramenant à un mode unique tous les modes connus de gravitation, quels que soient les lieux, les corps, les mondes où ils se produisent. Mais en quoi cette loi explique-t-elle le fait ? Elle nous apprend que toute matière connue gravite autour d'un centre ; mais elle nous laisse ignorer le *pourquoi* et le *comment*, la *raison* et la *cause*. Généraliser n'est pas expliquer. On a beau s'élever dans l'échelle des faits et des lois, on n'atteint ni les raisons, ni les causes, c'est-à-dire les vrais principes d'explication. L'autre exemple que vous m'avez cité n'est pas plus concluant. Le goût de la synthèse, dont nul esprit élevé ne peut se défendre, même dans vos sciences, a fait naître un problème dont plusieurs de vos savants les plus illustres ont poursuivi la solution. Les phénomènes de l'électricité et ceux du magnétisme peuvent-ils être ramenés à un principe unique? Quand vous dites principe, il ne faut pas prendre ce mot à la lettre : autrement nous retomberions en pleine métaphysique, ce que vos savants redoutent par-dessus tout. Cela signifie seulement, dans la langue des sciences, que l'on cherche à ramener à un seul les deux ordres de phénomènes reconnus jusqu'ici distincts et indépendants sous les noms divers d'*électricité* et de *magnétisme*. Assurément, si l'on réussit dans cette recherche, on aura fait un grand pas dans la philosophie de la Nature ; on aura, comme vous le dites, relié, coordonné, ramené à l'unité des faits dont la diversité s'était refusée jusqu'ici à cette réduction. Si une science s'enrichit et s'étend par l'analyse, elle se simplifie et s'élève par la synthèse. La perception des rapports n'importe pas moins que la connaissance des détails. Mais il n'y a rien là qui ressemble à une explication véritable. En saura-t-on davantage sur le *comment* et le *pourquoi*, sur la vraie cause et le vrai principe des phénomènes?

Le Savant. — Ces exemples vous donnent raison. J'en conviens, la loi n'explique pas réellement le fait, quelque générale qu'elle soit. Mais nos sciences ne se réduisent pas, comme vous semblez le croire, à des faits et à des lois. Elles ont en outre des théories pour les expliquer. Et nous aussi, nous voulons savoir le *comment* et le *pourquoi* des choses. Les théories ne sont pas du goût de tous les savants. Nos empiriques ne s'en soucient guère, enfoncés qu'ils sont dans le détail des faits. Mais tous nos esprits d'élite s'en préoccupent, et croiraient faire descendre la science, en la bornant à la connaissance des phénomènes et des lois. En optique, par exemple, les physiciens ne se sont pas contentés de connaître les phénomènes et les lois de la réflexion, de la réfraction, de la polarisation de la lumière, etc., etc.; ils ont cherché à les expliquer par diverses hypothèses plus ou moins scientifiques. Newton a prêté son génie et son nom à la théorie abandonnée des *émanations*. Aujourd'hui c'est la théorie des *ondulations* qui prévaut. Dans cette hypothèse, on explique les phénomènes lumineux par les vibrations de l'éther. Du reste, voici comment la science procède dans la formation de ses théories. On n'observe que les phénomènes ; la manière dont ils se produisent échappe à l'expérience et à l'induction. On suppose donc qu'ils se passent d'une certaine façon. Si l'expérience ne contredit pas l'explication, si surtout elle s'y prête plus qu'à tout autre, l'hypothèse devient une théorie et prend rang dans la science. Il ne s'agit donc plus ici du fait, ni de la loi, mais de la cause. Aussi à l'expérience et à l'induction la science ajoute-t-elle l'hypothèse. La théorie atomique est encore une hypothèse qui dépasse l'expérience et l'induction. L'observation la plus microscopique ne peut surprendre le secret de la Nature, dans le travail intime et absolument imperceptible de la composition et de la constitution élémentaire des corps. On est donc réduit à imaginer les éléments et les conditions les plus simples possible de ce travail. Et comme aucun fait, aucune loi n'est venue contredire, ou même contrarier cette hypothèse; comme l'expérience la confirme de plus en plus, elle a passé dans la science à l'état de théorie. J'en dirai autant d'une hypothèse également célèbre dans la géologie, sous le nom de *théorie des soulèvements*. L'histoire de la Nature a été longtemps à la merci des poëtes, des mythologues et des métaphysiciens chimériques. La saine philosophie avait fini par faire justice de tous ces romans et de toutes ces fictions, et n'avait rien trouvé de mieux que de condamner absolument ce genre de recherches, faute de données positives. Elle comptait sans le génie de Cuvier et des géologues qui ont retrouvé dans les fossiles l'histoire complète des diverses révolutions du globe. Que ces révolutions aient eu lieu, qu'elles aient engendré telles créations, dans tel ordre, dans telles conditions, avec tels grands caractères ; c'est ce qui a été rigoureusement démontré par l'étude des fossiles, et par leur comparaison avec les êtres du monde actuel. L'observation comparée, l'analogie et l'induction ont suffi à cette révélation. L'hypothèse n'y a eu aucune part. Mais quand il s'est agi d'expliquer comment ces révolutions s'étaient produites, il a bien fallu procéder par supposition. La théorie des soulèvements de M. Élie de Beaumont répond à une question de ce genre. Comment s'est produite la dernière révolution du globe, dont le caractère saillant paraît avoir été un immense déplacement des eaux ? Nul ne le sait. Mais parmi les hypothèses, il en est une qui s'accorde singulièrement avec les faits, et que les découvertes géologiques de chaque jour tendent à confirmer : c'est celle qui explique le déluge, c'est-à-dire le mouvement des eaux, par le soulèvement successif de la masse terrestre du centre à la surface. Vous voyez, par ces exemples et par mille autres qui sont présents à votre esprit, que nos savants ne se refusent pas la recherche du *pourquoi* et du *quomodo* des faits. Il y a presque toujours dans nos sciences deux parties bien distinctes : l'une tout expérimentale, qui se borne à la connaissance des faits et des lois ; l'autre théorique, qui les simplifie, les coordonne, les explique. Il n'y a pas de savant digne de ce nom qui n'ait la théorie en grande estime, et n'y voie le complément et le couronnement de la science.

Le Métaphysicien. — J'en conviens, vous ne vous

bornez pas à observer les faits et à les généraliser; vous essayez de les expliquer véritablement. Les lois ne vous suffisent pas, vous cherchez les causes. A l'expérience vous joignez la théorie. Il semble dès lors que rien ne manque à votre méthode pour la solution des grands problèmes qui nous préoccupent. Mais ne nous laissons pas abuser par les mots. Je crains que vos théories ne soient pas de nature à conduire au résultat que nous poursuivons. Commençons par nous entendre là-dessus. Toute théorie, dans vos sciences, se résout en deux choses : l'expérience pure et l'hypothèse. Toutes les fois qu'il s'agit d'expliquer les phénomènes et les lois, vous procédez par supposition. Vous ne pouvez faire autrement, puisque l'expérience, seule autorité que vous reconnaissiez, ne suffit plus à résoudre la question. Mais une hypothèse, si rationnelle qu'elle soit, n'est jamais par elle-même que probable. Elle ne devient certaine que par la vérification de l'expérience. Or l'expérience ne vérifie réellement que les hypothèses qui portent sur la simple existence des faits. Tel phénomène échappe à l'observation ; la science le suppose pour le besoin de la théorie ; puis l'expérience le vérifie. Tout est dit ; l'hypothèse se change en certitude. Mais il n'en est pas de même, lorsque l'hypothèse a pour objet l'explication d'un fait ; alors la vérification est impossible, dans le sens strict du mot. L'expérience peut bien fournir à l'appui de l'hypothèse des faits qui la rendront plus probable mais non certaine, qui la confirmeront sans la vérifier absolument. Pourquoi cela ? C'est qu'une hypothèse qui a pour objet l'explication des faits a beau se prêter aux résultats connus, rendre compte de tous les faits observés, recevoir chaque jour la sanction de l'expérience, il n'est pas, il ne peut être parfaitement sûr qu'il n'existe point d'autre explication meilleure. Le monde des causes est infini. Vous en avez imaginé une qui rend compte de tous les faits connus. D'abord qui vous dit que l'expérience ne révélera pas plus tard des faits qui la contrediront? C'est ce que nous voyons tous les jours. Un seul fait nouveau, inattendu, extraordinaire, suffit pour renverser une théorie consacrée par le temps et l'autorité des savants. Mais quand même cette révélation ne devrait jamais venir, quand tous les faits nouveaux ne feraient que confirmer l'hypothèse, elle n'en serait pas moins condamnée à la probabilité, du moment qu'elle a pour objet une cause et non un fait; car rien ne prouve rigoureusement qu'elle ait rencontré la vraie cause. Sans doute, chaque fait nouveau qui se prête à l'hypothèse la rend plus probable; et ainsi elle finit par acquérir un tel degré de probabilité qu'elle passe dans la science à l'état de théorie. Mais même alors elle n'a point le caractère de certitude. Par exemple, la théorie des soulèvements est tout à la fois fondée en raison et en expérience. Tout la confirme, tout la justifie. Mais la Nature n'a-t-elle qu'un procédé à sa disposition? Est-il, sera-t-il jamais absolument démontré qu'elle n'a pas pu produire autrement les mêmes résultats? Non. Donc cette hypothèse n'est et ne sera jamais que plus ou moins probable. La théorie qui explique la transmission de la lumière a le même caractère. Elle explique les faits beaucoup mieux que toute autre hypothèse connue. Mais qui nous répond qu'elle a vraiment surpris le secret de la Nature? Cela est probable, mais non certain. Toutes les hypothèses, toutes les théories de vos sciences en sont là. N'est-ce pas un vice radical? N'est-ce pas déjà une grave raison pour que nous hésitions à vous confier cet ordre de questions que vous n'avez pas voulu laisser aux mains peu sûres de la métaphysique? Convenez que ce ne serait pas la peine de les livrer à la science, si elle n'avait d'autre asile à leur offrir que l'hypothèse et la probabilité.

Le Savant. — Que voulez-vous donc? A moins de renoncer à l'explication des faits, nous ne voyons, nous autres savants, pas d'autres moyens que l'expérience, l'induction, l'analogie et l'hypothèse. Espérez-vous par hasard que cette explication tombera du ciel, comme une *révélation?* C'est une ressource que peut invoquer le théologien, mais qui est interdite au savant, au philosophe, et même au métaphysicien, si j'ai bien compris vos prétentions.

Le Métaphysicien. — Les vérités générales de la science, les principes et les causes physiques, si l'on peut leur donner ce nom, s'obtiennent et ne peuvent s'obtenir que par de tels procédés. Quel que soit le degré de probabilité qu'elles contiennent, les savants les acceptent, sans se faire illusion sur leur autorité. Mais les vérités générales, les principes et les causes de l'ordre métaphysique, sont de telle nature, qu'elles ne puissent trouver leur démonstration soit dans l'expérience seule, soit dans l'expérience aidée de l'hypothèse. Ce sont des vérités nécessaires sur lesquelles ni l'observation, ni l'expérience, ni l'induction, ni l'analogie, ni l'hypothèse, ni aucun de vos procédés *scientifiques* n'a prise. L'Être infini, l'Être parfait, l'Être absolu, l'Être universel, Dieu, la matière, l'unité, l'immensité, l'éternité du Monde, sont des vérités qui se conçoivent ou se démontrent *à priori.* Or toute votre science repose sur l'*à posteriori.*

Le Savant. — Voilà enfin le grand mot. Vous prétendez à l'*à priori.* Prétention chimérique! Pour nous autres savants, c'est comme si vous visiez au surnaturel. Vous feriez aussi bien de recourir à la *révélation.* L'*à priori* se comprend dans les sciences exactes, comme les mathématiques, où il ne s'agit que de rapports abstraits. Et encore ces sciences elles-mêmes tirent leur matière de l'expérience. Mais prétendre atteindre à priori des objets réels de connaissance, c'est là ce qui nous passe, nous autres savants. Nous vous permettons tous les procédés de la science humaine, depuis la simple et modeste observation jusqu'aux plus grandes finesses de l'analogie, jusqu'aux plus hautes hardiesses de l'hypothèse. Mais au premier mot d'*à priori*, nous vous arrêtons tout court. Prenez toutes les voies pour arriver à vos principes, à vos causes, à vos vérités nécessaires; élevez des systèmes sur nos analyses, couronnez nos sciences par votre philosophie : nous applaudirons à vos efforts, et nous prêterons les mains à votre œuvre. Nous confessons tout haut l'insuffisance philosophique de nos sciences; nous admirons, nous saluons, pour un avenir plus ou moins éloigné, cette synthèse suprême dont un des vôtres a si bien tracé le programme. « Supposez que ce travail (de simplification) soit fait pour tous les peuples et pour toute l'histoire, pour la psychologie, pour toutes les sciences morales, pour la zoologie, pour la physique, pour la chimie, pour l'astronomie. A l'instant l'univers, tel que nous le voyons, disparaît. Les faits se sont réduits, les formules les ont remplacés; le monde s'est simplifié, la science s'est faite. Seules, cinq ou six propositions générales subsistent. Il reste des définitions de l'homme, de l'animal, de la plante, du corps chimique, des lois physiques, du corps astronomique, et il ne reste rien d'autre. Nous attachons nos yeux sur ces définitions souveraines; nous contemplons ces créatrices immortelles, seules stables à travers l'infinité du temps qui déploie et détruit leurs œuvres, seules indivisibles à travers l'infinité de l'étendue qui disperse et multiplie leurs effets.

Nous osons davantage; considérant qu'elles sont plusieurs et qu'elles sont des faits comme les autres, nous y apercevons et nous en dégageons par la même méthode que chez les autres le fait primitif et unique d'où elles se déduisent et qui les engendre. Nous découvrons l'unité de l'univers et nous comprenons ce qui la produit.... Elle vient d'un fait général semblable aux autres, loi génératrice d'où les autres se déduisent, de même que de la loi de l'attraction dérivent tous les phénomènes de la pesanteur, de même que de la loi des ondulations dérivent tous les phénomènes de la lumière, de même que de l'existence du type dérivent toutes les facultés de l'animal, de même que de la faculté maîtresse d'un peuple dérivent toutes les parties de ses institutions et tous les événements de son histoire. L'objet final de la science est cette loi suprême; et celui qui, d'un élan, pourrait se transporter dans son sein, y verrait, comme d'une source, se dérouler par des canaux distincts et ramifiés le torrent éternel des événements et la mer infinie des choses (1). »

Le Métaphysicien. — Voilà une bien grandiose conception.

Le Savant. — N'est-ce pas l'unité que vous cherchez? Que voulez-vous de plus?

Le Métaphysicien. — Cette unité n'est pas le dernier degré d'une échelle dont le pied repose sur l'expérience. Ce n'est que l'unité d'un système auquel l'esprit se sera élevé par une lente et graduelle généralisation.

Le Savant. — J'entends. C'est encore de l'*à posteriori*, et il vous faut de l'*à priori*. Ici nous ne pouvons plus vous suivre. Nous voulons bien de la philosophie et de la synthèse qu'elle nous prépare; mais arrière la métaphysique, si par ce mot vous entendez le tour de

(1) Taine, *Des philosophes français du dix-neuvième siècle*, p. 338.

force qui consisterait à entrer dans la réalité par une autre porte que l'observation.

Le Métaphysicien. — Et pourtant il le faut; car ce genre de vérité, qui fait l'objet de la discussion, est précisément tel que ni la science proprement dite, ni la philosophie des sciences ne peuvent l'atteindre, eussent-elles pour cela les ailes du génie. Et la raison en est bien simple : c'est que l'expérience, avec tous ses procédés de comparaison, d'abstraction, d'induction, peut donner le contingent, mais non le nécessaire, en fait d'existence réelle. L'Infini, l'Absolu, l'Universel, l'Être en soi, Dieu ou le Monde n'est pas une de ces réalités dont on puisse concevoir la non-existence. Or, toute vérité nécessaire est une vérité à priori, de même que toute vérité contingente est une vérité à posteriori. Ceci exclut radicalement de la solution du problème que nous poursuivons (sous le nom de métaphysique), et la science proprement dite, et même la philosophie des sciences, et tout ce qui de près ou de loin se rattache à l'expérience. Nulle conception, nulle théorie des choses dont je viens de parler n'est possible à posteriori.

Le Savant. — Il me semble pourtant que vos métaphysiciens eux-mêmes ne partagent pas entièrement cette opinion, puisqu'ils admettent les preuves à posteriori, dans la démonstration de l'existence et des attributs de Dieu. Et leur distinction des preuves physiques, des preuves morales et des preuves métaphysiques ne laisse-t-elle pas une large part à l'expérience dans la solution de ce problème?

Le Métaphysicien. — Je ne nie rien de tout cela. L'expérience se retrouve partout, jusque dans les conceptions les plus hautes et les plus pures de la raison. Quand viendra le moment d'analyser les actes les plus métaphysiques de cette dernière faculté, nous verrons qu'il n'est pas une preuve, pas une conception à priori qui ne suppose directement ou indirectement un élément à posteriori. Mais il n'en est pas moins vrai que les vérités qui font l'objet de notre recherche, étant de l'ordre des vérités nécessaires, échappent par cela seul aux prises de l'expérience. De très grands esprits, Hegel en tête, ont nié la possibilité de démontrer l'existence de Dieu, par la raison que toute démonstration suppose un principe supérieur à la vérité démontrée. Si la preuve par en haut peut être ainsi contestée, la preuve par en bas n'a jamais été considérée comme vraiment concluante. L'expérience aidée de l'induction, de l'analogie, de l'hypothèse, la science surmontée de la philosophie peut élever bien haut l'esprit humain. Vous avez vu tout à l'heure jusqu'où elle peut le porter. Mais de la synthèse scientifique ou philosophique à la synthèse *métaphysique*, il y a encore une distance incommensurable à franchir; car il y a toute la différence du fini à l'infini, du contingent au nécessaire, du relatif à l'absolu, de l'unité de système à l'unité de l'être.

Le Savant. — J'entrevois votre méthode. Mais alors je crains bien qu'il n'en soit de vos vérités *métaphysiques* comme des pommes d'or du jardin des Hespérides. Votre *à priori* me fait l'effet du dragon qui en défendait l'entrée.

Le Métaphysicien. — Cela vous fait peur de loin, mais le monstre n'est pas si terrible qu'il en a l'air. Dès que vous aurez vu de près, par l'analyse, ce que c'est que cet *à priori* qui vous apparaît en ce moment comme une espèce de *mystère*, peut-être ne serez-vous plus tenté de renvoyer le problème aux lumières surnaturelles d'une *révélation* :

Nec Deus intersit, nisi dignus vindice nodus.

Le Savant. — Il me semble pourtant que c'est ici le cas ou jamais.

Le Métaphysicien. — Je n'en crois rien. Mais il est temps de finir cet entretien et d'en résumer la conclusion. La science, telle que la fait l'expérience, est impuissante à résoudre les questions que vous ne voulez pas confier à la métaphysique. Et quand je dis la science, je comprends sous ce mot la philosophie des sciences elle-même, dans sa plus large acception. Observation pure, induction, observation comparée, analyse ou synthèse des faits, analogie et hypothèse, c'est toujours l'expérience, à laquelle il n'est pas donné d'atteindre à de telles hauteurs. Vos sciences expérimentales sont bien riches et bien fécondes; elles emploient les procédés les plus ingénieux et les plus hardis; elles font chaque jour de merveilleuses découvertes dans le monde de la réalité. Il ne leur est pas donné de découvrir une seule vérité à priori. Votre philosophie des sciences est aussi pauvre que vos sciences sont riches. Mais eût-elle tiré de ces sciences toutes les grandes vues cachées sous les faits qu'elles entassent, elle n'y trouverait pas de quoi combler les lacunes que la pensée regrette dans vos plus belles conceptions cosmologiques. Elle aura beau pousser ses analyses, étendre ses synthèses, élever l'échelle de ses principes et de ses lois, elle n'arrivera jamais jusqu'à l'Infini, à l'Absolu, à l'Universel, à Dieu.

Le Savant. — Vous avez dit le mot : il n'est pas donné aux sciences expérimentales de trouver une seule vérité à priori. La science reconnaît son incompétence en cet ordre de questions. Mais, d'autre part, n'ai-je pas démontré la fragilité de la métaphysique? Nous voici donc arrivés à cette double conclusion : que les procédés métaphysiques sont impuissants, et les procédés scientifiques insuffisants. Je ne vois plus d'autre issue au débat que de laisser dormir dans la poussière des vieilles écoles les problèmes qui troublent votre sommeil.

Le Métaphysicien. — Peut-être serait-ce le plus sage, si cela était possible. En tout cas, c'est une solution commode et tout à fait du goût de bien des gens de ma connaissance.

Le Savant. — Si cela est possible, dites-vous? L'esprit ne saurait-il mettre un frein à son indiscrète curiosité?

Le Métaphysicien. — Est-ce curiosité, est-ce nécessité? Si c'était une nécessité, il faudrait bien que l'esprit humain trouvât une solution à ces problèmes, une solution à tout prix, et par quelque procédé que ce fût. C'est ce que nous rechercherons dans le prochain entretien.

TROISIÈME ENTRETIEN.

VANITÉ DU MYSTICISME.

Le Savant. — Êtes-vous enfin décidé à abandonner aux rêveurs de métaphysique des problèmes que la science positive ne peut résoudre ?

Le Métaphysicien. — Moins que jamais. Si ces problèmes n'étaient que des caprices d'imagination ou des jeux d'école, je me résignerais bien vite. Mais plus j'y pense, plus je vois que j'ai devant moi les questions les plus vitales et les plus indestructibles de la pensée humaine. Tandis que les systèmes passent, elles restent au fond des esprits. Elles ne se laissent pas éconduire avec les doctrines métaphysiques qui en prétendent donner la solution. L'âme humaine, l'esprit, la matière, Dieu, l'infini, l'absolu, les principes et les causes des choses ne sont pas des problèmes propres à la spéculation métaphysique, nés et devant mourir avec elle. De telles vérités n'ont rien de commun avec ces questions de pure dialectique qui ne sont point destinées à franchir le seuil de l'école. On ne peut dire d'elles : *Illa se jactet in aula*. Filles légitimes de la pensée humaine, elles ont commencé et finiront avec cette pensée. On les voit paraître à toutes les époques et sous toutes les formes. Le monde les connaît aussi bien que l'école. Dès le berceau des sociétés, la religion et la poésie s'en emparent, les entourant du prestige de la révélation, ou les parant des riches couleurs de l'imagination. Puis, avec les progrès de la pensée humaine, vient la philosophie qui les reprend, les soumet à l'analyse, les contemple à la pure lumière de la raison, et essaye d'en donner une solution scientifique. Les religions passent; les systèmes métaphysiques n'ont qu'un jour : les questions restent immortelles, comme la raison qui les porte dans son sein. Le scepticisme, si puissant contre les systèmes, ne peut rien contre les questions. Si elles sommeillent un moment avec l'esprit humain dans les crises morales où celui-ci semble avoir perdu le sentiment de ces hautes vérités, elles se réveillent et se posent de nouveau, que dis-je, elles se posent avec une autorité devant laquelle tout s'incline bientôt, philosophie, science, poésie, arts, politique. L'indifférence à ces questions n'a jamais été que la fatigue d'un moment ; et encore ne pourrait-on citer un seul jour où elles aient absolument manqué à l'humanité. La science ne leur a pas toujours été favorable, il est vrai ; mais, quand la science les repousse, elles se réfugient dans le sentiment. Au XVIIIe siècle, époque d'analyse et de critique, s'il en fut, on croyait en avoir fini avec les questions théologiques et métaphysiques. La foi en Dieu était une superstition ; la croyance à l'âme, à l'esprit, à l'immatériel, à l'invisible, un rêve de la poésie. La science n'avait que faire de ces traditions de la scolastique et du moyen âge ; l'athéisme était la mesure de tous les esprits bien faits. Et pourtant, dès ce moment, des voix s'élèvent, je ne dis pas de la foule, mais de la société même des philosophes, pour troubler ce concert sacrilége. Voltaire fait ses réserves ; Rousseau publie la *Profession de foi du vicaire savoyard ;* Bernardin de Saint-Pierre proteste au nom de la Nature elle-même, la seule divinité des encyclopédistes ; Kant invoque la morale au secours de la théologie et de la métaphysique plus qu'ébranlées par sa critique. Le premier mouvement du XIXe siècle est de revenir à ces questions dédaignées ; son premier mot est religion. Il est si impatient, si affamé de croyances, qu'il reprend et proclame tout d'abord celles du passé sans réflexion, sans examen, sans mesure. La philosophie se montre plus sage et plus défiante ; elle n'adore point du jour au lendemain ce qu'elle a brûlé, mais elle revient assez vite par les voies de la science à la métaphysique, sinon à la théologie. Et aujourd'hui, en dépit des progrès de l'analyse, des arrêts de la critique, et des dédains de vos sciences, nous nous retrouvons en face des mêmes questions, plus impérieuses, plus vitales que jamais. Pensez-vous encore à les supprimer ?

Le Savant. — Dieu m'en garde. Je conviens avec vous qu'il est plus facile d'éconduire les systèmes que les questions. Mais qui vous parle d'exclusion ? Je ne suis point un ennemi systématique de la métaphysique : nous autres savants, nous nous inclinons toujours devant la puissance des faits. Or c'est un fait incontestable que les questions survivent aux systèmes, et qu'elles répondent à un besoin indestructible de l'esprit humain. Nous n'entendons point exclure ces questions du domaine de la pensée ; nous leur fermons seulement la porte de la science. Les questions et même les doctrines métaphysiques occuperont toujours, nous aimons à le reconnaître, une grande et honorable place dans le champ illimité des croyances humaines. Que la métaphysique continue donc ses spéculations. Tout en l'invitant à mieux faire, nous ne trouvons pas qu'elle ait perdu son temps. La religion, la morale, la poésie, la vraie civilisation, auront toujours besoin de ses lumières et de ses inspirations. Si Dieu, si l'âme, si l'esprit, si l'infini, si l'Être universel, si les substances, les principes, les causes et les fins sont des mots à rayer du dictionnaire de la science, il faut les conserver dans toutes les langues humaines. Aussi bien le génie de l'humanité prévaudra toujours contre les préventions et les dédains de l'école. Seulement, qu'il soit bien entendu entre nous que la spéculation métaphysique n'est pas la science, pas plus que la croyance n'est la connaissance proprement dite. Nous ne vous demanderons pas pour vos doctrines la précision, la rigueur, l'évidence, l'autorité de nos théories. Nous savons qu'elles ne comportent pas tous ces caractères de la science. Nous admirons le génie, la fécondité, l'éloquence de vos grands métaphysiciens. Nous sommes très disposés à les suivre, pourvu qu'ils ne contredisent ni nos expériences ni nos théories, et pour peu qu'ils parviennent à se mettre d'accord ; car autrement ils nous laisseraient l'embarras du choix.

Le Métaphysicien. — Parlez-vous sérieusement, et n'est-ce pas un piége que vous tendez à la métaphysique ? En tout cas, elle n'aura garde d'y tomber. Vous nous faites là une étrange concession. Vous voulez bien de la métaphysique comme croyance, mais non comme science. Votre distinction me rappelle celle de Platon, au début du *Timée* : « Ce que l'être est au devenir, la vérité l'est à l'opinion. Tu ne seras donc pas étonné, Socrate, si, après que tant d'autres ont parlé diversement sur le même sujet, j'essaye de parler de Dieu et de la formation du monde, sans pouvoir vous rendre mes pensées dans un langage parfaitement exact et sans aucune contradiction. Et si nos paroles n'ont pas plus d'invraisemblance que celles des autres, il faut s'en contenter et bien te rappeler que moi qui parle et vous qui jugez, nous sommes tous des hommes, et qu'il n'est permis d'exiger sur un pareil sujet que des récits vraisemblables. » C'est la dialectique, c'est-à-dire la métaphysique du temps qui traitait ainsi la philosophie naturelle encore tout enveloppée de fictions et d'hypothèses plus ou moins bizarres. Aujourd'hui les rôles sont renversés. C'est la philosophie naturelle qui parle des opinions plus ou moins probables de la métaphysique. Platon n'avait pas tort de reléguer dans le domaine de l'opinion des hypothèses dont l'imagination faisait à peu près tous les frais, et qui d'ailleurs n'avaient aucun intérêt pratique. Mais traiter de même la théologie et la psychologie (j'entends la psychologie rationnelle ou métaphysique qui traite du principe des phénomènes de la vie morale), nous semble chose bien grave. La science de Dieu, la science de l'âme une opinion! Sur tant de choses accessoires ou de pure curiosité, la lumière n'a point été refusée à l'esprit humain; et sur ces grandes questions qui intéressent notre destinée, il serait condamné à n'entrevoir que des lueurs douteuses et vacillantes! L'astronomie, lors même qu'elle nous entretient des choses et des phénomènes de la lune; la géologie, alors qu'elle nous fait l'histoire du globe, comme si elle y eût assisté, sont des sciences dont l'autorité ne souffre aucune contestation, et les notions les plus simples, les plus importantes de la théologie et de la psychologie ne seraient que des opinions! Étrange anomalie où ne se reconnaît guère la sagesse du Créateur! S'il en est ainsi, adieu la métaphysique. En voulant la sauver, vous lui avez porté le coup mortel. Si, comme vous le dites, elle ne comporte que des croyances, et que le propre de la croyance soit de manquer de précision, de rigueur, d'évidence, on n'a que faire de la métaphysique. Comment bâtir sur le sable? Comment se reposer dans le doute? Cela pouvait convenir à l'enfance de l'esprit humain. N'ayant pas encore goûté du fruit de la science, il était de facile composition sur les conditions de la foi; il se laissait séduire par des hypothèses ou charmer par des fictions. Mais aujourd'hui qu'il a l'âge viril, il ne peut entendre parler que la langue de la science ; on ne le berce plus avec les fables de son enfance ; on ne l'entraîne plus avec les rêves de sa jeunesse. Il veut bien accepter toute vérité, morale et religieuse, aussi bien que mathématique et physique, mais avec la lumière de l'évidence. Il ne repousse pas la métaphysique, pourvu qu'elle se présente avec le sceau de la science. Mais espérer qu'aujourd'hui il croira à une *opinion*, qu'il s'accommodera d'une doctrine que le vent de la critique aura balayée demain, c'est méconnaître ses justes exigences. Autant lui demander de se décider sur croix ou pile. Nous voilà engagés dans les incertitudes de la probabilité morale, la plus vague et la plus susceptible de calcul. En vain direz-vous que ce genre de croyance a pleine autorité sur l'esprit, à cause de la nécessité pratique des vérités qu'il embrasse. L'esprit ne se donne jamais à la vérité par calcul. Il croit parce qu'il voit, et sa foi est d'autant plus ferme que son intuition est plus claire. Vous avez beau lui prouver qu'il a le plus grand intérêt à croire ; s'il voit mal ou s'il voit faiblement, il est inquiet, incertain, sinon indifférent à la vérité que vous voulez lui faire croire. En un mot, ce n'est pas l'importance, mais l'évidence d'une vérité qui est la mesure de la foi de l'esprit. Votre distinction de la science et de la croyance n'est donc plus possible aujourd'hui. Si Dieu, si l'infini et l'universel, si l'âme et l'esprit ne sont plus que des objets de croyance, il faut les renvoyer à la poésie. Et encore la poésie de notre temps est trop sérieuse pour se nourrir de rêves. Elle aussi a atteint l'âge viril. Elle aime la vérité et cherche ses inspirations dans la science. Elle veut que la fiction ne soit que l'enveloppe de la vérité ; elle entend être un symbole, et non un mensonge. Triste sort des plus hautes questions qui aient jamais préoccupé le génie, de ne pas même trouver place parmi les arts de l'imagination !

Le Savant. — Vous avez raison. Ma distinction ne résiste pas à la logique. Pour tout esprit rigoureux, il n'y a pas de milieu entre savoir et ignorer. La croyance, quel qu'en soit le degré de probabilité, n'est qu'une fleur fragile qui porte dans son sein le ver rongeur du doute. Il n'y a plus rien à espérer de ce côté pour la métaphysique. Mais toute vérité ne s'adresse pas à l'intelligence ; toute certitude n'est pas fondée sur l'intuition. N'y a-t-il pas des choses qui se sentent et ne se voient pas? Et le sentiment n'est-il pas un principe de certitude aussi bien que l'idée? Voilà, ce me semble, un asile ouvert aux vérités de l'ordre métaphysique et théologique. Qu'importe que je n'en aie pas la vue bien nette ni la démonstration exacte, si j'en ai un profond, un invincible sentiment? Qu'importe qu'elles laissent à désirer à ma raison, si mon cœur en est touché, saisi, subjugué? Le sentiment n'a pas une moindre autorité que l'évidence. Pas plus que l'évidence, il ne souffre la critique et la contradiction. Seulement c'est au cœur qu'il parle et non à la raison. Mais il importe peu que la vérité s'annonce par la lumière ou par la flamme, qu'elle échauffe l'âme ou éclaire l'esprit, pourvu qu'elle produise son effet. Je trouve que l'on a grand tort de soumettre à l'épreuve de la démonstration, de l'analyse et des procédés de la science, des vérités aussi précieuses que les notions de Dieu, de l'âme, de la destinée humaine, et qu'on ferait beaucoup mieux de s'en tenir aux inspirations du sentiment. L'esprit est comme l'œil ; il se laisse prendre aux apparences, tandis que le cœur a toute la sûreté du tact. Il est bien de voir la vérité ; il est mieux de la sentir. Pourquoi iriez-vous livrer aux coups de la dialectique des vérités qui ont un refuge assuré dans le sentiment? Beaucoup d'excellents esprits sont de cet avis. C'était la doctrine de Rousseau. Et, dans ces derniers temps, n'avons-nous pas vu Jacobi fonder, sur l'autorité du sentiment, l'ordre des vérités morales et religieuses, ébranlé par la critique de Kant et mal rassis sur la subtile dialectique de la nouvelle philosophie allemande?

Le Métaphysicien. — Le *sentiment*, j'en conviens, est pour les vérités morales et religieuses un asile plus sûr que la simple *croyance*. Il est invincible comme l'évidence; il est absolu comme la science. L'âme peut s'y reposer à l'abri de la *critique*, et sans crainte des sophismes de l'école. Il est plus puissant pour l'action que la raison, parce qu'il est une force, et que la raison n'est qu'une lumière. Ce n'est pas moi qui contesterai l'autorité, la vertu pratique du sentiment. Mais vous me semblez vous méprendre sur la nature et le rôle de ce phénomène moral. Votre théorie repose sur la séparation et l'opposition du sentiment et de la raison. Là est l'erreur. Le sentiment n'est point un phénomène isolé, indépendant de la pensée; il en dépend, et le lien qui les unit est si intime que le sentiment est toujours en raison directe de la pensée. Il croît et décroît constamment avec elle. Plus l'intuition de la vérité est nette, plus le sentiment est vif. Soyez sûr que l'âme sent d'autant mieux la vérité que l'esprit la voit plus clairement. La lumière n'est pas la flamme sans doute; mais ici elle en est la source. Y a-t-il des natures assez impassibles pour voir la vérité sans la sentir? Je n'en sais rien; j'en doute fort, surtout s'il s'agit de ces vérités qui ont le privilége de faire palpiter les cœurs. Mais quand cela serait, il n'en faudrait pas conclure l'inverse. Si l'on peut voir la vérité sans la sentir, il est impossible de la sentir sans la voir. Et le sentiment est précisément en proportion de la clarté de l'intuition. D'une autre part, le rôle du sentiment n'est pas de remplacer la raison en cas d'insuffisance ; il répond à un tout autre besoin. Tandis que la fonction de la raison est de révéler la vérité à l'esprit, la fonction du sentiment est d'entraîner l'âme à l'action. La nature humaine n'est double que pour l'analyse et la science ; elle est profondément une et indivisible dans la réalité et la vie. Elle est partout et toujours intelligence et âme, pensée et sentiment. Quand la vérité brille, j'entends la vérité morale, le beau, le bien, le saint, le juste, soyez sûr que le cœur bat en même temps que l'esprit s'illumine. A vrai dire, il n'y a pas même là deux actes inséparables, mais distincts. Voir et sentir, penser et aimer sont deux éléments, c'est-à-dire deux abstractions de l'analyse qui ne se réalisent que dans l'unité de leur synthèse. Ne me parlez pas de vérités qui se dérobent à la raison et se révèlent au sentiment. Toute vérité passe d'abord par l'esprit avant de pénétrer dans le cœur. Avant la flamme, la lumière ; avant l'inspiration, l'intuition. Il n'y a pas deux vérités, quoi qu'en disent les mystiques : l'une pour l'esprit, l'autre pour le cœur ; l'une qui se voit, l'autre qui se sent. C'est la même vérité qui se voit et se sent, qui s'adresse au cœur et à l'esprit, objet de pensée et d'amour tout à la fois, surtout de pensée pour les natures spéculatives, surtout d'amour pour les natures passionnées, mais pour tous plus ou moins objet de pensée et d'amour. Le mystique a beau fermer les yeux à la lumière, à l'évidence, et prêter l'oreille aux *voix* du cœur ; il n'entendra rien, s'il n'a rien vu. Le cœur n'est qu'un écho ; il ne fait que rendre en accents passionnés la parole de vérité tombée dans l'intelligence. Seulement, comme l'âme mystique a soif de vérité, quand la raison se tait, c'est l'imagination qui parle. Et alors le cœur se laisse prendre à ses décevantes paroles. A défaut de la pure et salutaire lumière de l'intelligence, il s'échauffe, il s'exalte aux folles visions, aux songes fantastiques. Voilà où mène le divorce de la raison et du sentiment. Si vous répugnez au mysticisme, vous n'abuserez pas du sentiment; vous n'en méconnaîtrez pas la loi, et vous n'en exagérerez pas le rôle. Vous le prendrez pour une simple *affection* de l'âme, qui n'a point la vertu de nous révéler la vérité. Toute révélation, toute lumière vient de l'esprit, comme toute flamme jaillit du cœur. Parlez-vous d'enthousiasme, de vertu, d'héroïsme, c'est le cœur qui vous répondra; et encore il ne vous répondra que sur le mot d'ordre de la raison. Mais si vous parlez de vérité, de vérité morale et religieuse aussi bien que de vérité physique et mathématique, c'est la raison et non le sentiment, c'est l'esprit et non le cœur qui est juge. Vous avez beau chercher pour cet ordre de vérités un asile hors du domaine de la science et de la pensée, vous n'en trouverez point. Le sentiment suppose la raison; il en suit toutes les vicissitudes et toutes les perplexités; invincible quand elle est sûre de la vérité, faible quand elle hésite. C'est la lumière qui fait sa force; c'est l'évidence qui fait son autorité. Si ma raison hésite sur Dieu, sur l'âme, sur l'infini, comment voulez-vous que mon cœur se donne à ces vérités? Où mon esprit ne voit rien, que peut sentir mon âme? C'est donc toujours à la raison, à l'évidence, à la science qu'il faut en revenir. Le mysticisme ne résout pas la difficulté. Vous ne voulez plus entendre parler de métaphysique? Soit; elle ne souffle plus mot. Mais les questions parlent; elles parlent haut et fort. C'est à la science de répondre ou de trouver qui réponde à sa place. Le *sentiment* n'est pas une autorité compétente.

Le Savant. — J'en suis fâché pour la métaphysique,

à laquelle j'avais cru pouvoir ménager un dernier asile. Votre logique l'y poursuit et ne lui laisse pas même la dernière pierre où elle pouvait reposer sa tête. Cela vous regarde.

Le Métaphysicien. — Cela vous regarde bien aussi quelque peu, messieurs les savants ; car enfin, en ruinant la métaphysique, vous avez ravi à l'esprit humain tout espoir de ce côté. Vous nous avez bannis du domaine de la science, où vous régnez seuls maintenant. Il n'y a de vérité, de lumière, d'autorité que par vous et par vos méthodes. Vous êtes aujourd'hui les arbitres de la vérité, les docteurs de la loi, les pères de la foi. Élevez-vous à la hauteur de votre rôle. Vous avez contracté une grande dette envers l'humanité, le jour où vous avez condamné la métaphysique au nom de la science. Il ne suffit pas de dire : tant pis pour les systèmes. L'esprit humain en fera volontiers le sacrifice, j'en conviens, mais, si la métaphysique l'intéresse médiocrement, les questions qui en faisaient l'objet n'ont rien perdu de leur gravité, de leur nécessité. Qu'en voulez-vous faire ? Ce n'est plus ici la cause de la métaphysique qui est en jeu : c'est la cause de la religion, de la morale, de l'humanité.

Le Savant. — Voilà qui devient embarrassant, je l'avoue. Nous restons en face de ces redoutables questions, sans pouvoir ni les résoudre, ni les supprimer. Que faire alors ? Attendez pourtant. Je crois tenir cette fois le mot de l'énigme. Puisque l'esprit humain tout entier, raison et sentiment, science et philosophie, est en défaut, adressons-nous plus haut. Écoutons les théologiens ; il n'y a plus qu'eux qui puissent nous tirer d'affaire. De quoi s'agit-t-il en effet ? Les vérités sur lesquelles la métaphysique s'épuise en vain, depuis qu'elle existe, ont ce double caractère d'être nécessaires à l'humanité, et inaccessibles à la science humaine. Alors, que la science humaine cesse d'y toucher. Qu'on les fasse descendre du ciel en droite ligne. Qu'on les consacre par la voix et l'autorité de Dieu même, et qu'on les enferme dans un sanctuaire où les regards profanes ne pénètrent point. C'est le procédé de toutes les religions. Il est plus facile de s'en moquer que de s'en passer. Les esprits forts en rient et même s'en indignent ; mais les esprits sensés finissent par y revenir, après avoir applaudi aux critiques et aux plaisanteries. Voyez vous-même où la logique nous conduit. Il y a deux ordres de vérités bien distinctes : les unes qui ne répondent qu'à la curiosité ou aux besoins matériels de l'homme, les autres qui intéressent sa moralité, sa dignité, son *humanité* même. Les premières ont pu être impunément livrées aux investigations de la science, aux luttes de l'école, au vent de l'opinion : *tradidit mundum disputationibus eorum*. Il ne s'agit ici que d'intérêts terrestres, mais les autres dont dépendent le salut, la vie, la céleste destinée de l'homme, n'ont-elles pas dû être réservées de tout temps, consacrées par une autorité supérieure, cachées dans l'ombre et la solitude du temple, loin des cris de l'école, des assauts de la science et des vicissitudes de l'opinion ? Malheur à la main qui y touche ! malheur à l'œil qui y regarde ! car elles sont la lumière même de la raison, la flamme du cœur, la loi de la volonté. C'est l'arche sainte des sociétés humaines. Celui qui y porte la main appelle la foudre sur sa tête. L'évidence ou l'autorité, la raison ou la révélation, la science ou la foi : telles sont les deux seules sources de la vérité. L'évidence, la raison, la science pour les choses humaines, rien de mieux ; mais pour les choses divines, c'est la révélation, l'autorité, la foi. Votre métaphysique n'est qu'une fausse science et une fausse théologie. Tout ce qu'elle a essayé de fonder entre la science et la théologie a passé comme un songe. Ce n'est ni une science ni une foi ; c'est un système, une opinion qui ne peut satisfaire ni les savants, ni les croyants.

Le Métaphysicien. — Vous avez dit le mot : raison ou révélation, évidence ou autorité, science ou foi, il n'y a pas de milieu. Il n'est pas d'autre asile pour les vérités morales et religieuses. La simple croyance dont nous parlions tout à l'heure est un oreiller mobile qui se dérobe incessamment sous la tête qui veut s'y reposer. La science ou la religion, voilà les deux seules ancres auxquelles puisse se fixer l'esprit ou le cœur de l'homme. C'est l'arrêt de la logique ; la métaphysique aura beau regimber ; il faut qu'elle s'y rende. Ou elle prendra rang dans la science, ou elle retournera se confondre avec la théologie. Vous êtes pour ce dernier parti. Vous avez raison, si la métaphysique ne peut devenir une science.

Le Savant. — Enfin je respire. Savez-vous bien que vous m'aviez effrayé tout à l'heure, avec cette responsabilité que vous teniez suspendue sur ma tête ? Ne voyant nulle part de refuge pour les questions que la métaphysique avait abritées jusqu'ici, je regrettais presque de lui avoir porté de tels coups. Maintenant que la planche de salut est trouvée, je ne crains plus le naufrage de ces précieuses croyances. Elles peuvent voguer sur la mer houleuse du monde moderne, sans risque d'être emportées par les révolutions qui l'agitent. La métaphysique, convenez-en, est un trop frêle navire pour porter le fardeau de pareilles vérités. Elle a sombré bien des fois, en montrant toujours le port ; et ce n'est pas sa faute, si ces vérités immortelles ont surnagé. Heureusement les voilà au port ; la théologie les garde et en répond. Quant à la métaphysique, elle est au fond de l'abîme. Je vous conseille de l'y laisser. C'était un obstacle pour la théologie, et un embarras pour la science.

Le Métaphysicien. — Comme vous y allez! modérez votre ardeur et comptons un peu. La question entre nous se réduit bien à ces deux termes, science ou théologie révélée; mais d'abord, avant de triompher, la théologie attendra qu'on ait démontré l'impossibilité absolue de faire rentrer les questions religieuses dans la science, avec ou sans le secours de la métaphysique. Et quand elle aurait obtenu cette démonstration, vous allez voir qu'elle n'en serait guère plus avancée, malgré l'arrêt de la logique en sa faveur. Qu'importe, en effet, que vous ayez pour vous la logique, si vous avez contre vous l'expérience, le bon sens, la raison : la raison, cette reine de la science, ce juge sans appel de la vérité?

Le Savant. — Que voulez-vous dire? Est-ce qu'on peut jamais avoir pour soi la logique sans avoir la raison? Si les questions métaphysiques sont susceptibles d'une solution scientifique, il est bien clair que la théologie (révélée s'entend) est de trop. Si ces questions solubles ou non par la science sont de pure curiosité, la théologie est encore inutile. Mais si elles sont à la fois nécessaires et inaccessibles, alors il faut bien recourir à l'autorité à défaut de l'évidence, à la théologie à défaut de la science. Voyez-vous un moyen d'échapper à l'alternative?

Le Métaphysicien. — Je n'en vois pas, mais je vous pose cette question. La logique condamne l'esprit humain à croire, mais est-il dans la nature de l'esprit humain d'obéir à la violence, même de la logique? Je sens qu'il faut croire à telles vérités que je ne puis affirmer. Je sens qu'il le faut au nom de la morale, de la société, de l'humanité. Mais en quoi cette nécessité morale, cette obligation influe-t-elle sur ma conviction? En suis-je plus certain pour cela? La certitude vient de l'évidence, de l'évidence seule. Cette lumière vient-elle à briller, l'esprit devient certain d'une chose, fût-elle indifférente. Tant qu'elle manque, il n'y a pas certitude, lors même que la chose à croire a le plus de prix et d'intérêt. Comprenez-vous maintenant qu'il ne suffit pas à la théologie d'avoir pour elle la logique?

Le Savant. — En effet, il lui faut encore la raison, mais je ne vois pas qu'ici la logique et la raison se contredisent. Quand la science fait défaut, qu'y a-t-il de déraisonnable à en appeler à l'autorité? Est-ce que ce principe n'est pas reconnu même dans les questions purement scientifiques? Est-ce qu'il n'y joue pas un rôle important? Il y a dans toutes les sciences des vérités (et c'est le plus grand nombre) auxquelles le public croit fermement, sans les connaître par une expérience ou par une démonstration personnelle. Qu'y a-t-il de moins accessible et de plus populaire en même temps que les grands résultats des observations et des calculs astronomiques, le mouvement de la terre autour du soleil, la loi d'attraction universelle, les volcans de la lune, le volume et la distance du soleil, la grandeur et la distance des étoiles, la prodigieuse célérité de la lumière, etc.? Tout le monde y croit, uniquement sur la parole des savants. De même les grandes lois de la physique et de la chimie, les propriétés de la chaleur, de l'électricité, du magnétisme, de la lumière, du son, et d'autres agents naturels ne font doute pour personne; et pourtant elles ne sont véritablement connues que d'un petit nombre de savants. Que deviendrait la science, sans le principe d'autorité? Elle resterait le patrimoine de quelques esprits d'élite et ne se répandrait jamais dans le public. Le rôle de l'autorité est bien autre encore dans l'enseignement. Là l'enfant, l'élève, l'auditeur, le public ne peut rien apprendre, s'il n'en croit le plus souvent le maître sur parole. La science se fait par l'évidence, mais elle se transmet par l'autorité. S'il fallait toujours savoir pour croire, où en seraient l'enseignement, l'éducation, la civilisation, l'humanité? La science elle-même, sans l'autorité, ne dépasserait pas le cabinet du savant, ni l'enceinte des académies. Elle serait un objet de curiosité individuelle, et non une véritable puissance publique. Vous voyez donc qu'en invoquant l'autorité pour les questions religieuses, j'ai pour moi tout à la fois la logique et la raison.

Le Métaphysicien. — Vous plaidez fort habilement la cause de la théologie. Seulement permettez-moi de vous dire qu'ici vous abusez de l'autorité. Je n'en conteste la légitime et nécessaire intervention ni dans la science, ni dans l'enseignement, ni dans l'éducation. Mais il me semble que vous l'introduisez où elle n'a que faire.

Le Savant. — Où elle n'a que faire, dites-vous? Mais c'est précisément ici que l'autorité doit intervenir ou nulle part. N'est-ce pas quand la science fait défaut, qu'il y a lieu de recourir à l'autorité? Si la science pouvait appliquer ses méthodes, ses principes, son *critérium* à cet ordre de questions; si là, comme ailleurs, elle pouvait arriver à la précision, à l'exactitude, à l'évidence, à la certitude, à quoi servirait l'autorité?

Le Métaphysicien. — Nous ne nous entendons pas sur le but et le rôle de l'autorité. C'est d'abord sur ce point qu'il faut nous mettre d'accord. Il est une opinion accréditée de notre temps par les doctrines équivoques et les esprits nébuleux : c'est qu'il y a deux manières de connaître, la science et la foi; deux *critériums* de la vérité, l'évidence et l'autorité. C'est un préjugé et une erreur. Il n'y a qu'une seule manière de connaître, la science ; qu'une seule lumière pour l'esprit, l'évidence ; qu'une seule faculté de connaître, l'intelligence. Toute connaissance, j'entends toute véritable connaissance, est absolument certaine, je ne dis pas complète, on peut n'avoir d'une chose qu'une connaissance incomplète, mais totale ou partielle, la connaissance est certaine, ou elle n'est pas. C'est surtout à ce signe qu'on la distingue de la croyance proprement dite. Celle-ci est susceptible de plus ou de moins ; elle parcourt toute l'échelle de la probabilité. Celle-là n'admet pas de degrés ; c'est en ce sens que je la dis absolue. Et cette différence n'est qu'une conséquence de la nature même de la *connaissance* et de la *croyance*. Connaître, c'est posséder, voir, sentir la vérité. Croire, c'est y adhérer seulement, sans entrer en communication directe, intime avec elle. La foi n'est véritable, n'est méritoire que quand elle n'est mêlée d'aucune connaissance, d'aucune intuition, d'aucun sentiment de la vérité. Autrement ce n'est plus croire ; c'est déjà voir, c'est déjà connaître plus ou moins clairement. Rien de plus simple à déterminer que le domaine de la science et le domaine de la foi. Le second commence où finit le premier. Tant que l'esprit voit, sent, connaît, c'est le domaine de la science, dans quelque mesure qu'il voie, sente, connaisse ; la science est le séjour de la lumière. L'empire de la foi commence avec les ténèbres ; là où il n'est plus possible de voir, de sentir, de connaître, il ne reste plus qu'à croire.

Le Savant. — Mais s'il en est ainsi, à quoi bon la foi ? Pourquoi l'esprit ne se résignerait-il pas à ignorer ce qu'il ne peut savoir ?

Le Métaphysicien. — Ce serait le parti le plus sage, s'il était toujours possible. Il n'y a rien de mieux à faire, tant que la vérité n'est qu'un objet de curiosité. Mais, si la vérité a un intérêt et un effet pratique, si elle a surtout pour but l'action, l'art, l'industrie, la morale ou la politique, alors il faut bien s'en servir, quelle qu'elle soit, complète ou incomplète, claire ou obscure, certaine ou douteuse. L'industrie, par exemple, est loin de connaître tous les secrets de la science; elle se contente le plus souvent des résultats qu'elle applique comme de simples recettes à l'invention des machines et des arts. Elle est donc dans la nécessité de prendre la vérité toute faite des mains de la science, sans pouvoir ni la constater, ni la démontrer. N'est-ce pas là recourir à l'autorité? Mais remarquez bien que l'industrie ne prétend pas savoir la théorie qu'elle emprunte à la science. Elle sait qu'elle marche en aveugle, guidée par la science, à laquelle elle se confie en lui laissant toute la responsabilité. Son affaire n'est pas de spéculer, mais d'agir. Remarquez encore que la foi du praticien repose sur une absolue confiance en la théorie du savant. S'il n'a pas vu les expériences, s'il n'a pas compris les démonstrations, il sait que le savant a tout expérimenté, tout démontré, et que ses procédés, aussi bien que ses résultats, ont été soumis à une rigoureuse vérification. Ici la foi suppose la science. S'il y avait le moindre doute, la moindre chance d'erreur soupçonnée dans la théorie du savant, la foi serait impossible. Enfin n'oubliez pas que la vérité scientifique n'est point à la portée du vulgaire. C'est parce qu'il ne peut voir et comprendre qu'il croit le savant sur parole. Autrement il aimerait bien mieux savoir. Tel est le véritable usage du principe d'autorité. Il n'est légitime, il n'est applicable qu'à trois conditions : 1° que la vérité, objet de la foi, soit une vérité pratique; 2° qu'elle ne soit pas à la portée du vulgaire; 3° que la foi du praticien ait pour fondement la science non douteuse du savant. Or, ces trois conditions se trouvent-elles réunies dans les questions morales et religieuses que la théologie prétend couvrir de son autorité? Il est bien vrai que ces questions sont d'un puissant intérêt pratique, puisqu'il ne s'agit pas moins que de la moralité et de la dignité humaines. Il n'y a que le *troupeau d'Épicure* qui pourrait songer à s'en passer. Ce sont de ces choses pour lesquelles il faut la foi, à défaut de la science. Elles satisfont donc pleinement à la première condition; mais où est la seconde? A quoi bon une autorité étrangère pour des vérités qui sont à la portée de tous? Est-ce que tous les hommes n'ont pas une raison et une conscience? Est-ce que les notions de Dieu, de l'âme, de la loi morale, de la destinée de l'homme sont le privilége de quelques intelligences d'élite? Y a-t-il le moindre rapport entre ces notions si *humaines*, si populaires, et les abstraites théories des sciences? Connaissez-vous un seul esprit, si humble qu'il soit, qui en soit déshérité? Ces vérités sont le patrimoine même de l'esprit humain; c'est la *lumière qui éclaire tout homme venant en ce monde*. L'ignorance, les préjugés, les passions, une éducation vicieuse peuvent l'obscurcir, mais non l'éteindre. Sans doute il y a loin du simple sens commun à la science, des grossiers sentiments du pâtre à la théodicée de Platon ou de Leibnitz. Mais si vous croyez les intelligences vulgaires incapables de notions précises, c'est que vous n'avez pas observé la nature humaine. Interrogez habilement à la manière de Socrate le plus simple esprit, sans lui parler le langage des symboles ou des formules; vous découvrirez en lui un sentiment assez sûr, un germe assez développé de toutes les vérités morales et religieuses qui ont une importance pratique. Il ne s'agit que de bien frapper pour faire jaillir l'étincelle divine.

Le Savant. — Vous avez raison, dans une certaine mesure toutefois. Les questions métaphysiques et théologiques ne sont point inaccessibles au vulgaire, comme la plupart des théories ou formules scientifiques. Elles n'exigent point, pour être abordées, le même appareil de méthodes et d'instruments. La conscience est un livre toujours ouvert et où tout le monde peut lire. Si tous n'y voient pas également clair, du moins tous y voient quelque chose; et si la science n'est qu'à quelques-uns, le sentiment est à tous. Je n'entends ni contester, ni atténuer cette radicale différence. Néanmoins vous convenez qu'il y a bien loin du sens commun à la science, du pâtre à Leibnitz. Et pour me servir de vos propres paroles, si la même lumière éclaire tout homme sur ces questions, c'est d'une façon bien inégale. Les vérités morales ne sont point tellement innées qu'il n'y ait utilité à les éclaircir, à les expliquer, à les enseigner. Il faut donc des maîtres et une autorité, comme dans les sciences proprement dites.

Le Métaphysicien. — Votre observation est juste; mais la conclusion que vous en tirez n'est pas légitime. Sur les questions métaphysiques, la parole de ces maîtres dont vous parlez trouve un contrôle dans la conscience et la raison de tous ceux auxquels elle s'adresse. Leur autorité n'est jamais sans appel. C'est ce qui n'a point lieu dans vos sciences, où le croyant n'a pas d'autre contrôle que la critique des savants entre eux, ni d'autre garantie que leur parfait accord. Le moraliste, le métaphysicien, le théologien philosophe n'ont pas la prétention d'imposer leur doctrine; ils ne reconnaissent point des disciples dans ces esprits aveugles ou passifs qui prennent la vérité toute faite des mains de ceux qui l'enseignent. Ils soumettent leur enseignement à la conscience, à la raison publique. Ils font mieux : ils appellent l'examen, ils provoquent la contradiction parmi leurs propres auditeurs, dont ils admettent jusqu'à un certain point la compétence. Vous voyez qu'ici le rôle de l'autorité est bien faible. Et encore n'est-il que provisoire, et tend-il à diminuer de plus en plus, avec l'ignorance et l'incapacité de la foule, jusqu'à ce que son éducation morale et religieuse soit complète. Alors il y aura sans doute encore des moralistes, des métaphysiens, des théologiens pour éclairer, inspirer, diriger la conscience et la raison publique, mais il n'y aura plus de maîtres, dans l'acception pédagogique du mot; du moins il n'y en aura plus que pour les enfants. Chaque homme n'aura plus d'autre maître que sa propre raison. En attendant cet heureux jour, je reconnais la nécessité d'un enseignement et même d'une autorité, mais d'un enseignement qui a besoin de la contre-épreuve de la raison et de la conscience individuelle, d'une autorité qui en appelle elle-même au sens commun. Convenez que c'est toute autre chose que dans vos sciences. Les vérités de l'ordre moral et religieux sont trop accessibles à tous pour avoir besoin de cette autorité absolue qui tranche les questions, impose ses théories, juge en dernier ressort.

LE SAVANT. — Je ne puis le nier, mais vous oubliez une chose : c'est que la raison humaine n'a rien à dire là où la raison divine a parlé. Si, dans la théologie comme dans les sciences profanes, l'esprit humain seul était en jeu, j'admettrais avec vous que l'autorité, n'ayant d'autre principe que la supériorité d'intelligence ou d'instruction, n'a pas le droit de parler si haut, et qu'elle est condamnée à compter avec la raison et la conscience de tous ceux auxquels elle s'adresse. Mais l'autorité théologique n'a rien de commun avec l'autorité scientifique. Elle ne se propose pas, mais s'impose. Elle ne démontre pas une doctrine, mais dicte un arrêt. On peut la nier, non la discuter. L'autorité de la science, étant purement humaine, peut être contestée par les savants, sinon par le public qui n'y entend rien. L'autorité de la métaphysique est bien plus sujette encore à la contradiction ; car, outre qu'elle est humaine comme la science, elle est bien moins sûre de ses paroles. Mais l'autorité de la théologie est au-dessus de toute critique et de toute contradiction, parce qu'elle est divine. Ce mot tranche la question.

Le Métaphysicien. — Je le crois bien. Quand Dieu parle, l'homme n'a plus qu'à se taire et à écouter. Quel esprit fort a jamais refusé de croire à la parole de Dieu ? Mais voilà la grande question entre les théologiens et les philosophes de tous les temps. Dieu a-t-il parlé ? Et surtout comment a-t-il parlé ? C'est le premier mystère à éclaircir.

Le Savant. — Éclaircir un mystère, vous n'y pensez pas ! diront les théologiens. C'est précisément ce qui distingue la religion de la philosophie, la vérité divine de la vérité humaine. Ce mystère est la base de toutes les religions. Il y en a qui démontrent historiquement l'authenticité de la parole divine ; d'autres ne font que la supposer ; mais toutes la proclament, sans chercher à l'expliquer.

Le Métaphysicien. — La philosophie ne connaît pas les mystères. Ce mot ne peut couvrir que l'une de ces trois choses : une vérité exprimée par un symbole, une chose inintelligible, une absurdité. Nous rejetons avec mépris l'absurde ; nous renvoyons l'inintelligible aux intelligences d'un autre monde ; nous respectons et tâchons d'expliquer le symbole. C'est vous dire que nous ne pouvons prendre à la lettre la *parole divine*. Quelque idée qu'on se fasse de Dieu, cause, raison ou substance des choses, Esprit ou Nature, Être individuel ou Être universel, il est bien entendu par tous les métaphysiciens et les théologiens, spiritualistes, panthéistes, naturalistes, qu'à moins d'en revenir aux fictions poétiques de la mythologie, la parole ne peut être attribuée à Dieu que par figure. Dieu ne peut parler que selon sa nature. Or la nature de l'Être infini, quelque idée qu'on s'en fasse, répugne invinciblement à une représentation aussi grossière que la parole proprement dite. Il n'y a que les dieux d'Homère dont on puisse dire qu'ils *parlent*, par la raison qu'ils ont un corps. Prise à la lettre, la parole divine est donc une absurdité qui ne mérite pas la discussion, et qui d'ailleurs ne trouve plus de partisans, depuis la grande révolution religieuse qui a emporté le polythéisme.

Le Savant. — Là-dessus vous êtes d'accord avec tous les théologiens. Il n'y a donc pas de difficulté jusqu'à présent.

Le Métaphysicien. — Je le sais bien, mais cet accord ne va pas durer longtemps. Si la parole de Dieu ne peut être assimilée à la parole humaine, comment faut-il la concevoir? Voilà précisément le mystère, disent nos théologiens. Il faut croire, mais renoncer à comprendre. Tout ce qu'on peut dire, c'est qu'il n'y a entre la parole divine et la parole humaine pas plus de rapport qu'entre l'homme et Dieu. Ici la théologie se trompe. Dieu ne peut être ni connu, ni défini, à la manière des objets de l'expérience ; mais il peut être conçu et compris. S'il n'est pas susceptible de représentation, il n'en est pas moins intelligible. Il en est de cette grande notion comme de toutes celles qui ont pour objet l'infini, l'absolu, l'universel. Mystère pour l'expérience et l'entendement, c'est une vérité assez claire pour la raison. Mais pouvez-vous me dire ce que c'est qu'une parole qui n'a rien de commun avec la parole humaine, dont rien ne peut donner une idée, qui n'est pas plus intelligible à la raison que perceptible à l'expérience et à l'entendement? C'est un mot vide de sens, un pur néant de la pensée. La théologie ne peut en rester là. Il faut qu'elle choisisse entre une absurdité et une vérité intelligible, mais symboliquement exprimée. L'alternative est absolue.

Le Savant. — En effet je ne vois plus d'autre issue ; mais où voulez-vous en venir avec votre symbole! Je crains bien que la théologie ne s'en trouve mal, et je lui conseille de se bien garder.

Le Métaphysicien. — Soyez tranquille; la théologie n'y perdra rien, à moins qu'elle n'ait à perdre à devenir claire et raisonnable. Ne parlons plus du langage divin, ou parlons-en comme d'un langage intelligible. Et en effet, si nous écartons la figure, il reste une profonde et magnifique vérité. *La parole de Dieu est un acte*, a dit Porphyre, *et le monde est son discours*. La parole divine, c'est toute création, toute œuvre, toute chose, tout acte qui manifeste la nature et la puissance de Dieu. Qu'est-ce que la parole, qu'est-ce que le langage, dans le sens métaphysique du mot? C'est le signe qui révèle l'inconnu ; c'est le visible qui manifeste l'invisible ; c'est la forme qui exprime l'essence, le fini qui annonce l'infini. Dieu parle en ce sens, et toujours, et partout, et dans le langage le plus magnifique et le plus varié. Il parle admirablement par la Nature ; il parle mieux encore par l'Esprit. La parole de Dieu dans la Nature est puissante, pleine d'éclat et d'images, mais aussi pleine d'énigmes et de mystères. Elle est claire, précise, parfaitement intelligible dans l'Esprit. *Cœli enarrant gloriam Dei*, a dit l'Écriture ; mot sublime. Mais le monde moral, le ciel de la beauté, de la justice, de la vertu raconte bien autrement la gloire de son auteur. La Nature est un livre où tous ne savent pas lire le nom de Dieu ; et pour ceux mêmes qui savent le lire, c'est le Dieu puissant, le Dieu fort qui se laisse voir. Le Dieu juste et bon, la véritable Providence ne se montre que dans le livre de la conscience et de la raison, c'est-à-dire dans l'Esprit.

Le Savant. — Voilà une belle explication de la *parole divine*. Mais j'en pressens des conséquences qui feront trembler les théologiens. S'il en est ainsi, la parole de Dieu est éternelle et incessante ; l'esprit créé, l'esprit humain est son organe ; la science est sa révélation. Ses meilleurs théologiens sont les sages ; ses plus sûrs prophètes sont les savants ; ses prêtres les plus dévoués sont ceux qui cultivent avec le plus d'ardeur la science, la poésie, la philosophie, la justice, la vertu. Dès lors plus de révélation spéciale, plus de science sacrée, plus de théologie mystérieuse. Adieu l'autorité, adieu les religions.

Le Métaphysicien. — C'est vous qui l'avez dit ; je ne puis vous contredire. Le principe détruit, il est difficile d'en laisser subsister les conséquences.

Le Savant. — Mais ce principe est d'une telle importance que j'y tiendrai jusqu'à la dernière extrémité. Il est bien vrai que votre explication la détruit, mais expliquer, si clairement que ce soit, n'est pas démontrer? Je conviens que cette explication satisfait parfaitement ma raison, mais elle n'entraîne pas encore ma conviction.

Le Métaphysicien. — Vous êtes bien difficile. Ne procédez-vous pas de même dans la science? Entre deux explications d'un fait, dont l'une fait intervenir le *machina Deus*, et l'autre se renferme dans l'ordre des lois de la Nature, est-ce que vous voyez jamais vos savants hésiter? Est-ce que le caractère propre des sciences physiques depuis deux siècles n'est pas de substituer des explications naturelles à des hypothèses théologiques ? Quand la lumière fait place au mystère, que pouvez-vous désirer de plus ? Mais enfin, puisque vous voulez une démonstration, en voici une que je recommande à votre attention. Bien qu'il soit absolument impossible de se faire la moindre idée d'une *parole* divine, dans le *sens propre* du mot, j'admets pour un moment que Dieu ait parlé autrement que par ses organes naturels, le monde, l'humanité, l'esprit ; je suppose une révélation divine autre que la conscience, la raison, la science. Vous ne doutez pas que le caractère propre, le signe distinctif de cette révélation ne doive être la perfection. C'est le sceau même de la parole divine. Clarté parfaite, vérité absolue, voilà ce qu'il faut attendre de l'enseignement divin. De la science humaine à la science de Dieu, il doit y avoir toute la distance du fini à l'infini, de la terre au ciel. Or voyez ce qui arrive. La prétendue révélation divine n'est ni plus claire, ni plus vraie, ni plus profonde que la science humaine. Si elle prête moins que la science humaine à la dispute et à la controverse, c'est uniquement parce que l'autorité veille à la porte du sanctuaire, armée de l'anathème et de l'excommunication. Sitôt que le théologien cherche à faire jaillir la lumière de cette parole énigmatique, la controverse s'élève, les sectes se multiplient dans le temple, comme les systèmes dans l'école, les hérésies pullulent. La consigne est le seul moyen d'y mettre fin. Le croyant répète alors le mot d'ordre sans chercher à le comprendre. Mais dès qu'il s'agit de voir et de comprendre, c'est toute autre chose. Remarquez bien que le champ de l'interprétation pour le théologien est beaucoup plus obscur, plus hérissé de difficultés que le champ de la découverte pour le philosophe et pour le savant. L'histoire des querelles et des discussions théologiques prouve surabondamment que c'est un vrai labyrinthe, où le fil conducteur de la foi ne suffit pas pour se retrouver. Tant il est vrai que la parole divine a toutes les imperfections de la science humaine, l'obscurité, l'incertitude, la diversité et la contradiction. Je sais bien qu'on cherche à la justifier de ces imperfections, en disant que Dieu a dû ne parler à l'homme que le langage qui convient à sa faiblesse ; mais il y a plus d'esprit que de sens dans cette réponse. J'entends bien que Dieu n'ait point révélé à l'esprit humain des vérités qui dépassent sa portée, et que, pour cette cause, il ne lui ait point livré tous les secrets de sa sagesse infinie. Mais quelle nécessité d'envelopper sa parole de mystères et d'énigmes? S'il lui a parlé, s'il a pris la peine de lui enseigner la vérité, c'est sans doute parce que l'homme est incapable de la découvrir par lui-même, ou du moins de la voir assez clairement pour ne plus la perdre de vue. Quel est le signe de la vérité, sinon la lumière? A quoi reconnaîtrai-je la vérité par excellence, la vérité divine, si ce signe lui manque? Si Dieu ne me parle que par énigmes, à quoi me sert sa parole? Si la science humaine ne me satisfait pas, si je laisse les systèmes pour les dogmes, c'est que j'espère trouver dans la parole divine une lumière plus pure, devant laquelle se dissipent tous mes doutes. Mais voici que j'y trouve, au contraire, des ténèbres plus épaisses.

Le Savant. — Qu'importe? Ici il ne s'agit pas de voir, mais de croire. Tertullien n'a-t-il pas dit : *Credibile quia ineptum*? Pascal n'a-t-il pas enseigné que, si la religion chrétienne était raisonnable, elle ne serait point la vraie religion? Ce n'est pas la lumière, mais l'autorité qui est le signe de la parole divine pour les théologiens.

Le Métaphysicien. — Vous ne prenez pas garde que

vous tournez dans un cercle vicieux. Vous fondez tantôt l'autorité de la théologie sur l'authenticité de la parole divine, et tantôt vous prouvez celle-ci par l'autorité. En bonne logique, on ne démontre pas le principe sur lequel repose l'autorité des dogmes théologiques. Vous me parlez de révélation divine. A quel signe la reconnaîtrai-je? Où est le sceau divin? C'est le premier point à décider. Vos preuves extérieures, vos raisons tirées de l'histoire ne me suffisent point, parce que cette histoire n'est jamais qu'une tradition obscure et fort contestable. Le berceau de toutes les religions est enveloppé de ténèbres, et vous savez que les merveilles de la légende et les miracles des thaumaturges ont toujours trouvé des dupes, des témoins et même des martyrs. Il me faut des raisons plus sérieuses, des preuves intrinsèques, c'est-à-dire qui soient tirées de la nature même de la révélation. La parole divine, si Dieu a réellement parlé, ne peut avoir les imperfections, les misères de la science humaine. Or ce que l'on nous donne pour telle a toutes, dans une plus forte mesure encore. Ce n'est donc pas la parole de Dieu. Et si ce n'est point la parole de Dieu, que devient l'autorité de la théologie, uniquement fondée sur cette hypothèse?

Le Savant. — Les théologiens acceptent la question ainsi posée, mais non la conclusion. La parole divine est un mystère; c'est dire qu'elle est obscure. Ce serait un signe d'imperfection et une raison de doute, si l'Esprit-Saint n'était là pour inspirer ses prophètes et son Église. C'est cet Esprit qui, par l'organe des prêtres, interprète les énigmes, explique les mystères, fixe les dogmes, tranche les discussions, commande la foi. Tel est le vrai principe de l'autorité. Qu'importe alors que la parole divine soit obscure, équivoque par elle-même, puisque le commentaire est l'œuvre de Dieu lui-même ou de son Esprit? La lumière n'est donc plus un caractère nécessaire à la parole divine; l'évidence n'en est plus une condition.

Le Métaphysicien. — La théologie multiplie habilement ses moyens de défense, mais elle ne fait que reculer la difficulté. Je vous ferai la même question pour l'inspiration de l'Esprit-Saint que pour la parole de Dieu. A quel signe la reconnaîtra-t-on, si ce n'est à la clarté, à la précision, à l'unité, à l'évidence, à la vérité absolue de son commentaire? Or j'y trouve, si je consulte l'histoire, tout autant d'obscurité, d'incertitude, de diversité et de contradiction que dans le texte même. Je vois bien que l'autorité de l'Église intervient sans cesse pour clore les débats, mais elle tranche les questions et les difficultés par des arrêts, au lieu de les dénouer par des explications et des démonstrations. C'est toujours l'autorité, et jamais la lumière. En sorte que, dans les commentaires dictés, dit-on, par l'Esprit-Saint, comme dans la parole même de Dieu, je ne trouve aucun signe qui les distingue de la science humaine. Mais voici un argument sans réplique. Si encore l'obscurité et la divergence étaient les seules imperfections de la théologie! mais le signe décisif de l'*humanité*, l'erreur elle-même s'y rencontre. Ne vous récriez pas à ce mot. Vous auriez d'autant moins raison de le faire, que c'est vous autres savants qui avez eu surtout la bonne ou la mauvaise fortune de prendre la théologie en flagrant délit d'erreur. Les philosophes ont sans doute contribué beaucoup à ruiner son autorité, mais c'est la science qui a détruit tout à coup son prestige. Dieu et l'Esprit-Saint avaient affirmé beaucoup d'hypothèses, dans un temps où la Nature n'était point observée, où ses lois n'étaient point connues, où l'on croyait que le ciel est une voûte solide, que le soleil tourne autour de la terre, que le monde s'est fait en quelques jours, d'un coup de baguette du divin Magicien, que les lois de la Nature sont variables et les miracles possibles, et bien d'autres merveilles dont la science a fait justice. Il a fallu reconnaître que Dieu et l'Esprit-Saint s'étaient trompés, ou du moins avaient trompé l'esprit humain pour condescendre à sa faiblesse. Et comme le premier aveu était accablant, et le second ridicule pour la théologie, les habiles et les forts se sont avisés de traiter les Écritures comme les Alexandrins avaient traité la mythologie païenne, les interprétant, les expliquant, les transformant, bouleversant toute la théologie par leur exégèse audacieuse. Ainsi ont fait les théologiens allemands. Quant aux nôtres, plus timides ou moins métaphysiciens, ils se sont bornés à ramener les fictions les plus compromises de la Bible aux théories incontestables de la physique, de l'astronomie et de la géologie. Voyez où en est réduite cette théologie si fière de sa divine origine! A supplier la science humaine de la couvrir de son manteau! Pascal et Bossuet eussent rougi d'un tel secours. Ils eussent maintenu intrépidement la parole sacrée, si fausse, si absurde qu'elle fût, devant les découvertes de la science, devant les lumières de la philosophie. C'était encore le temps de la foi. Aujourd'hui la théologie subtilise et transige ; elle se fait éclectique par sentiment de sa faiblesse. Mais ce jeu désespéré n'abuse pas les esprits sérieux. Il faut choisir entre la parole divine et la science humaine. Si la parole sacrée est vraiment divine, c'est la science humaine qui a tort dans ses théories les plus évidentes, chaque fois qu'elle la contredit. Si les vérités de la science ne peuvent être contestées, alors c'est la parole sacrée qui est convaincue de fausses prétentions. La théologie en est là. Elle a pu tenir tête à la métaphysique, à l'histoire, à la morale, au bon sens ; elle n'a pu résister à la science. C'est qu'il est plus facile d'échapper à l'évidence des principes qu'à celle des faits. Vous le voyez, aucune des imperfections de la science humaine ne manque à la parole prétendue divine, ni l'obscurité, ni l'incertitude, ni la diversité d'interprétations, ni l'erreur, la plus grave de toutes. La démonstration est complète. Comment croire maintenant à une révélation spéciale? Comment ne pas retrouver la pensée, la parole humaine, sous la fiction théologique?

Le Savant. — S'il en est ainsi, je reconnais que la théologie n'a pas plus d'autorité qu'une science humaine quelconque. Je conviens même qu'elle en a beaucoup moins que les sciences, dont les méthodes sont sûres et les résultats évidents. Pourtant l'histoire n'est point ici d'accord avec la logique. Si la théologie, si la religion se résout en dernière analyse dans une faiblesse de l'esprit humain, comment expliquerez-vous sa durée, sa puissance, sa constante domination?

Le Métaphysicien. — Rien de plus simple, à mon avis. La philosophie du dernier siècle ne voyait dans toute religion qu'une imposture à l'usage de la crédulité populaire. C'était mal apprécier une institution qui a eu sa raison historique et sa nécessité sociale. Mais la philosophie de notre temps, avec la louable intention d'être impartiale et profonde, nous paraît s'être un peu perdue dans les nuages, à propos de cette question. Nos éclectiques surtout se donnent une peine infinie pour l'embrouiller. Partant de ce principe dangereux, qu'un fait constant est une loi, que ce qui a toujours été doit être, ils ont cherché les racines de la religion dans la nature immuable, immortelle de l'homme, au lieu de les chercher dans les nécessités plus ou moins durables, mais accidentelles de son histoire. Et alors ils ont imaginé diverses explications des religions, selon le besoin du moment. Abattus et découragés aujourd'hui, ils en sont à reconnaître l'inviolable domaine du *surnaturel*, mendiant une petite place dans l'école seulement, à côté de la théologie à laquelle ils laissent l'empire du monde. Malheureusement la théologie veut régner partout, même dans l'école. Les plus tolérants de ses docteurs vont jusqu'à laisser vivre la philosophie, à la condition pour elle de servir. Autrefois, dans leurs jours d'audace, les éclectiques avaient inventé une ingénieuse théorie : c'est que la religion est l'œuvre de l'inspiration, et la philosophie l'œuvre de la réflexion. Il y avait là quelque chose de louche qui fit craindre à la théologie d'être rangée parmi les arts d'imagination, un peu au-dessus de la poésie, si l'on veut. Mais on ajoutait, pour la rassurer, que la religion est fille de l'âme et du ciel, et autres phrases poétiques à double entente. Le sens propre était pour les théologiens, et la figure pour les philosophes. En sorte que tout le monde était ou semblait d'accord. Ce qui était plus grave et plus triste pour la philosophie, c'est la conclusion tirée de cette explication. La réflexion, n'étant pas féconde par elle-même (c'est l'auteur de la théorie qui le dit), ne fait que développer, éclaircir, traduire en formules les intuitions de la raison spontanée. Il s'ensuit que la philosophie ne contient rien de plus au fond que la religion. C'est la religion, avec la méthode de plus, mais aussi avec la poésie et surtout l'autorité de moins. Est-ce bien la peine alors de philosopher? A tout prendre, il y a plus à perdre qu'à gagner. Garder la religion et la théologie, devait être le mot de tous les esprits sérieux. Et pourtant la théologie ne put ni ne voulut se contenter de la part du lion. C'était trop de laisser à la philosophie même la forme de la vérité. Il lui fallait tout, la forme et le fond. La vraie philosophie, quoi qu'en disent nos éclectiques, n'est pas moins exigeante de son côté. Elle veut aussi le fond et la forme ; elle entend régner dans le monde comme dans l'école, sur la conscience populaire comme sur la raison du savant. La transaction devait échouer ; après un moment de faveur qui s'explique par la politique, encore plus que par la réaction philosophique contre les déclamations et les sarcasmes des encyclopédistes, la théorie éclectique fut également repoussée par les théologiens et les philosophes.

Le Savant. — Je suis de votre avis. Cette alliance de la religion et de la philosophie, tant rêvée et jamais accomplie, est impossible, parce qu'elle est contre nature. Si réellement la religion est fille du ciel, comme les éclectiques ont eu l'imprudente faiblesse d'en convenir, elle ne peut avoir pour sœur la philosophie, fille modeste qui ne remonte pas au delà de l'esprit humain ; elle ne peut l'accepter que pour servante, *ancilla theologiæ*, comme disait le moyen âge. A elle de commander ; à la philosophie d'obéir. Quand la théologie accepte les lumières de la raison et de la science, c'est un grand honneur pour celle-ci ; mais nulle autorité humaine n'a le droit de lui imposer des solutions, de la contredire, de la contrôler. C'est elle qui décide souverainement des questions ; c'est elle qui marque la limite qui la sépare des sciences humaines. Autrefois tout rentrait dans son domaine. Depuis deux siècles, elle a cédé à la philosophie naturelle les vérités physiques et cosmologiques ; mais elle a gardé les questions morales et religieuses, et n'entend les partager avec aucune science humaine. Malheur à qui y touche sans sa permission et sans invoquer son autorité ! En cela, il faut reconnaître que la logique est pour elle. Si au contraire cette prétendue origine céleste n'est qu'une fiction, ainsi que vous venez de le montrer, la théologie n'a pas d'autre autorité que l'évidence. C'est une science ou du moins une sagesse tout humaine, de quelque prestige qu'elle cherche à s'entourer. Dès lors la philosophie n'a point à compter avec elle ; l'esprit humain ne peut reconnaître un maître dans un de ses enfants. Voilà ce que les éclectiques n'auraient pas dû oublier. Avec son air d'impartialité et de profondeur, leur théorie est encore plus loin de la vérité que l'explication des encyclopédistes. Mais entre ces deux théories, quelle est la vôtre sur l'origine et la durée des religions ? Tant que je ne serai pas édifié sur ce point, il restera un doute dans mon esprit en faveur de la théologie.

Le Métaphysicien. — La critique du xviiie siècle aimait à expliquer les grands faits par les petites causes. La critique du xixe tombe dans l'excès contraire ; elle trouve à tout fait une grosse raison ; elle érige en lois de simples accidents ; elle élève à la hauteur de principes des nécessités historiques plus ou moins durables ; elle creuse souvent les questions à une profondeur telle qu'il n'y a plus moyen d'y voir clair. Sa théorie des religions en est un exemple. La religion, étant un fait permanent dans l'histoire, doit répondre à un besoin indestructible, à un sentiment éternel. Pour trouver ce besoin, ce sentiment, on a scindé la nature humaine en deux, l'esprit et l'âme, la raison et le cœur. Dès lors la religion a son objet éternel comme la philosophie. Si l'une répond à la raison, l'autre répond au cœur. La philosophie s'adresse à la pensée ; la religion fait appel au sentiment. De là un brevet d'immortalité pour la religion, aussi bien que pour la philosophie. Je vous ai montré ailleurs combien ce divorce de la raison et du sentiment est contre nature. Donc cette belle théorie repose sur une abstraction. La psychologie et l'histoire nous fournissent une explication beaucoup plus simple. La source de toute vérité, de toute doctrine, de toute science n'a jamais été que l'esprit humain. Mais l'homme enfant, peuple ou individu, ne croit pas à la parole humaine, quand elle sort de la bouche de ses sages. Il lui faut une autre origine, une autre autorité. D'ailleurs, l'imagination et l'enthousiasme se prêtent merveilleusement à cette nécessité; et telle est l'illusion qu'elles font naître, que l'homme qui parle, aussi bien que celui qui écoute, croit sincèrement à l'inspiration d'un *Esprit* supérieur, à l'apparition d'une lumière *divine*. Ainsi se sont formées et établies toutes les religions, depuis le grossier fétichisme du sauvage jusqu'au Christianisme, le plus métaphysique, le plus profond, le plus parfait, le dernier des systèmes religieux. Les religions sont des œuvres plus ou moins savantes de l'enfance de l'esprit humain, œuvres singulièrement concrètes où se mêlent l'histoire, la poésie, la physique, la psychologie, la morale, la théologie; véritables encyclopédies où l'on peut reconnaître les traces de toutes les facultés de l'âme humaine, sensibilité, imagination, mémoire, conscience, entendement, raison, etc., etc. Aucune de ces facultés n'y a conscience de sa nature, de sa portée, de son rôle. La sensibilité s'y élève à l'enthousiasme et trouve des inspirations; l'imagination s'y prend au sérieux et a des visions; la raison confond le symbole avec la vérité, l'image avec l'idée, et en vient de bonne foi à l'adoration des idoles; la mémoire se prête aux fantaisies de l'imagination et lui laisse plein pouvoir sur ses souvenirs, que celle-ci transforme en mythes et en fables. Même confusion dans les produits de ces facultés. L'histoire y dégénère en légendes. La poésie n'y est pas un art, mais un dogme; c'est le vrai et non le beau qu'elle prétend exprimer. La psychologie et la morale n'y ont ni existence indépendante, ni autorité propre. Ce ne sont que de faibles rayons de la théologie, dont la lumière éclaire tout, dont l'autorité domine tout. La nature de l'homme, ses facultés, ses devoirs, sa destinée, tout cela est écrit dans le ciel en lettres d'or ; c'est là qu'il faut le lire, et non dans la conscience. L'observation et l'analyse n'y figurent point, ou peuvent à peine se reconnaître à travers les fictions, les hypothèses, les symboles théologiques qui les travestissent. Voilà les religions. Elles répondent, non pas à un sentiment, à un besoin éternel, mais à un état transitoire de l'humanité. Cet état, c'est l'enfance de l'esprit humain. Là est la raison d'être, l'origine, la nécessité des religions. Il y a longtemps que les sages l'ont dit, sans bien comprendre toute la portée de leurs paroles : *Les religions sont les nourrices et les institutrices du genre humain.* Elles prennent l'homme au berceau et le conduisent à l'âge viril. Là finit ou du moins devrait finir leur rôle. En sortant de leurs mains, l'homme entre dans l'empire de la science et de la liberté. Il n'a plus besoin d'autre tutelle que sa raison, d'autre guide que sa conscience, d'autre autorité que l'évidence elle-même. Il n'a plus besoin de croire, puisqu'il peut voir ; la science vaut mieux que la foi. Malheureusement l'enfance des individus et des peuples est longue ; pour certains, elle dure toute la vie. Outre les idiots et les faibles d'esprit, il y a des natures d'élite chez lesquels le sentiment et l'imagination dominent au point de ne pas laisser la virile pensée se faire jour, ni la raison regarder la vérité face à face, dans la pure lumière de la science. D'ailleurs, les religions, qui se trompent sur leur mission et croient à leur éternité, prolongent cette enfance autant qu'elles peuvent, afin de faire durer leur domination. Elles élèvent l'homme comme s'il ne devait jamais devenir majeur, et de manière qu'il ait toujours besoin de leur tutelle. Mais elles ont beau faire; l'esprit humain, individu ou société, s'éveille tôt ou tard à la raison, à la science, à la liberté. Il vient un jour où il comprend son droit, sa dignité, sa vraie destinée. Il prend ce qu'on lui refuse, il arrache ce qu'on lui retient. Il oublie trop peut-être, dans la colère de la lutte, et après les souffrances d'un long esclavage, le respect qu'il doit à celle qui l'a bercé, qui l'a porté, qui l'a nourri de son lait, qui a soutenu et guidé ses premiers pas, qui a veillé sur son enfance et sa première jeunesse, qui l'a préservé de l'influence dangereuse des passions naissantes. Mais à qui la faute, s'il trouve ensuite un tyran dans la bienfaisante institutrice, une marâtre dans la tendre nourrice des premiers jours? La religion oublie qu'elle n'est que la nourrice de l'humanité. C'est la nature qui est la mère, et qui, un jour donné, reprend ses droits. Malheur à qui les lui conteste! Cet affranchissement de la tutelle religieuse est lent et laborieux chez les individus et surtout chez les peuples; mais il est sûr et continu. Le progrès, qui est la loi du monde, tend à développer de plus en plus cette synthèse confuse qui répond à l'état primitif de l'esprit humain, à séparer les facultés dans leur exercice, à fixer à chacune son objet, son rôle et ses limites, à dégager successivement du chaos où ils se confondent, les divers produits de la pensée, les sciences mathématiques d'abord, puis les sciences physiques et cosmologiques, plus tard la poésie, puis la psychologie, puis la morale, et enfin la théodicée que vous voulez laisser à la théologie révélée, sous la garde d'une autorité à laquelle on ne croit plus, du moment qu'on a regardé de près ses titres. Voilà où en est la religion chrétienne depuis deux siècles. Les réactions qui de temps à autre se font en sa faveur ne lui rendent ni sa vertu primitive, ni sa vieille autorité. Les restaurations qui se tentent en son nom ne la font pas rentrer dans ses anciennes conquêtes. Elle en est réduite à ses symboles, à ses mystères, à ses miracles, à une foi aveugle, à une autorité qui a perdu son prestige. Le Christianisme dure encore dans les habitudes, dans les mœurs, dans les institutions plutôt qu'il ne vit dans les âmes. Il règne toujours dans le temple vide ou peuplé de faux croyants ; mais il n'a plus la parole dans la science, et il n'a plus guère d'empire sur la société des âmes et des intelligences. Il peut traîner longtemps encore un reste d'existence. L'histoire nous apprend combien le paganisme a eu de peine à disparaître de la scène du monde. Il était frappé au cœur, mort depuis plus de six siècles, qu'il végétait encore dans les traditions et les mœurs populaires où il s'était retranché. Mais, sauf quelques âmes faibles ou fatiguées, l'esprit moderne va chercher à la source de la science et de la philosophie la lumière et l'inspiration. Je ne parle pas de la foule, qui se laisse conduire au temple par l'habitude ou l'imitation.

Le Savant. — Il me semble qu'il y a ici une distinction à faire pour la religion, comme pour la poésie. N'ont-elles pas toutes deux leurs œuvres primitives, spontanées et naturelles, et leurs œuvres ultérieures, réfléchies et raisonnables ? Si votre explication convient aux premières, je ne vois pas qu'elle s'applique aussi facilement aux secondes. Le Christianisme, pour ne citer que cet exemple, est une religion trop savante, trop profonde, trop métaphysique pour pouvoir être considérée comme une œuvre de sentiment et d'imagination.

Le Métaphysicien. — Cette distinction est juste ; seulement elle n'exprime qu'une différence de degré. C'est bien le mélange de l'imagination et de la raison, de la poésie et de la science qui fait le caractère propre de toute religion, spontanée ou réfléchie ; mais les proportions de ce mélange varient. Dans les religions primitives, l'imagination et la poésie dominent; dans les religions de seconde création, c'est la raison et la science. Tel est le Christianisme; né d'une religion, il s'est formé, développé, constitué à l'aide de la philosophie. Il n'en rentre pas moins, par ses symboles et ses mystères, dans la loi que je viens de poser. C'est une synthèse plus philosophique; mais enfin c'est encore une synthèse de l'imagination et de la raison.

Le Savant. — Je n'ai plus de doutes sur tous ces points, et je conclus avec vous qu'il nous faut en revenir à la science, pour la solution des problèmes qui nous intéressent.

QUATRIÈME ENTRETIEN.

LE MATÉRIALISME.

Le Métaphysicien. — Voulez-vous que nous reparlions de métaphysique?

Le Savant. — Me voici prêt à vous entendre; mais, je vous en préviens, je ne me laisse pas prendre à de belles paroles, et je suis en garde contre ces tours de force dont la métaphysique a trop souvent abusé. Pour moi, l'éloquence n'est qu'une vaine amorce, la dialectique subtile un piége, l'abstraction un nid d'erreurs. Il faudra que vous soyez toujours simple, clair, précis. Je vous écoute avec autant de défiance que d'attention.

Le Métaphysicien. — Je ne demande pas mieux. Nous cherchons tous deux la vérité sans préventions d'écoles, sans préoccupations de systèmes. Vous m'arrêterez si je me trompe de route. D'ailleurs, je ne suis point de ceux qui veulent arriver à tout prix, n'importe par quelle méthode, foulant aux pieds, s'il le faut, l'expérience, la raison, le sens commun, pour pouvoir ajouter un système de plus à la métaphysique. Si nous trouvons dans l'esprit humain les moyens d'atteindre à la solution *scientifique* des problèmes que nous poursuivons, nous serons trop heureux de ce grand résultat. Si cette recherche est décidément chimérique, nous n'aurons pas perdu notre temps en démontrant l'impuissance radicale de l'esprit humain, en matière de métaphysique. C'est donc entre nous une question de bonne foi, de vérité, de science, et non une thèse d'école. Je n'ai pas plus le dessein de vous surprendre par les artifices d'une dialectique captieuse que vous n'avez l'intention de m'embarrasser par les chicanes d'une sophistique raffinée. Cela dit, reprenons notre recherche au point où nous l'avons laissée. Puisque la *science* est impuissante à nous donner la solution des grandes questions qui nous occupent en ce moment, il faut bien que la métaphysique rentre en scène et fasse de nouveau entendre sa voix.

Le Savant. — Volontiers, mais à condition qu'elle ne se fera pas l'écho de la tradition. Il est bien convenu entre nous que nous laissons dormir la vieille métaphysique et ses systèmes. Paix à sa cendre, et respect aux morts! pourvu qu'ils ne reviennent plus fatiguer ou séduire les vivants de leurs vaines apparitions.

Le Métaphysicien. — Vous êtes trop sévère pour le passé. De ce que la métaphysique n'a pu encore prendre la forme et l'autorité d'une science, il ne s'ensuit pas qu'elle n'ait été jusqu'ici qu'un jeu frivole ou une illusion perpétuelle de l'esprit humain. Il y a une réserve à faire. Si les systèmes meurent, la vérité est immortelle. Or, dans toutes les grandes doctrines, il y a un fond de vérité relative qui explique leur durée et leur domination. Platon, Aristote, Plotin, Descartes, Malebranche, Spinosa, Leibnitz, pour ne parler que des plus grands, sont et resteront les pères de la métaphysique, même après sa transformation scientifique ; car, pour arriver à ses nouvelles destinées, il était nécessaire qu'elle passât par ces illustres mains. Mais, pour le moment, nous sommes d'accord. L'histoire de la métaphysique est pour nous lettre close. Nous laissons donc là les systèmes. et nous remontons jusqu'à l'esprit humain qui en est la source. Là est le principe de toute critique et de toute méthode. Un système est un produit simple ou mixte des facultés de l'esprit. Or la science la plus exigeante en fait de certitude n'a jamais mis en doute la véracité des facultés qu'elle emploie, ni leur aptitude à découvrir la vérité qu'elle poursuit. Ainsi les mathématiciens n'ont jamais contesté l'autorité de la raison pure et du raisonnement pour les notions géométriques *à priori* dont se composent leurs définitions, et les longues déductions dont se forment leur théories. Les physiciens et les naturalistes n'ont jamais élevé de discussion sur le témoignage de nos facultés d'observation pour les expériences, les analyses et les description qui servent de base à leurs inductions et à leurs classifications. Vous me permettrez donc de n'être pas plus difficile que les savants. Je réduis la question de critique à deux points : 1° Telle notion, telle définition, tel principe, tels axiome est-il évident *à priori*? 2° telle démonstration, telle théorie, tel système est-il une déduction rigoureuse de données dont la solidité ne peut être mise en doute? Si ces deux conditions sont remplies, il n'y a pas plus à douter des conséquences que des principes, des démonstrations que des définitions, des théories et des systèmes que des données premières. Si la seconde fait défaut, il n'y a qu'à rectifier les démonstrations et les théories en remontant aux données d'où elles dérivent. Si c'est la première, il est inutile d'entrer dans la critique des théories et des systèmes; la science entière est à refaire de la base au sommet; la donnée première, quelle qu'elle soit, définition, axiome, principe, est condamnée du moment qu'elle ne peut justifier d'une légitime origine. Donc, avant de songer à reprendre l'œuvre tant de fois entreprise des systèmes métaphysiques, il nous faut vérifier la valeur des matériaux qui les composent et l'efficacité des procédés qui servent à les construire, à l'exemple de tout architecte habile qui ne manque pas d'assurer les assises avant d'élever et de couronner l'édifice. Au lieu d'emprunter à l'histoire les éléments de la *science* qu'il veut fonder, il faut aujourd'hui que le philosophe les demande directement à l'esprit humain. Si l'esprit contient réellement les données suffisantes pour la solution des problèmes métaphysiques, la question est vidée; le reste ne sera plus que l'œuvre du travail de la pensée. S'il ne les contient pas, il faudra renoncer à les chercher ailleurs, et désespérer de la métaphysique.

Le Savant. — En effet, l'alternative est rigoureuse. L'histoire est un sol mouvant; pour trouver le roc, s'il est quelque part, il faut creuser jusqu'à l'esprit humain. Je vous vois avec plaisir commencer par là votre héroïque entreprise. Il me semble que, s'il y a un moyen de sauver la métaphysique, c'est celui-là.

Le Métaphysicien. — Je commence par une distinction capitale. Tout système, avons-nous dit, toute théorie est un produit de la *pensée*. Or autre chose est la pensée proprement dite, et autre chose les perceptions ou intuitions qui n'en sont que les matériaux. La pensée est l'*acte* même de l'esprit. L'esprit n'est pas la simple collection des facultés ou fonctions *perceptives;* c'est une force simple, essentiellement active, qui travaille, emploie, combine, coordonne les éléments fournis par ses facultés qui ne sont que ses instruments et en quelque sorte ses organes. C'est sur ces données que l'esprit pense, c'est-à-dire croit, doute, affirme, juge, raisonne, abstrait, compose, décompose, induit, suppose, spécule, invente, imagine, crée. Son ambition est infinie, sa puissance est grande; mais ses facultés sont bornées et ses données incomplètes. S'il ne dépassait jamais ses données, s'il se faisait l'esclave et l'écho de ses facultés, ses connaissances seraient sûres, mais fort insuffisantes. Simple machine à impressions et à perceptions, il ne serait point une puissance créatrice. Il se bornerait à voir, à entendre, à sentir, à concevoir; il ne *penserait* pas. La connaissance se réduirait aux simples perceptions de l'expérience et aux pures notions du sens commun; elle n'irait pas jusqu'à l'induction et à la théorie. L'esprit humain ne se garderait de l'erreur qu'au prix des plus précieuses vérités; il n'échapperait aux systèmes qu'en manquant la science. Il n'a jamais hésité à dépasser le témoignage de ses facultés, malgré l'effrayant tableau de ses erreurs et de ses folies, que de charitables conseillers n'ont pas cessé de lui remettre sous les yeux. Seulement l'expérience lui a enseigné la prudence et la nécessité de la méthode. Sans rien rabattre de ses justes prétentions, sans rien perdre de son indomptable activité, il a fini par mieux mesurer ses forces, mieux apprécier les difficultés des choses à connaître, mieux diriger et appliquer ses facultés. Par l'analyse et la critique, il s'assure préalablement de l'efficacité et de la portée de ses procédés; il épure ses données premières; il vérifie ses théories. C'est ainsi qu'après de longues et impuissantes tentatives, il est arrivé à faire une science de la philosophie naturelle. C'est ainsi qu'il arrive en ce moment à faire une science de la philosophie morale. Espérons que la même méthode, appliquée enfin à la métaphysique, aura le même succès. La cause principale des erreurs de la métaphysique est de perdre terre, d'oublier son point de départ, de réaliser des abstractions. Il faut donc avant tout s'assurer des facultés que l'esprit met en jeu dans la recherche des vérités métaphysiques, et des données sur lesquelles il fonde ses théories et ses systèmes.

Le Savant. — Il semble, en effet, que toute entreprise métaphysique doive commencer par là. Mais l'épreuve n'a-t-elle pas été faite et bien faite contre la métaphysique par la philosophie du xviii⁰ siècle? Est-ce qu'il est possible d'espérer en l'avenir de spéculations condamnées par Hume et par Kant?

Le Métaphysicien. — Pour réfuter Hume, il suffit d'en appeler à l'analyse. C'est l'empirisme le plus systématique et le plus redoutable qu'on ait jamais vu; mais enfin ce n'est que l'empirisme. Pour Kant, c'est toute autre chose. Nous croyons la vieille métaphysique à jamais ruinée par la critique de la *raison pure*. Mais, quelle qu'ait été l'intention de ce grand philosophe, loin de voir dans sa doctrine un arrêt définitif contre toute métaphysique, nous y trouvons, avec la nouvelle philosophie allemande, le vrai point d'une métaphysique *scientifique*. D'ailleurs j'aurai plus d'une fois l'occasion de vous faire remarquer que les conclusions de Kant ne sont pas toujours aussi sûres que ses analyses. Mais n'anticipons point sur la discussion. Nous ne sommes encore qu'au début de notre longue carrière. Les opérations, les procédés, les méthodes de l'esprit humain sont en grand nombre; mais les facultés *cognitives* proprement dites, les *sources* mêmes de la connaissance se réduisent à trois : les sens, la conscience, la raison. Tout ce qui arrive à l'esprit lui vient et ne peut lui venir que par ce triple canal. C'est de là qu'il tire toutes ses pensées, ses théories les plus savantes, ses systèmes les plus profonds et les plus sublimes, ses hypothèses, ses romans, ses créations de toute espèce. C'est avec les données de ces facultés, concrètes ou abstraites, isolées ou réunies, exclusives ou combinées, que l'esprit fait toutes ses sciences et toutes ses croyances. Les perceptions des sens, les sentiments de la conscience, les intuitions de la raison, voilà les seuls éléments de tous les travaux de la pensée. Si donc la métaphysique a des données, des principes, une base, un vrai point de départ, ce ne peut être que là que nous pourrons les découvrir.

Le Savant. — Je ne vois pas qu'on puisse la chercher ailleurs. Je vous suis donc avec confiance dans cette voie. Quel que soit le succès de votre recherche, nous sommes sûrs d'arriver à un résultat.

Le Métaphysicien. — Si vous le voulez bien, pour simplifier la question, nous supposerons d'abord l'esprit réduit aux perceptions des sens, afin de voir clairement ce que cette source de connaissances peut fournir de données à la solution des questions métaphysiques. Si l'esprit ne pouvait voir la réalité, la Nature, le Monde que par les sens, quelle représentation en aurait-il?

Le Savant. — Vue par le sens, la réalité apparaît comme une étendue plus ou moins solide, c'est-à-dire résistante, diversement figurée, c'est-à-dire limitée, entrecoupée par des intervalles, où se fixent et se meuvent les formes les plus visibles et les plus sensibles. Ces intervalles forment une espèce de vide dont la raison ne se rend pas bien compte, mais qui est nécessaire à l'imagination pour concevoir la diversité des formes, et le libre jeu des mouvements de la vie universelle. Sur ce fond plus ou moins uniforme d'une étendue solide, imparfaitement continue, que l'imagination nous représente comme l'immense et immuable *substrat* des phénomènes, se dessinent toutes les propriétés mécaniques, physiques, chimiques, organiques, physiologiques, psychologiques, révélées par l'observation et l'expérience, et dont la science enrichit chaque jour la liste. Ainsi la cohésion, l'affinité, la pesanteur, la chaleur, l'élasticité, la lumière, le son, l'électricité, le magnétisme, la vie, l'irritabilité, la sensibilité, la locomotion, l'instinct, l'intelligence, la volonté, etc., etc., voilà les phénomènes. La *science* proprement dite les décrit, les classe, en découvre les lois. Ses hypothèses, ses théories, quand elle en fait, n'ont pas d'autre but que de coordonner ou de simplifier les résultats de l'expérience. Quant à les expliquer, c'est l'affaire de la métaphysique.

Le Métaphysicien. — Très bien. Or je suppose toujours l'esprit réduit à la connaissance sensible. Comment s'y prendra-t-il ? Il est évident, ou qu'il renoncera à toute explication, ou qu'il en ira chercher les principes dans les données sensibles, les seules qu'il ait à sa disposition. Mais ces principes d'explication ont un nom bien connu et bien ancien dans la science. C'est l'*essence*, la *matière*, la *cause*, la *raison finale*. Aristote, qui les a ainsi nommés, ne les a point inventés. Quand l'esprit humain veut expliquer quelque réalité que ce soit, il lui faut bien en revenir, sinon à ces termes, du moins aux idées qu'ils expriment. Quoique Bacon ait fort bien fait de détourner la philosophie naturelle de ce genre de spéculations, elles n'en forment pas moins l'objet légitime, constant, immuable de la métaphysique, de telle sorte qu'on ne peut les supprimer sans supprimer la métaphysique elle-même. Voyons maintenant comment l'imagination s'y prendra pour expliquer le Monde.

Le Savant. — Il me semble que vous lui posez des problèmes qu'il ne lui sera pas facile de résoudre. L'essence, la matière, la cause, la raison des choses sont des principes qui dépassent l'expérience et l'imagination.

Le Métaphysicien. — Nous en jugerons. Voyons d'abord à l'œuvre la métaphysique de l'imagination. Parmi les propriétés des corps, il en est qui sont générales, élémentaires, tellement essentielles aux corps que ceux-ci ne pourraient pas même être conçus sans ces propriétés : ainsi l'étendue, l'impénétrabilité, la divisibilité, la figure. Il en est d'autres moins inhérentes à la notion même de corps, par suite moins essentielles, telles que la cohésion, l'affinité, la pesanteur, la chaleur, l'électricité, le magnétisme, et toutes celles que les sciences nous découvrent chaque jour. Les unes sont dites qualités *secondes;* les autres qualités *premières* des corps. Celles-ci en constituent la substance même; celles-là n'en sont que les diverses modifications. Voilà donc la notion de corps réduite à l'étendue solide et figurée. Quant aux autres propriétés physiques et chimiques, d'où pourraient-elles venir, sinon de la substance même, dont elles ne sont que des modifications? Donc les propriétés mathématiques des corps, l'étendue, la solidité, la figure sont les vrais et seuls principes des choses, et la réalité sensible tout entière se trouve simplifiée, expliquée, ramenée à la plus élémentaire des sciences, la mécanique. Et comme d'ailleurs, pour le sens et l'imagination, toute réalité se réduit aux corps ; les propriétés organiques, physiologiques et psychologiques des êtres, aussi bien que leurs propriétés physiques et chimiques, rentrent dans cette unique explication.

Le Savant. — Ma foi, si la simplicité est le premier mérite d'un système, je n'en connais pas de préférable à celui-ci.

Le Métaphysicien. — Attendez un peu ; vous aurez mieux encore. Tout s'explique par l'étendue, vraie substance des choses. Mais qu'est-ce que l'étendue? Ne se résout-elle pas elle-même en des principes élémentaires encore plus simples ? En effet, toute étendue est continue ; tout continu est composé ; tout composé se résout en éléments. La composition des corps n'est pas seulement une nécessité logique ; c'est encore une vérité d'expérience. Décomposez-les en parties aussi subtiles que possible; vous trouverez que les parties ont conservé les mêmes propriétés essentielles que le tout. L'étendue se divise et se subdivise indéfiniment, sans s'anéantir. Je dis indéfiniment et non à l'infini; car l'infinie divisibilité de la matière rendrait inexplicables la formation et l'existence des corps. Il faut donc s'arrêter à des éléments simples et absolument indivisibles que ni l'imagination ni l'expérience ne peuvent atteindre, mais qu'il est nécessaire d'admettre, sous peine de supprimer la substance étendue, et de rendre impossible toute composition des corps.

Le Savant. — Voilà bien la matière des corps, mais la matière n'est pas la forme.

Le Métaphysicien. — Un peu de patience; nous y arrivons. Il est par trop clair, en effet, que, pour que ces éléments indivisibles ou atomes forment des corps, il faut qu'ils s'agrègent. Or leur agrégation ne peut avoir lieu que par le mouvement, dont le vide est la condition. Le mouvement est un phénomène attesté par le sens. Quant au vide, il est prouvé par les expériences faites sur la porosité des corps. Les atomes, l'espace, le mouvement, voilà les principes des corps, ni plus ni moins. Si vous supprimez les atomes, il n'y a plus de matière; si vous supprimez le mouvement, l'agrégation des atomes n'est plus possible; si vous supprimez l'espace, la place manque pour la juxtaposition des parties qui forment le composé. Cela posé, qu'avez-vous besoin d'autres principes pour expliquer la réalité? Les atomes se combinant d'une infinité de manières, sous l'action uniforme des forces qui les meuvent, il en résulte une infinie variété de corps plus ou moins divers de forme et de constitution, lesquels doivent à cette diversité même toutes les propriétés qui les caractérisent et les différencient. En opérant sur les mêmes substances, la chimie fait sortir à volonté de son creuset des gaz, des liquides, des solides, selon le degré de dilatation ou de condensation de la matière. Elle fait mieux : elle en extrait des produits dont les propriétés sont très différentes, le vil charbon, le précieux diamant. Et non-seulement tout s'explique par la combinaison des atomes ; mais il n'est pas même besoin de supposer ces atomes divers entre eux, soit de nature, soit de forme, soit de mobilité. Chaque jour la science fait un pas vers la pierre philosophale tant et si mal cherchée au moyen âge, vers l'unité de substance, ou, pour parler le langage de la chimie, vers l'unité de composition. De nombreuses expériences viennent de toutes parts démontrer qu'avec les mêmes éléments on obtient toute espèce de corps, selon qu'on en varie les proportions ou qu'on en change la constitution. On cherche à faire de l'or aujourd'hui avec des substances qui ne semblaient pas d'abord se prêter à une pareille transformation ; et en ce moment, de hardis chimistes sont en train de prouver qu'on peut faire de l'or avec la première substance venue (1). Tout prépare l'avénement de cette nouvelle doctrine chimique qui explique par leur constitution, et non plus par leur composition, toutes les propriétés des corps, aussi bien celles qui se rapportent à leur nature que celles qui sont relatives à leur forme et à leur poids. Admirez-vous la simplicité des moyens de la Nature ? Les atomes étant donnés sans aucune différence de nature, de forme, de mouvement, avec les forces purement mécaniques qui leur sont propres, les corps se forment, se multiplient, se diversifient, se transforment à l'infini : le Monde est fait.

(1) Est-il besoin d'ajouter que nous n'entendons pas prendre parti pour l'hypothèse ?

Le Savant. — Vous allez un peu vite. Les corps élémentaires sont faits; mais le Monde est une œuvre plus difficile, ce semble. Pensez-vous que la chimie contienne au fond de ses creusets la solution des problèmes astronomiques?

Le Métaphysicien. — Je n'en doute pas. Avant la découverte des grandes lois de la Nature par l'astronomie, la physique et la chimie, la philosophie naturelle s'égarait dans les hypothèses les plus bizarres et les plus fausses. Vous en avez la preuve dans les systèmes astronomiques, dans les doctrines physiques et physiologiques de l'antiquité, du moyen âge, et même des premiers siècles de l'âge moderne. Mais, avec le progrès des sciences positives, avec les théories de la gravitation universelle, de l'affinité moléculaire, etc., la philosophie atomistique s'est dégagée de ses vieilles hypothèses, et a pris un caractère de plus en plus rationnel et scientifique. La théorie de Laplace sur la formation du système solaire est la formule la plus simple et la plus parfaite de cette philosophie. Buffon, oubliant les principes de la science dans les créations de sa puissante imagination, supposait que les planètes et leurs satellites proviennent des éclaboussures produites par le choc d'une comète sur la surface du soleil. Mais cette hypothèse est contraire aux lois de la mécanique. D'après ces lois, si une portion de la masse du soleil était projetée dans l'espace, les corps qui en résulteraient se mouvraient autour du soleil. Fidèle aux principes de la mécanique, aux lois de la physique newtonienne et aux découvertes de l'astronomie moderne, Laplace adopte les idées d'Herschell sur la condensation progressive des nébuleuses et leur transformation en étoiles. Il suppose que, dans l'origine, le soleil et tous les corps qui circulent autour de lui ne formaient qu'une seule nébuleuse, animée d'un mouvement de rotation autour d'une ligne passant par son centre. Par suite du refroidissement progressif, la condensation au centre devient de plus en plus forte, de manière à former un noyau dont la masse s'accroît peu à peu. La différence de densité produit une différence de vitesse dans la rotation ; et ces deux mouvements se fondent dans une moyenne qui fait tourner tout d'une pièce la masse entière de la nébuleuse. Tout cela se fait en vertu d'une seule loi, la force centripète.

Le Savant. — Je ne vois rien là que de très simple, en effet.

Le Métaphysicien. — Mais la force centripète n'est pas la seule qui meuve la matière. La force centrifuge agit de son côté, et c'est par son action que des parties se détachent de la nébuleuse : de là les anneaux. Je n'entre pas dans le détail de la théorie. Mais ce peu de mots suffisent pour vous montrer que l'hypothèse de Laplace sur l'origine et la formation de notre système planétaire rend parfaitement compte de toutes les particularités qui le caractérisent. En résumé, le corps d'une planète formée par les condensations a dû être tout d'abord une masse liquide affectant la forme d'un sphéroïde aplati dans le sens de son axe de rotation, et environnée d'une atmosphère, reste de la nébuleuse qui lui a donné naissance. Cette masse liquide, en continuant à se refroidir, s'est solidifiée peu à peu sur toute la surface. La croûte solide qui en est résultée s'est ensuite déformée insensiblement, et a fini par se briser successivement dans diverses parties, en raison de la diminution progressive du volume du liquide qui restait à son intérieur, par suite de l'abaissement continuel de sa température. De là les éruptions, les volcans, les cataclysmes, les révolutions générales et partielles, les grands mouvements et les grandes créations qui composent l'histoire progressive de la planète.

Le Savant. — Voilà une hypothèse qui réunit tous les caractères d'une vérité scientifique, la simplicité, l'accord avec les principes et les lois de la science, l'explication de tous les phénomènes astronomiques et physiques révélés par l'expérience. Aussi a-t-elle pris rang dans la science, et y règne-t-elle paisiblement sur les ruines de toutes les hypothèses cosmologiques qui se sont succédé depuis Pythagore jusqu'à Buffon.

Le Métaphysicien. — C'est, en effet, une belle et grande théorie, dont la mécanique fait à peu près tous les frais. Seulement cette mécanique ne fait point abstraction des forces vives de la Nature, comme celle de Pythagore ou de Descartes, comme la mécanique purement géométrique. Elle se fonde sur les lois astronomiques et physiques révélées par le génie de Képler, de Galilée et de Newton. Vous le voyez, la science retrouve partout, dans le ciel comme sur notre planète, les mêmes lois et les mêmes forces. L'attraction des corps célestes et l'affinité moléculaire ne sont que deux modes de la même loi, l'attraction universelle découverte par Newton. Le moindre corpuscule de notre terre est un petit monde où se déploient les mêmes forces, où règnent les mêmes lois, où se meuvent les mêmes ressorts, où enfin se joue le même drame que dans l'immense Univers. Les forces primordiales, attractives et répulsives, qui meuvent les atomes et en font les corps, se retrouvent dans les rapports des corps entre eux, sous les noms de force centripète et de force centrifuge ; dans les rapports des planètes et des mondes, sous les noms plus généraux encore de forces d'expansion et de concentration. Les planètes, les mondes se forment, s'organisent, se développent par l'action des mêmes forces, sous l'empire des mêmes lois que les corps les plus simples. Seulement le ciel étant le monde de la géométrie et de la mécanique, l'astronomie a eu son Képler, tandis que la chimie attend le sien. Les lois des mouvements célestes ont trouvé leurs formules; les lois des mouvements moléculaires n'ont pu encore être mathématiquement calculées. L'action des particules de la matière au sein des corps est compliquée, obscure, encore mystérieuse, bien que les forces et les lois générales en soient connues, tandis que l'action à distance des corps célestes les uns sur les autres est simple, régulière, uniforme, facile à soumettre aux principes de la mécanique et aux lois du calcul. C'est à peine si l'expérience modifie, en les confirmant, les formules de la théorie. Rien de plus simple donc, rien de plus facile à expliquer que l'ensemble, l'ordre, l'harmonie des mouvements des corps célestes. Quant à leur formation et à leur constitution, la Nature procède par les mêmes moyens et les mêmes lois que pour les corps que la chimie compose ou décompose dans ses creusets. Si l'on peut juger de tous les corps célestes par la planète que nous habitons, ils commencent par l'état gazeux. C'est la forme la plus simple, la plus primitive, la moins riche, la plus expansive, la plus naturelle de la matière. Puis les éléments se concentrent, se condensent et passent à l'état liquide; ils manifestent des propriétés chimiques et physiques plus nombreuses et plus spéciales. Puis enfin, de condensations en condensations, ils arrivent à l'état solide, d'où se dégagent de nouvelles et plus riches propriétés. Ainsi procède la matière, de la plus extrême expansion à la plus extrême concentration, se compliquant, s'enrichissant, s'organisant de plus en plus par des compositions et des décompositions infinies, sous l'empire de lois simples, immuables et universelles. Tout changement, toute transformation, tout progrès s'explique par un degré de dilatation ou de concentration. Descartes avait donc bien raison de dire que l'étendue et le mouvement lui suffisaient pour expliquer le Monde.

Le Savant. — Oui, le monde des corps et de la mécanique. Mais le monde des êtres vivants, des âmes, des esprits, quoi qu'en pensent la plupart de nos savants, me semble échapper à cette explication.

Le Métaphysicien. — Pourquoi cela? Si la mécanique explique la chimie et la physique, pourquoi n'expliquerait-elle pas de même la physiologie et la psychologie? Si les propriétés des êtres tiennent à la constitution et non à la composition des principes élémentaires, toute transition d'un règne à l'autre est une question de *forme*, et non de *substance*. Les propriétés des êtres varient à l'infini, suivant leur *constitution* spéciale, depuis ce qu'on nomme la matière brute jusqu'à l'homme. Ce sont des différences de degré, non de nature. Et si vous voulez bien remarquer par quelles nombreuses et presque insensibles gradations passe la Nature pour s'élever de la pierre à l'homme, de la simple étendue à la pensée, vous arriverez facilement à comprendre comment tout peut s'expliquer par un principe unique, les atomes en mouvement. Il n'y a, comme on dit, que le premier pas qui coûte. S'il ne vous répugne pas d'admettre que les diverses propriétés physiques et chimiques des corps tiennent uniquement à leur constitution, pourquoi ne comprendriez-vous pas que leurs propriétés physiologiques et psychologiques dérivent de la même cause? Si la théorie des atomes rend compte des phénomènes de la chaleur, de l'électricité, du magnétisme, pourquoi n'expliquerait-elle pas également la vie, la sensibilité, l'instinct, l'intelligence ? C'est une simple différence de degré. Il n'est pas de merveille que ne puisse produire la matière, en se combinant, en se condensant, en se raffinant indéfiniment. La Nature procède toujours du simple au composé, et, comme dit Aristote, du *pire* au *meilleur*. S'il en est ainsi, pourquoi vous arrêteriez-vous à tel degré, à tel règne, à telle transformation ? La série totale des êtres n'est qu'une immense chaîne dont tous les anneaux sont inséparables. Si la matière suffit à expliquer le premier, pourquoi n'expliquerait-elle pas aussi le dernier ? Il faut aller jusqu'au bout.

Le Savant. — En effet, la logique ne permet guère de s'arrêter dans la voie du matérialisme. Il n'est pas plus difficile d'expliquer la pensée, la volonté que la vie, que la force, dans la théorie des atomes.

Le Métaphysicien. — Nous avons d'ailleurs mieux que la logique à l'appui de cette théorie ; nous avons les faits. Dans tout être complexe (et tout ce que nous atteste l'expérience offre ce caractère), il y a deux ordres bien distincts de phénomènes, de propriétés, de forces : l'un inférieur, et l'autre supérieur. Or, l'observation montre : 1° que l'ordre inférieur est toujours la condition, la base de l'ordre supérieur; 2° que la réciproque n'est pas vraie. Ainsi, dans le minéral, les forces mécaniques forment la base, et rendent possibles les propriétés physiques et chimiques. Dans le végétal, c'est l'ensemble des forces mécaniques, physiques et chimiques, qui fait la base, la condition des forces organiques. Dans l'animal, la force sensible et motrice, l'âme proprement dite, a également pour base et pour condition tout l'appareil des organes de la vie végétative. Enfin, dans l'homme, le principe conscient, volontaire et raisonnable, l'*esprit* a pour base et pour condition le principe animal et toutes les forces qu'il suppose. Vous voyez comme se succèdent et s'engendrent les diverses propriétés de la vie universelle. La vie n'est pas sans la force, la sensibilité sans la vie, la pensée sans la sensibilité ; tandis que la sensibilité se produit sans la pensée, la vie sans la sensibilité, la force sans la vie. C'est le composé qui vient du simple ; c'est le *meilleur* qui sort du *pire ;* c'est l'esprit qui dérive de l'âme, l'âme de la force et de l'étendue. Donc, ne semble-t-il pas que la mécanique et la géométrie contiennent les principes de la physique, de la chimie, de la physiologie, de la psychologie ?

Le Savant. — Vous avez raison. Mes scrupules ne tiennent pas devant la logique. Mais je vous en fais l'aveu, j'ai encore des préjugés. J'ai de la peine à croire que ce Monde si bien ordonné, si beau, si *intelligible* qu'il est impossible de n'y pas voir l'œuvre de l'intelligence, que ce grand *Cosmos* enfin ne soit que la résultante du concours des atomes, sous l'unique action des forces mécaniques, chimiques et physiques. Je ne puis me faire au dogme de l'aveugle *destin*. Il me semble que les atomes et les forces qui les meuvent ne sont que des instruments qu'une suprême Sagesse fait servir à l'accomplissement d'un dessein. En un mot, plus je regarde le monde, plus je suis tenté de croire à une Providence.

Le Métaphysicien. — La Providence n'est qu'un beau mot. C'est, passez-moi l'expression, une illusion d'optique psychologique. Vous regardez le Monde à travers l'âme humaine. C'est le voir à travers un miroir qui en défigure, ou, si vous aimez mieux, en transfigure les traits. Si le Monde nous apparaît comme une œuvre intelligible, comme le développement d'un plan préconçu, comme l'accomplissement d'un dessein providentiel, c'est que votre esprit, au lieu de l'observer et de le réfléchir fidèlement, le conçoit, l'imagine, le travaille et le refait en quelque sorte à son image. Mais laissons l'intelligence avec ses idées *à priori*, l'imagination avec ses hypothèses, et contentons-nous de voir le Monde tel que nous le montre l'expérience. Les atomes, se mouvant en vertu de forces qui leur sont inhérentes, s'agrégent et se combinent ; les corps qui en sont formés se composent, se décomposent, se transforment suivant des lois simples, permanentes, universelles, invariables, qui ne sont elles-mêmes que les forces mécaniques, physiques et chimiques agissant d'une façon uniforme et constante. De là ce que vous appelez l'ordre universel, le *Cosmos* où vous introduisez vos idées de plan, de dessein, de Providence, prises dans la conscience humaine. Mais voilà précisément l'hypothèse et la fiction. L'ordre vrai du Monde est une révélation de l'expérience. Il faut le voir tel qu'il est, tel qu'une science sévère nous le découvre, non tel que la poésie et la théologie l'imaginent. C'est l'expression des lois de la Nature, ni plus ni moins. Le Monde n'est point un chaos où tout se confonde et s'efface, se heurte et se contredise, où rien ne se développe, ne se produise ni ne se dessine. Tout, au contraire, y a sa loi, sa règle, sa mesure, sa nécessité. Voilà l'ordre de l'Univers, le vrai *Cosmos*, si grand, si beau dans sa simplicité, que les rêves de la poésie et les inductions de la psychologie ont singulièrement obscurci, en y mêlant toutes sortes d'intentions, de finesses et d'artifices. Vous savez qu'à force de rabaisser la Nature aux petites raisons, aux vues étroites de l'intelligence humaine, on en a fait une énigme indéchiffrable, qui se prête également aux thèses les plus contradictoires. Qu'en résulte-t-il ? Que n'y trouvant pas partout et toujours cette sagesse, cette Providence dont la conscience humaine nous fournit le type, la logique est allée jusqu'à condamner la Nature et à nier l'ordre du Monde. Il est temps de revenir à de plus saines notions. L'ordre universel n'est point un objet de conception *à priori*, ni d'induction psychologique ; c'est un objet d'observation directe et d'expérience. Il a son type dans la Nature elle-même, et non dans la conscience ou dans l'intelligence humaine. Il n'est rien autre chose que la résultante de l'action régulière, uniforme et constante des forces primordiales de la Nature. En un mot, l'ordre du Monde se révèle par des lois, et non par des intentions et des fins. Ces dernières ne conviennent qu'au gouvernement des choses humaines.

LE SAVANT. — Vous me paraissez avoir encore raison sur ce point. Dès lors je ne vois plus rien qui résiste à votre théorie. Matière, force, âme, esprit, étendue, vie, sensibilité, intelligence, ordre, harmonie et unité du Monde, elle explique tout avec une merveilleuse simplicité. Tout vient des atomes, tout y retourne. Ils sont le principe, la substance unique, la fin de toutes choses. C'est le véritable Absolu. Il n'y a pas d'autre principe des choses que les atomes, pas d'autre ordre que les lois de la mécanique et de la physique, pas d'autre Providence que la nécessité. Dieu est une hypothèse inutile, et la théologie un rêve de la poésie qui se dissipe à la lumière de l'analyse et de la science. Je comprends le succès et la popularité du matérialisme.

LE MÉTAPHYSICIEN. — N'est-ce pas qu'il est difficile de trouver mieux en fait de clarté et de logique ? Ici rien de vague, d'obscur, de mystérieux. Tout est net, précis, facile à saisir et à définir. On sent qu'on est dans le pays de la science et de la lumière. On n'y rencontre ni nuages, ni fantômes, ni abîmes. Dans ce système, tout se voit, se représente à l'imagination. C'est la métaphysique du monde savant, particulièrement des mathématiciens et des géomètres, depuis Pythagore jusqu'à Laplace.

Le Savant. — Il me semble que vous engagez un peu vite la géométrie et la science au service du matérialisme. Pythagore et Platon dans l'antiquité, Descartes et Newton dans les temps modernes, sont aussi connus pour leur spiritualisme et leur esprit religieux que pour leur génie mathématique. C'est par un principe suprasensible, immatériel, intelligent qu'ils expliquent l'existence, l'essence, le mouvement, l'ordre des êtres de l'Univers. Si j'ai bonne mémoire, Platon reproche aux philosophes qui l'ont précédé d'expliquer le Monde par des causes purement mécaniques, au lieu d'y voir partout l'action de l'intelligence et de la volonté. Descartes oublie si peu la Cause première, infinie et parfaite dans tous ses attributs, qu'il fait de la conservation des êtres créés une création perpétuelle. Et ne savez-vous pas que Newton ne manque jamais l'occasion de faire hommage au Dieu en trois personnes de sa science et de ses plus grandes découvertes? Bien plus, il m'a toujours semblé que les abstractions mathématiques sont particulièrement favorables à cette métaphysique qui cherche les principes des choses au-dessus de la réalité sensible; et j'avoue que je m'étais habitué, avec Pythagore, Platon, Descartes, Malebranche, Spinosa, et tant de grands esprits, à regarder les mathématiques comme la meilleure introduction à la philosophie idéaliste.

Le Métaphysicien. — Je ne puis nier ni le caractère spiritualiste et religieux de la philosophie de Pythagore, de Platon, de Descartes et de Newton, ni une certaine affinité entre les mathématiques et cette doctrine qu'on appelle dans l'histoire l'idéalisme. Je dis l'idéalisme, et non le *spiritualisme* proprement dit. Mais cette double concession n'infirme en rien ma thèse sur l'affinité bien autrement intime et profonde de la géométrie et du matérialisme. Il est hors de doute que, considérés dans l'ensemble de leur philosophie, Pythagore, Platon, Descartes (je ne parle pas de Pascal qui n'est point un métaphysicien) et beaucoup d'autres métaphysiciens géomètres sont des philosophes spiritualistes. Mais il reste à voir comment ils concilient le *mécanisme*, c'est-à-dire le matérialisme de leur cosmologie avec le spiritualisme de leur théologie. Ils disent bien, les uns que Dieu meut la matière, les autres qu'il la crée. Mais la création *de nihilo* est un mot vide de sens, comme nous le verrons plus tard. L'action mécanique d'un principe tout spirituel sur la substance matérielle n'est guère moins inintelligible. Je vois bien, dans leur doctrine, deux sciences rapprochées, la géométrie et la théologie, deux points de vue juxtaposés, la notion de substance et la notion de cause. Je n'aperçois pas le lien qui les unit; ou plutôt je suis frappé de l'abîme qui les sépare. Sauf l'intervention de la Cause suprême, Pythagore, Platon, Descartes, Malebranche, Newton expliquent la Nature absolument comme les écoles matérialistes. Toute la différence entre eux est que les uns font mouvoir ou créer la matière par un principe immatériel distinct, tandis que les autres lui attribuent le principe même de son existence et de tous ses mouvements. Mais supprimez les préliminaires théologiques de la philosophie de Pythagore, de Platon, de Descartes, de Newton, c'est à s'y tromper, vous retombez en pleine mécanique et en plein atomisme. Leur philosophie n'est point un système simple, homogène, dont tous les éléments se concilient et s'harmonisent dans l'unité, comme le matérialisme de l'école atomistique, ou le spiritualisme d'Aristote ou de Leibnitz. C'est une doctrine double, hétérogène, où la géométrie et la théologie, le matérialisme et le spiritualisme se rencontrent sans s'unir, se heurtent au lieu de se concilier dans une pensée supérieure. Le savant poursuit son principe, tandis que le théologien obéit à son *préjugé*. Le mot semble dur, et pourtant il n'est que juste, si l'on considère que la physique toute géométrique de Pythagore, de Platon, de Descartes, de Newton, aboutit logiquement à une philosophie de la Nature qui explique tout corps, même tout corps organisé, par des atomes et des forces purement mécaniques se combinant et concourant dans certaines proportions. N'est-ce pas là du matérialisme? Assurément la métaphysique de ces grands hommes n'est rien moins que matérialiste, dans sa partie morale et théologique; mais dans sa partie cosmologique et physiologique, elle se ressent manifestement de leurs habitudes mathématiques et géométriques.

Le Savant. — Je vous comprends. Si Pythagore, Platon, Descartes, Newton sont spiritualistes, c'est comme théologiens, comme psychologues, comme moralistes, et non comme géomètres. Au contraire, la géométrie et la mécanique les ont conduits aux mêmes théories cosmologiques que les matérialistes de profession. Ces exceptions apparentes ne font donc que confirmer cette règle : que la géométrie et la mécanique mènent fatalement au matérialisme. Mais alors expliquez-moi le goût prononcé de presque toutes les écoles idéalistes pour les mathématiques. Comment ont-elles pu chercher un auxiliaire dans un ennemi?

Le Métaphysicien. — Entendons-nous bien. L'idéalisme n'est pas le spiritualisme. L'esprit mathématique et géométrique fatal à l'un est favorable à l'autre. Platon n'avait pas tort d'inscrire sur la porte de son école : « Nul n'entre ici s'il n'est géomètre. » Descartes, Malebranche et Spinosa, ce dernier surtout, auraient maintenu la même inscription au temple de la métaphysique. En effet, l'idéalisme construit ses systèmes sur les idées abstraites de substance, d'essence, d'infini, d'absolu, d'universel, absolument de la même façon que le géomètre construit ses théorèmes sur les notions abstraites de l'étendue et de ses propriétés. Abstraire, définir, raisonner, c'est là toute la méthode des mathématiques. Or, sans parler de l'école de Pythagore qui exagère les rapports des mathématiques et de la métaphysique au point de confondre ces deux sciences, qu'est-ce que la dialectique de Platon, sinon l'abstraction qui élève l'esprit, des individus au genre suprême, en lui faisant monter degrés par degrés l'échelle des espèces et des genres intermédiaires? Qu'est-ce que la méthode de Spinosa, sinon la définition qui pose le principe unique d'où cet incomparable logicien saura tirer toute la science, par une série de déductions formant une chaîne continue et indissoluble? Et comment procède Descartes lui-même dans ses *Méditations*, dans ces *Principes de philosophie*, si ce n'est par la méthode géométrique? Trouver un ou plusieurs principes dont tout le reste dérive comme une suite de conséquences nécessaires, voilà son procédé constant. Vous devez comprendre maintenant la prédilection des écoles idéalistes pour les mathématiques. C'est plus qu'une simple coïncidence historique qui les rapproche; c'est un lien de parenté qui les unit. Bien plus; identiques ou du moins analogues quant aux méthodes, l'idéalisme et la géométrie s'entendent également bien sur le fond des idées et des théories métaphysiques, au grand profit du matérialisme.

Le Savant. — On m'avait jusqu'ici enseigné le contraire, et j'avoue que votre thèse me semble encore un paradoxe, malgré tout ce que vous venez de dire. Je vois bien comment la géométrie et la mécanique, exclusivement consultées, peuvent conduire à une cosmologie et à une physiologie matérialistes ; mais, malgré ces affinités de méthode avec ces deux sciences, l'idéalisme m'avait toujours paru jusqu'ici un contre-poids et un obstacle invincible au développement des tendances matérialistes que favorise certainement l'esprit géométrique.

Le Métaphysicien. — Aristote et Leibnitz en ont pensé autrement. Aristote, à son point de vue tout *dynamique*, reprochait à l'idéalisme de ramener la philosophie aux *nombres* et à la *matière*. Leibnitz a réellement restitué la physique cartésienne au spiritualisme, quand il a substitué la notion de force vive puisée dans l'expérience intime à la notion toute géométrique de la substance étendue, telle que l'entendent Descartes, Malebranche et Spinosa. Mais j'ai à l'appui de ma thèse bien mieux que l'autorité des deux plus grands noms de la métaphysique ; j'ai l'histoire de la philosophie tout entière. Vous connaissez cette distinction si précise et si féconde du *mécanisme* et du *dynamisme* qui, comprise seulement depuis quelques années, a fait une révolution dans la science ?

Le Savant. — Je crois la comprendre. N'est-ce pas le matérialisme et le spiritualisme, dans leur application à la philosophie naturelle ?

Le Métaphysicien. — C'est cela même. Toutes les explications ou théories métaphysiques sur la composition, la constitution, l'organisation des corps, se ramènent à deux principes simples, irréductibles entre eux, aussi opposés que le sont le matérialisme et le spiritualisme. Ces deux principes sont la notion première d'étendue d'une part, et de l'autre la notion première de force. De là les *mécanistes* et les *dynamistes*, deux écoles parallèles et contraires, qui prennent leur point de départ, l'une dans la notion toute géométrique d'étendue, l'autre dans la notion toute psychologique de force (de force vive s'entend), et dont la tradition non interrompue remonte à Pythagore et à Thalès, et descend plus bas que Descartes et Leibnitz, avec toutes les nuances et les différences que les temps, les lieux et les progrès de la science ont rendues nécessaires. Or il se trouve que, de même que les géomètres, et sans aucun doute en vertu d'une affinité profonde, presque tous les idéalistes appartiennent à l'école des *mécanistes*, pour tout ce qui concerne la philosophie naturelle. Suivez les développements de la philosophie *mécanique* depuis Pythagore jusqu'à Laplace, et vous verrez que, parmi ses adeptes, elle ne compte pas moins d'idéalistes que de matérialistes purs. Sur ce point, les pythagoriciens et les platoniciens se rapprochent singulièrement des atomistes. Descartes et Spinosa ne parlent guère de la matière des corps et de la Nature autrement que Hobbes, Gassendi et les encyclopédistes. Chose remarquable! Diderot et d'Holbach, que l'on prend pour les types du matérialisme, sont plus spiritualistes que les géomètres de l'école *mécanique*; et leur naturalisme, si grossier et si triste dans l'explication des choses de l'esprit, est moins matérialiste que la physique cartésienne, dans l'explication des phénomènes de la Nature.

Le Savant. — Vous m'étonnez un peu. J'aurais besoin d'explications plus précises pour être entièrement convaincu.

Le Métaphysicien. — Sans vouloir entrer dans des détails que ne comporte pas notre sujet, j'en dirai assez pour vous montrer que ce que vous prenez encore pour un paradoxe est une vérité palpable. Ainsi vous croyez peut-être, sur la foi d'historiens prévenus ou superficiels, que la philosophie *mécanique* a fait sa première apparition avec l'école atomistique?

Le Savant. — En effet, j'avais vécu jusqu'ici dans ce préjugé.

Le Métaphysicien. — Détrompez-vous. Aristote nous apprend que les pythagoriciens composaient les corps au moyen d'unités et d'intervalles, c'est-à-dire du *plein* et du *vide*. Seulement, comme ce sont des géomètres et nullement des physiciens, leur *plein* se réduit à des unités mathématiques, à des points géométriques qui n'ont pas la réalité matérielle des atomes de Leucippe et de Démocrite ; ce qui réduit leurs principes élémentaires à de pures abstractions mathématiques absolument vides de toute donnée empirique. Du reste, pour eux, comme pour les atomistes, rien ne naît, rien ne meurt, rien ne change que dans l'espace. Des agrégations ou des séparations, des combinaisons d'unités toujours soumises à des proportions géométriques ou arithmétiques qui en expliquent l'essence et le nom : voilà le principe unique de toutes les propriétés générales et particulières des corps. N'est-ce pas là du *mécanisme*, et du plus pur, tellement pur, que la géométrie en fait tous les frais, sans demander un atome de substance à la physique ? Au moins la philosophie atomistique repose sur une réalité, sur l'étendue physique, mobile par elle-même. Il y a un élément dynamique, la *force*, engagé dans l'atome, principe de cette école. Je sais bien que ce n'est pas là toute la philosophie pythagoricienne. Elle parle de Dieu, d'intelligence, de raison, d'amour ; mais sans qu'on puisse voir où elle prend ces principes, en dehors des abstractions mathématiques. Dans le *Timée*, Platon fait mouvoir et vivre tout ce monde géométrique par un principe vivant et intelligent qu'il puise dans l'intuition psychologique. Mais ce principe, extérieur et étranger à la Nature, la meut, l'organise, la travaille du dehors au dedans, comme un artiste fait la matière. Comment les deux principes, la matière et l'âme, s'arrangent-ils entre eux? C'est ce que Platon et les spiritualistes de son école n'ont jamais expliqué. Mais si vous voulez vous donner le spectacle du plus parfait accord entre l'idéalisme et le mécanisme, ouvrez les livres de la physique cartésienne. L'étendue et le mouvement, avec la *chiquenaude* du grand Moteur, comme dit plaisamment Pascal, voilà tout ce que Descartes demande pour créer, organiser, animer le monde. Dans sa philosophie de la Nature, il est beaucoup question de géométrie et de mécanique, très peu de physique et de physiologie. Entendez-le s'expliquer lui-même là dessus. « Il a résolu de quitter la géométrie abstraite, c'est-à-dire la recherche des questions qui ne servent qu'à exercer l'esprit. Il n'a pris ce parti que pour avoir d'autant plus le loisir de cultiver une autre sorte de géométrie qui se propose pour question l'étude des phénomènes de la Nature. Qu'au reste M. Desargues reconnaîtrait bientôt que toute sa physique n'est autre chose que de la géométrie, s'il prenait la peine de considérer ce qu'il avait écrit du sel, de la neige, de l'arc-en-ciel, des météores, etc., etc. » (t. III, p. 37, édit. des *Lettres* par Clerselier). Et en effet, voyez Descartes à l'œuvre dans sa philosophie naturelle. Rien de plus simple, de plus géométrique, de plus *mécanique* que sa genèse du Monde. L'étendue infinie, indivisible (Descartes est grand adversaire des atomistes), sans aucune solution de continuité, sans vide, sans espace : telle est la substance matérielle, base élémentaire de tous les corps inorganiques ou organisés. Si l'étendue affecte tout d'abord trois formes principales, le feu, l'air, la terre, cela tient uniquement à l'inégalité des parties de la matière qui les composent. En créant l'étendue, Dieu lui a communiqué la quantité de mouvement nécessaire pour toutes les combinaisons qui engendrent les corps et les mondes. Toutes les lois du mouvement se réduisent à trois principales : 1° chaque corps persévère dans son état, jusqu'à ce qu'une cause nouvelle survienne qui le détruise ; 2° chaque partie de la matière ne tend jamais à continuer de se mouvoir suivant des lignes courbes, mais suivant des lignes droites ; 3° un corps en mouvement qui en rencontre un autre, perd sa direction, mais non son mouvement. Voilà les données du problème cosmologique, dont la solution n'est plus qu'une affaire de géométrie et de calcul. Tout s'explique, même la vie, même la sensibilité, même l'instinct, par l'étendue, les combinaisons et les lois mécaniques du mouvement. Seulement, comme la Nature semble beaucoup trop riche, trop vivante, trop intelligente pour se prêter à cette explication, Descartes la simplifie, lui retranche ces apparences de sensibilité et d'intelligence que lui prête le préjugé vulgaire, et réduit l'animal à un pur automate, dont les mouvements mécaniques simulent la sensation, l'imagination et le raisonnement. Malebranche, Spinosa, toute l'école cartésienne ne fait que répéter ou développer dans sa physique les principes du maître. Êtes-vous suffisamment édifié sur la parenté de l'*idéalisme* et du *mécanisme* ?

Le Savant. — Je me rends à l'évidence. Je vois clairement le rapport intime qui lie entre elles toutes ces choses, géométrie, mécanique, idéalisme et matérialisme, du moins en ce qui concerne la philosophie naturelle.

Le Métaphysicien. — D'ailleurs mettons, si vous voulez, l'idéalisme hors de cause. Il reste évident que la géométrie et la mécanique conduisent logiquement au matérialisme le plus simple et le plus net le métaphysicien qui n'a pas d'autre guide, dans les questions cosmologiques. Les géomètres purs, comme Lagrange et Laplace, vont jusqu'au matérialisme et à l'athéisme. Pour Lagrange, Dieu n'est qu'une *jolie hypothèse* dont, à la rigueur, la science peut se passer. Je ne vois pas que Laplace ait jamais songé que son admirable théorie de la formation du monde solaire eût besoin d'un complément théologique. Les géomètres métaphysiciens ou théologiens, comme Descartes, Spinosa, Malebranche, Euler, Newton s'en tiennent à un *mécanisme* incomplet ou inconséquent, plus ou moins tempéré par les doctrines et les préjugés du philosophe ou du croyant qui le professe.

Le Savant. — Je vois bien qu'il faut céder. Votre théorie a pour elle l'expérience, l'imagination, le sens commun, la science, l'autorité des plus grands noms ; elle ne laisse rien à désirer pour la clarté, la précision et la simplicité. Que pourrait-on demander de plus ?

Le Métaphysicien. — Eh quoi ! aurions-nous trouvé du premier coup la solution d'un problème qui a divisé et divise encore les meilleurs esprits ? Vous qui vous défiez tant de la métaphysique, même de la meilleure, vous me semblez bien prompt à conclure. Pour moi, j'ai des doutes et des scrupules.

Le Savant. — Comment l'entendez-vous ? Que voulez-vous donc de plus en fait d'autorité que le sens commun, la science et le génie ; en fait d'évidence que la clarté et la simplicité ?

Le Métaphysicien. — Prenez garde. Le sens commun n'est pas une autorité dans les choses qui ne sont pas tout à fait de sa compétence. Le génie peut se tromper. La science seule est une autorité irrécusable ; mais la géométrie et la mécanique ne sont pas toute la science. Enfin la clarté, la simplicité, la rigueur de déduction ne sont pas toujours des signes certains de la vérité, surtout si les données de la doctrine qui réunit ces précieuses qualités sont fausses ou incomplètes.

Le Savant. — Expliquez-vous.

Le Métaphysicien. — Je dis que les sens et l'imagination ne sont pas les seules sources de la connaissance humaine ; que la géométrie a rarement bien inspiré la métaphysique, quoi qu'en disent Platon, Descartes et tous les *mécanistes* anciens et modernes ; que le sens commun ne voit ni bien loin ni bien haut, et que les questions de cet ordre passent par-dessus sa tête ; que le génie s'égare avec une méthode vicieuse, et que d'ailleurs il n'est pas toujours du côté des mécanistes et des matérialistes ; qu'enfin, avant de nous prononcer définitivement en faveur du matérialisme, il faut entendre la conscience et la raison. Le témoignage de ces facultés a bien aussi sa valeur. Si par hasard il contredisait ou modifiait les conclusions de l'expérience sensible et de l'imagination, peut-être y aurait-il lieu d'hésiter.

Le Savant. — Vous êtes un étrange adversaire. Vous venez de plaider si habilement la cause du matérialisme que vous m'avez rendu à peu près croyant, moi qui ne crois qu'à bonne enseigne, et qui suis en grande défiance de la métaphysique. Et voici maintenant que vous abandonnez la thèse que vous avez fait triompher. Envieriez-vous les lauriers des sophistes ?

Le Métaphysicien. — Vous connaissez tout mon mépris pour ce genre de succès. Notre entreprise est sérieuse, et notre discussion sincère ; mais, quand nous exposons un système, la justice, et aussi le succès de notre recherche veulent que nous ne dissimulions aucun de ses mérites ou de ses avantages : sans cela, serions-nous jamais sûrs d'en avoir fini avec ce système ? C'est donc affaire de méthode tout autant que de bonne foi. Le matérialisme est une doctrine spécieuse pour les esprits qui ne conçoivent les choses qu'autant qu'ils peuvent se les *représenter*. Si l'esprit humain n'avait pas d'autre moyen de voir et de concevoir que les sens et l'imagination, cette explication grossière des choses serait la seule possible. Si toutes les sciences se réduisaient à la géométrie et à la mécanique, le matérialisme serait à l'épreuve de la critique scientifique. On comprend la popularité de ce système, quand on songe que l'immense majorité des esprits ne juge, ne raisonne, ne pense que sur les données sensibles; mais je crains bien que, vu à la lumière de la conscience et de la raison, il ne soutienne pas le regard de la critique.

Le Savant. — Séduit tout d'abord par les apparences, je croyais la cause de la métaphysique gagnée. Il paraît que nous ne sommes pas au bout de nos peines. Mais voyons vos objections contre ce système.

Le Métaphysicien. — J'en ai de fort graves contre la base même du matérialisme, la théorie des atomes; mais, pour le moment, je l'admets sans examen. Je ne vois pas du tout que cette théorie ait la portée qu'on lui attribue, ni qu'elle explique réellement tout ce qu'elle prétend expliquer. Remarquez-vous que toutes les explications du matérialisme reposent sur le même axiome : *Le simple est le principe du composé ?*

Le Savant. — En effet, c'est cet axiome qui fait la vertu de toutes ces démonstrations; mais je ne vois pas comment on pourrait le mettre en doute.

Le Métaphysicien. — Cela dépend d'une distinction. L'axiome est vrai pour les choses de même nature, où toute diversité n'est qu'une affaire de composition et de constitution, où toute différence n'est que de forme ou de degré. Ainsi l'air, l'eau, la terre, le diamant, le charbon, ne sont que des modifications diverses d'une même substance, à tel degré de dilatation ou de condensation.

Ainsi les composés les plus divers de formes, de propriétés géométriques et mécaniques, ne sont le plus souvent que des produits des mêmes éléments, combinés dans des proportions différentes. Mais le principe n'a plus la même vertu, si on l'applique aux choses qui diffèrent entre elles de nature et d'essence, non simplement de forme ou de degré, par exemple aux propriétés mécaniques, physiques, chimiques, organiques, physiologiques, psychologiques des êtres. Quand le matérialisme dérive une propriété d'une autre d'un ordre tout différent, l'électricité et le magnétisme de la simple affinité moléculaire, la sensibilité de la vie, la volonté de l'instinct, l'intelligence de la sensibilité, il fait une pure hypothèse. Tant qu'il se borne à dire que l'affinité moléculaire est la condition de l'électricité et du magnétisme, la vie de la sensibilité, l'instinct de la volonté, la sensation de la pensée, il est dans le vrai ; mais qu'en peut-il conclure ? Qui lui donne le droit de convertir la condition en principe générateur ? N'est-ce pas la perpétuelle méprise de Condillac dans le *Traité des sensations*? Personne n'a mieux montré, selon nous, que toutes nos connaissances supposent la sensation, qu'elle est la condition d'exercice de toutes nos facultés, même les plus actives et les plus élevées. L'erreur de Condillac est d'en avoir conclu que la sensation est la source même de toutes nos connaissances, qu'elle est le principe générateur de toutes nos facultés. Nos matérialistes raisonnent exactement de la même manière. C'est une loi universelle, attestée par l'expérience, que la Nature procède du simple au composé, du *pire* au *meilleur*, de l'étendue et de la force mécanique, physique et chimique à la vie, de la vie à la sensation, de la sensation à la pensée. C'est encore une loi non moins vérifiée que, dans la synthèse indissoluble des deux ordres de propriétés, la force est la condition de la vie, la vie de la sensibilité, la sensation de la pensée, sans qu'il y ait réciprocité. Mais cela prouve-t-il que la propriété inférieure soit le principe même de la propriété supérieure, que la force engendre la vie, la vie la sensibilité, la sensibilité la pensée ?

Le Savant. — Non sans doute.

Le Métaphysicien. — Voilà donc le germe de bien des sophismes : la confusion de la succession et de la génération, de la condition et du principe, dans le difficile problème de l'origine des choses. Ainsi rien ne prouve que l'hypothèse du matérialisme soit vraie; au contraire, des faits décisifs en démontrent la fausseté. Prenons pour exemple un être vivant. Tant qu'il vit, la force vitale semble confondue avec les forces mécaniques, physiques et chimiques qui meuvent les molécules corporelles ; mais, quand la vie a disparu, ces molécules retombent sous l'action des forces générales de la matière, et leur agrégation se dissout. Donc elles obéissaient auparavant à une autre force qui avait la puissance de les soustraire à leurs propres lois pour les soumettre à la sienne. Or comment une force qui a une telle vertu pourrait-elle être une simple résultante du concours des forces élémentaires ? Si le principe vital n'est lui-même qu'un effet de ces forces, comment expliquer qu'il réagisse contre, au point d'en neutraliser et d'en suspendre l'action ? Et ce que nous disons du principe vital, nous pouvons le dire, à plus forte raison, de l'âme, de l'esprit, de tous les principes supérieurs que le matérialisme explique comme des effets des forces inférieures, mécaniques, physiques et chimiques. Si l'âme n'est qu'une résultante du jeu des organes, comment a-t-elle le pouvoir de résister aux impressions, aux appétits du corps, d'en diriger, d'en concentrer, d'en gouverner les facul-

tés? Si la volonté n'est que l'instinct transformé, comment expliquer son empire sur l'instinct? Ce fait est un argument irrésistible; c'est l'écueil où s'est brisé, où se brisera toujours le matérialisme. Il est le fond même du spiritualisme, et il en fait presque toute la force. Tant que les spiritualistes se bornent à invoquer ce fait, ils sont invincibles. Il y a plus de deux mille ans que la Sagesse antique a prononcé l'arrêt du matérialisme. « Ne voyons-nous pas que l'âme gouverne tous les éléments dont on prétend qu'elle est composée, leur résiste pendant presque toute la vie et les dompte de toutes les manières, réprimant les uns durement et avec douleur, comme dans la gymnastique et la médecine; réprimant les autres plus doucement, gourmandant ceux-ci, avertissant ceux-là; parlant au désir, à la colère, à la crainte, comme à des choses d'une nature étrangère : ce qu'Homère nous a représenté dans l'*Odyssée*, où Ulysse, se frappant la poitrine, gourmande ainsi son cœur :
« Souffre ceci, mon cœur, tu as souffert des choses plus dures. »

» Crois-tu qu'Homère eût dit cela s'il eût conçu l'âme comme une harmonie, et comme devant être gouvernée par les passions du corps? Ne pensait-il pas plutôt qu'elle doit les gouverner et les maîtriser, et qu'elle est quelque chose de bien plus divin qu'une harmonie (1)? »

Le Savant. — On n'a rien dit de mieux depuis deux mille ans. Il est impossible de comprendre que l'effet réagisse à ce point sur la cause, et qu'un simple composé ait un tel pouvoir sur ses éléments. Il faut bien que l'âme soit un principe nouveau, *sui generis*, distinct, sinon indépendant de l'appareil organique qui lui sert de base et de condition.

(1) *Phédon*, traduction de Cousin.

Le Métaphysicien. — Et cela n'est pas seulement vrai pour l'âme, mais aussi pour tout principe supérieur qui figure dans un être complexe. Dans cet être, chacun des principes a sa nature propre, son rôle et son action : le principe inférieur, ou l'ensemble des principes inférieurs, en est la condition et la base ; le principe supérieur en fait la nature, l'essence propre, l'unité et l'identité. Et loin de n'être qu'une résultante du concours des forces élémentaires, c'est cette force centrale qui s'assimile toutes les autres et les organise selon ses lois propres, les maintient sous sa dépendance, les anime de son souffle, les soutient de son énergie, toujours une, identique, permanente dans ce flux perpétuel de la matière qui ne fait que traverser l'être vivant.

Le Savant. — Rien n'est plus évident.

Le Métaphysicien. — Tout n'est pas dit contre le matérialisme. Après l'expérience vient la raison ; après les faits, les principes. N'est-ce pas un axiome de la raison qu'il ne peut rien y avoir de plus dans l'effet que dans la cause ?

Le Savant. — Ici permettez-moi de vous arrêter un moment. Ce principe me semble en contradiction avec les faits. Interrogez la Nature. Tout être vivant s'y engendre, s'y produit, s'y développe d'un germe, principe simple qui n'a aucune des propriétés, des facultés qui se manifestent dans l'être constitué et organisé. Peut-on dire qu'il n'y a rien de plus dans la plante que dans la graine, rien de plus dans l'animal que dans l'embryon ? Quant aux simples corps, votre axiome n'est pas moins en défaut. La chimie ne nous montre-t-elle pas sans cesse des composés qui ont de tout autres propriétés, je ne dirai pas seulement géométriques, mais physiques et chimiques que les substances simples dont ils ont été formés ?

Le Métaphysicien. — Votre observation est juste, mais elle n'infirme en rien la vérité de mon principe. Je sais, comme vous, que la Nature ne se répète ni ne se copie jamais. Dans ses constructions, comme dans ses générations, elle arrive toujours à quelque chose de nouveau. Mais il s'agit de s'entendre sur le principe énoncé. Toutes les propriétés de l'effet sont contenues dans la cause, mais virtuellement; et le résultat de toute génération, de toute composition, de tout développement, de toute organisation, est précisément de faire passer l'être de la puissance à l'acte. C'est ainsi que la graine contient la plante, que l'embryon contient l'animal, que le simple comprend les propriétés du composé. En ce sens seulement, il est vrai de dire qu'il ne peut rien y avoir de plus dans l'effet que dans la cause.

Le Savant. — Je vous entends; mais, même en ce sens, l'axiome n'est-il pas contestable? Pouvez-vous dire que toutes les propriétés de la plante soient, même *virtuellement*, contenues dans la graine, que toutes les facultés de l'animal préexistent dans l'embryon?

Le Métaphysicien. — Ici encore une distinction est nécessaire. La graine est bien le principe de la plante, l'embryon est le principe de l'animal; mais beaucoup d'autres causes concourent au développement de l'être en germe, et y introduisent des forces, des propriétés, des éléments que le germe ne contient pas, même virtuellement. Or, si ces éléments nouveaux et adventices ne préexistent pas dans le germe, ils préexistaient dans d'autres causes. Donc votre observation, juste d'ailleurs, ne prouve rien contre mon principe. Il reste établi que l'explication des matérialistes est contredite par un axiome de la raison.

Le Savant. — Condamné par la raison et par l'expérience, le matérialisme est bien malade. Je m'étonne même qu'il ait pu résister si longtemps à de pareils coups ; n'est-il pas encore populaire à l'heure qu'il est ?

Le Métaphysicien. — Cette popularité s'explique d'abord par la nature plus ou moins grossière des esprits que séduit le matérialisme, et aussi par la faiblesse des doctrines qu'on lui oppose. Ecrasé sous l'évidence des faits, il se relève devant les conclusions exagérées du spiritualisme. Lui aussi oppose des faits décisifs à ces conclusions, et triomphe dans sa critique. Force invincible des faits, impuissance des théories, voilà ce qui explique les vicissitudes de l'interminable lutte entre le matérialisme et le spiritualisme. Mais ceci est une autre question, que nous retrouverons plus tard. Pour le moment, il ne s'agit entre nous que du matérialisme. Êtes-vous enfin frappé de l'insuffisance de cette doctrine à expliquer la vie, la vie végétative et animale, aussi bien que la vie morale, la vie des corps tout comme la vie des âmes?

Le Savant. — Nier une vérité aussi clairement démontrée serait se refuser à l'évidence. Il est donc bien entendu entre nous que le simple n'explique pas toujours le composé ; que l'être organique, par exemple, ne se réduit pas à ses éléments ; qu'en lui autre chose est la condition et la base, autre chose le principe et l'essence ; que, dans les générations de la Nature, le *meilleur* procède du *pire*, la vie des forces mécaniques et physiques, la sensibilité de la vie, la pensée de la sensation, la volonté de l'instinct, sans en être un pur et simple effet, mais par la vertu de forces et de principes étrangers et supérieurs ; que, par conséquent, de tous les faits, de tous les axiomes invoqués par le matérialisme, aucun ne prouve rigoureusement sa thèse : à savoir, que la physiologie et la psychologie se ramènent à la géométrie et à la mécanique ; que l'étendue et le mouvement rendent compte de tous les phénomènes de la vie universelle.

Le Métaphysicien. — C'est cela même. Et cette insuffisance est si manifeste qu'elle a frappé les matérialistes les plus intelligents ou les moins systématiques. Vous savez qu'on distingue, dans l'histoire de cette philosophie, les matérialistes purs, les *mécanistes*, qui font tout sortir de l'étendue et du mouvement, et les matérialistes inconséquents, plus fidèles à la vérité qu'à la logique, les *naturalistes* proprement dits, qui expliquent tous les phénomènes de la vie universelle par un principe vague et confus, mélange de matière, de force et de vie qu'ils appellent *Nature*, et sans lequel il leur semble impossible de rendre compte de tout ce qui dépasse la géométrie et la mécanique. C'est le matérialisme des physiciens en général, par opposition aux géomètres, de Thalès et de l'école ionienne, de certains stoïciens, de Diderot, de d'Holbach et de la plupart des philosophes du xviiie siècle. J'avais en vue cette doctrine quand je vous disais, sans doute à votre grande surprise, qu'il y a plus de spiritualisme dans la physique des encyclopédistes que dans celle des cartésiens. Vous voyez que le matérialisme des géomètres et des *mécanistes*, si séduisant par sa précision, sa clarté et sa simplicité, trouve des incrédules, même parmi les adversaires les plus déclarés du spiritualisme.

Le Savant. — Rien de plus vrai. La philosophie mécanique, qui explique tout par l'étendue divisible ou indivisible et le mouvement, réduite à sa véritable portée, ne rend réellement compte que des phénomènes qui se passent dans le monde de la géométrie et de la mécanique ; elle a beaucoup de peine à expliquer les phénomènes de la physique et de la chimie, dans le règne inorganique. Quant aux phénomènes de la vie végétative, de la vie sensitive et active, ils lui échappent complétement.

Le Métaphysicien. — C'est convenu, mais ma critique ne se borne pas à trouver le matérialisme insuffisant : c'est là son moindre défaut. Encore est-il juste d'ajouter qu'il repose sur une hypothèse.

Le Savant. — Voilà qui est plus fort. Comment! une philosophie qui se donne pour la vérité *positive* par excellence manquerait de base? Il serait piquant de le démontrer. Mais je crains que vous ne donniez ici dans le *paradoxe*.

Le Métaphysicien. — C'est le mot du sens commun, de cette espèce de sens commun qui n'est que le préjugé des intelligences vulgaires. Mais soumettons un peu à l'analyse les principes de la philosophie mécanique, et vous verrez s'il en sort autre chose que des hypothèses, des abstractions ou des impossibilités.

Le Savant. — Je vous écoute.

Le Métaphysicien. — Le matérialisme affecte trois formes principales, suivant les trois idées qu'il se fait de la matière, principe unique des choses, dans sa manière de voir. La matière est conçue comme un principe de substance, de force et de vie tout à la fois : c'est le *naturalisme* dont nous avons déjà parlé, mélange indiscret de géométrie, de mécanique, de physique, de physiologie et même de psychologie que nous n'avons point à examiner dans un chapitre consacré tout entier à l'exposition et à la critique des doctrines métaphysiques tirées seulement de l'expérience sensible et de l'imagination. La matière peut encore être conçue comme simple, étendue, indivisible, continue et compacte, ainsi que la comprennent Descartes et toute son école. Enfin, elle peut être conçue comme divisible, multiple, éparpillée en infiniment petits, comme la considèrent les anatomistes de l'antiquité et la plupart des physiciens modernes. Théorie de la *Nature*, théorie de l'*étendue géométrique*, théorie de l'étendue physique ou des *atomes*, voilà les trois doctrines dans lesquelles se résume le matérialisme. La première mise à part, soumettons les deux autres à l'épreuve de l'analyse. Voyons d'abord la théorie des purs géomètres.

Le Savant. — Je ne comprends pas très bien votre distinction de l'étendue géométrique et de l'étendue physique.

Le Métaphysicien. — Elle est pourtant capitale et facile à saisir. Vous savez que la géométrie considère l'étendue, abstraction faite de toutes ses propriétés physiques, c'est-à-dire uniquement dans ses rapports avec l'espace conçu par l'imagination, tandis que la physique, laissant là l'espace, et les propriétés abstraites de l'étendue qui naissent de ses rapports avec l'espace, telles que les diverses positions et figures des corps, ne s'occupe que des propriétés réelles et sensibles que lui révèle l'expérience. Vous comprenez la différence des deux étendues et des deux sciences. L'objet de la géométrie est de pure imagination ; c'est l'étendue abstraite, ou, pour mieux dire, l'espace. L'objet de la physique est tout d'expérience ; c'est le corps, la réalité sensible avec toutes ses propriétés.

Le Savant. — Je vois bien que la géométrie ne traite pas de toutes les propriétés de l'étendue ; mais je ne vois pas que l'étendue des géomètres soit autre que l'étendue des physiciens. Jusqu'ici j'avais considéré, avec tous les géomètres et la plupart des métaphysiciens, l'étendue proprement dite comme la propriété fondamentale, essentielle des corps ; si essentielle qu'il est impossible de s'en faire la moindre idée sans la notion d'étendue, au lieu que je puis fort bien les concevoir sans la plupart des autres propriétés que nous révèle l'expérience. N'est-ce pas sur cette différence que repose la distinction des qualités premières et des qualités secondes ? Et cette distinction n'est-elle pas le point de départ de toutes les théories des métaphysiciens sur la philosophie naturelle ?

Le Métaphysicien. — Hélas! oui, de tous le métaphysiciens mécanistes, comme Descartes et son école. Or c'est précisément la source de toutes les erreurs de cette philosophie. Rien de plus simple et de moins contestable au premier abord. Étant donnée la notion complexe de corps, on y distingue, comme nous l'avons fait au début de notre exposition du matérialisme, les propriétés qui sont communes à tous les corps de celles qui sont propres à certains corps ; on prend celles-ci pour les qualités accidentelles et *secondes*, celles-là pour les qualités essentielles et *premières* ; et comme l'étendue, la forme et les autres propriétés géométriques sont communes à tous les corps, on en fait la base, l'essence, la substance même des réalités corporelles, dont les autres propriétés physiques ou chimiques ne seraient que les diverses modifications.

Le Savant. — La distinction est évidente, et j'y vois un fondement solide à la théorie de la constitution des corps. Je trouve même que l'étendue a encore un autre droit au privilége de propriété constitutive, dont vous n'avez pas parlé ; c'est l'impossibilité de concevoir un corps quelconque sans étendue.

Le Métaphysicien. — En effet, c'est à double titre que l'étendue est ou du moins semble la propriété constitutive par excellence. Elle est à la fois commune et nécessaire à tous les corps : double critérium qui a trompé Descartes et les métaphysiciens de son école, et les a conduits à faire de l'étendue la substance même des corps.

Le Savant. — Vous regardez donc cette doctrine comme une erreur ?

Le Métaphysicien. — Comme la plus capitale qu'on puisse commettre en cette matière. C'est la source de toutes les absurdités de la physique cartésienne.

Le Savant. — Mais pourtant où est le vice de raisonnement ? Si l'étendue est, de toutes les propriétés des corps, la seule qui soit à la fois commune à tous et sans laquelle on ne puisse avoir la moindre idée d'un corps, n'est-il pas logique d'en conclure qu'elle en est la propriété constitutive ?

Le Métaphysicien. — Très logique assurément. Ici ce n'est point la logique qui est en défaut, c'est l'observation. Si l'étendue, à laquelle il est impossible de refuser le double caractère dont nous venons de parler, était réellement une propriété des corps, vous auriez raison avec Descartes, avec les géomètres et les *mécanistes* de tous les temps.

Le Savant. — Comment ! L'étendue n'est pas une propriété des corps ? Voici qui est nouveau. Et qu'est-ce donc, s'il vous plaît ?

Le Métaphysicien. — C'est une propriété de l'espace et non des corps. C'est le lieu des corps, rien de plus.

Le Savant. — J'admets cela pour l'étendue abstraite des géomètres, mais non pour l'étendue réelle et sensible des physiciens.

Le Métaphysicien. — Cette distinction, à vrai dire, n'a pas de fondement. Il n'y a qu'une étendue, simple propriété de l'espace, qui fait l'objet propre de la géométrie, et dont ne traite pas la physique, uniquement occupée des propriétés réelles et sensibles des corps.

Le Savant. — Quoi ! l'étendue n'est pas une propriété de la matière ? Cette étendue figurée, solide, résistante que je presse sous ma main, ne serait que le lieu des corps?

Le Métaphysicien. — Ce n'est pas ce que je veux dire. Ce que vous pressez sous votre main est en effet une réalité, une substance, un corps. Mais il y a une distinction à faire entre les propriétés dont la notion complexe de corps résume la collection. De ces propriétés, les unes, comme la masse, la pesanteur, la cohésion, l'élasticité, etc., etc., sont propres à la notion tout expérimentale, toute physique de corps ; les autres, comme l'étendue et la figure, sont communes à la notion de corps et à la notion d'espace, ou plutôt sont propres à la notion toute géométrique d'espace, et ne sont attribuées aux corps qu'en vertu de leur rapport avec l'espace. A parler rigoureusement, l'étendue et la forme ne sont que des propriétés de l'espace. Sans doute tous les corps qui tombent sous nos sens nous sont représentés sous l'idée d'une portion d'étendue continue, figurée et limitée ; mais ce n'est là qu'une simple apparence qui n'affecte en rien la réalité. De même que, dans un puissant télescope, les taches blanchâtres de la voie lactée se résolvent, malgré leur apparente continuité, en un amas de points lumineux distincts et de dimensions absolument inappréciables, de même des expériences concluantes résolvent le fantôme d'un corps étendu, continu et figuré, en un système d'atomes et de particules infinitésimales, auquel les lois de notre imagination nous obligent d'attribuer une figure et des dimensions, mais sans qu'il y ait à cela aucun fondement réel (1). La notion de l'étendue, appliquée aux corps, est une pure image, une illusion, qui s'évanouit devant les expériences de la physique et les analyses de la chi-

(1) Voy. M. Cournot, *Fondements de nos connaissances*, t. I, chapitre VIII.

mie. Elle n'a de vérité et de sens, elle n'est une idée, une notion scientifique, que si elle est rapportée à l'espace, dans la sphère de l'imagination et de la géométrie.

Le Savant. — Je suis en ce moment comme un homme qu'on réveille tout à coup au milieu d'un songe, où la logique est dupe de l'imagination. J'ai beau ouvrir les yeux, je ne vois pas encore clairement que j'aie été le jouet d'une illusion.

Le Métaphysicien. — Vous ne tarderez pas à revenir au sentiment de la réalité, si vous voulez bien laisser là l'espace, l'imagination, la géométrie pour la véritable notion de corps, l'expérience et la physique. Voyez-vous les physiciens et les chimistes expliquer aujourd'hui les phénomènes qu'ils constatent par des hypothèses sur les figures et les dimensions des atomes ou molécules élémentaires? Nullement. Ils ont laissé ces vaines et fausses explications à la vieille physique, à la physique des géomètres et des mécanistes qui ne voient dans les propriétés physiques et chimiques des corps que des modifications de l'étendue. C'est par des forces réelles et non par des formes inertes que la science explique les phénomènes révélés par l'expérience. L'avènement de la vraie physique et surtout de la chimie en a fini pour jamais avec les hypothèses de la philosophie mécanique.

Le Savant. — Je commence à comprendre que vous avez raison. Me voici revenu à l'état de veille; tout à l'heure je rêvais en compagnie de Descartes et des géomètres. J'entrevois maintenant toutes les conséquences d'une première erreur. Si l'étendue n'est qu'une propriété de l'espace, elle ne peut être donnée comme la qualité fondamentale de la matière, la substance même des modifications corporelles; et la théorie cartésienne n'a d'autre fondement qu'une illusion de l'imagination qui nous représente les corps dans l'espace. Elle n'est pas seulement insuffisante pour expliquer toutes les propriétés physiques, chimiques, physiologiques des différents êtres de la Nature; elle pèche par la base et repose sur une abstraction géométrique. D'ailleurs c'est une doctrine jugée dont on ne parle plus, depuis que les principes de la philosophie de Newton ont prévalu, et surtout depuis les belles découvertes de la chimie. Mais il n'en est pas de même de la théorie de l'étendue physique, divisible en particules atomiques, qui sert de base aux principes de la physique newtonienne et aux analyses de la chimie moderne. C'est encore une explication mécanique, mais bien autrement solide et scientifique que la théorie cartésienne. L'exposition séduisante que vous m'en avez faite me laisse encore des regrets et des doutes sur la solidité des critiques qu'on peut lui opposer.

Le Métaphysicien. — J'en conviens. La théorie des atomes est spécieuse, et mérite un examen d'autant plus sérieux que la science la couvre en quelque sorte de son autorité. Ce n'est pourtant pas que tous les physiciens et tous les chimistes contemporains l'adoptent sans réserve. Confondue d'abord avec la science elle-même, et acceptée avec la même confiance, elle soulève maintenant des doutes et perd sensiblement du terrain dans le monde des savants. Il est des physiciens et des chimistes de premier ordre qui s'en détachent comme d'une simple hypothèse, peu favorable et même contraire à l'explication des faits.

Le Savant. — La théorie atomique ne serait qu'une hypothèse? Ce jugement m'étonne. J'avais toujours cru qu'elle repose sur l'observation et l'analyse. Par exemple, est-ce que l'analyse chimique ne démontre pas la prodigieuse divisibilité des propriétés de la matière ? Est-ce qu'elle ne détermine pas les rapports numériques des quantités pondérables suivant lesquelles les corps se combinent ? Et la théorie des équivalents et les lois de l'isomorphisme, sont-ce des faits ou des hypothèses ?

Le Métaphysicien. — Ce sont des faits parfaitement constatés par l'expérience, et sur lesquels la science n'a plus à revenir. Si la théorie des atomes n'était que la simple expression de ces faits, elle aurait la même autorité scientifique, et ne serait plus une hypothèse; mais elle a de tout autres prétentions. Elle ne résume et ne coordonne pas simplement les phénomènes observés; elle les explique. Ce n'est ni l'expression immédiate, ni même une induction rigoureuse des faits, mais une sorte de construction géométrique fondée sur une simple analogie. L'analyse chimique ne peut atteindre que des corps, c'est-à-dire des phénomènes. Si subtils qu'ils soient, il y a infiniment loin de ces corpuscules aux atomes. La théorie atomique n'est donc qu'une hypothèse imaginée pour exprimer, sous une forme géométrique, les lois de l'isomorphisme et les équivalents chimiques, c'est-à-dire les rapports numériques des quantités pondérables suivant lesquelles les corps se combinent. Tant que la notion toute mathématique de l'étendue a été considérée comme la notion fondamentale de la réalité corporelle, la théorie des atomes était un axiome pour la philosophie chimique. On ne concevait même pas la possibilité d'expliquer autrement la constitution moléculaire des corps; l'imagination et la géométrie étaient d'accord pour tromper la raison. Maintenant que la science a ramené la notion des corps à ses vrais éléments, c'est-à-dire aux propriétés physiques et chimiques révélées par l'expérience, la théorie atomique perd chaque jour des partisans. Écoutez l'un des organes les plus sûrs de la science : « La théorie atomique repose sur des hypothèses gratuites; elle ne renferme d'exact que ce qu'elle emprunte à la théorie des équivalents, sans présenter d'avantage sur cette dernière. Pour la faire accorder à la fois avec les équivalents chimiques et avec les lois de l'isomorphisme, il faudrait renoncer aux principes sur lesquels on l'a basée d'abord, et admettre pour les poids atomiques les nombres proportionnels thermiques que nous avons définis (1). » Ce n'est pas un métaphysicien qui parle ainsi; c'est un savant qui a longtemps cru, sur l'apparence et, au nom de la géométrie, à la fausse simplicité de la théorie des atomes.

Le Savant. — Ne confondons pas la théorie atomique des chimistes avec la philosophie des atomes. C'est la première seulement que les savants dont nous venons de parler ont en vue, quand ils lui reprochent d'être contraire aux faits. Cette théorie en effet contient des hypothèses démenties par l'expérience : par exemple, que les rapports pondéraux des corps simples sont ceux du poids de leurs atomes, vu que les gaz simples renferment, sous volume égal et dans les mêmes circonstances de température et de pression, le même nombre d'atomes. Mais la théorie philosophique des atomes ne renferme aucune hypothèse de ce genre. Prise dans sa généralité métaphysique, elle se réduit à reconnaître que la matière a des éléments indivisibles. Je ne vois pas ce que cette hypothèse peut avoir à démêler avec l'expérience.

Le Métaphysicien. — La distinction est juste. En citant les paroles d'un de vos savants, j'ai voulu seulement constater que la science, au moins dans ses organes les

---

(1) Regnault, *Premiers éléments de chimie*, 2ᵉ édition.

plus avancés, n'entend nullement patroner l'atomisme, comme théorie métaphysique. Elle adopte, dans cette théorie, ce qui est l'expression immédiate des faits, rejette les hypothèses qui les contredisent, et laisse à la métaphysique la responsabilité des *atomes*, conçus comme principes substantiels des choses. C'est donc à la philosophie des atomes que j'en reviens. Si celle-ci n'a rien à craindre de l'expérience, elle me paraît avoir un compte à régler avec la raison.

Le Savant. — Pourtant la géométrie lui a prêté de tout temps le prestige de ses constructions et de ses formules.

Le Métaphysicien. — La géométrie est infaillible dans son domaine, dans tout le monde de l'étendue et de l'espace ; mais dans le monde de la réalité et de la vie, dans la physique, la chimie, la physiologie, il faut se défier de ses principes et de ses constructions. Le plus souvent elle fausse la Nature, qu'elle prétend simplifier. Dans la question qui nous occupe, elle me semble en contradiction manifeste avec la raison. La théorie des atomes se ramène, comme vous savez, à trois principes : les atomes, le vide et le mouvement. Que direz-vous si l'on vous démontre que les atomes sont impossibles, que le vide est inintelligible, et que par suite le mouvement est mécaniquement inexplicable ?

Le Savant. — Voilà ce que je serais curieux de voir.

Le Métaphysicien. — Rien n'est plus facile à prouver. Parlons d'abord du vide. La porosité des corps démontre la différence de densité, mais nullement le vide proprement dit. Les physiciens le comprennent aussi bien que les philosophes ; il n'y a pas de machine pneumatique qui fasse le vide absolu. Et quand il y en aurait d'assez parfaites pour absorber toute la matière pondérable, il ne serait nullement démontré par là qu'on aurait obtenu le vide absolu ; car rien ne prouve que toute matière soit pondérable. Au contraire, dans l'état actuel de la science, tout tend à établir l'existence d'une substance impalpable, incompressible, impondérable, l'*éther*, sans laquelle il serait impossible d'expliquer la transmission de la lumière et son passage à travers le vide. La théorie du vide a donc déjà contre elle l'expérience.

Le Savant. — Je le veux bien ; mais, d'une autre part, n'est-elle pas fondée sur une conception nécessaire de la raison ? Est-il possible de concevoir le plein sans le vide ? Est-il possible d'expliquer sans le vide le mouvement des atomes ?

Le Métaphysicien. — Non sans doute. Mais qu'est-ce que cela prouve ? Que le vide est la condition du mouvement des atomes dans le système, c'est-à-dire dans l'hypothèse des atomes ; qu'il est la condition du plein, si toutefois le plein existe. Il est clair que, si l'hypothèse des atomes est une vérité, la conception du vide est une nécessité. Mais il faut distinguer entre une nécessité de la logique et une nécessité de la raison. La conception du vide et celle des atomes sont deux hypothèses tellement unies entre elles qu'elles s'impliquent réciproquement ; mais cela ne prouve rien en faveur de la vérité absolue de l'une ou de l'autre. La théorie du vide, qui a déjà contre elle l'expérience, a-t-elle réellement pour elle la raison ? Voilà entre nous la question.

Le Savant. — En effet.

Le Métaphysicien. — Eh bien ! si vous voulez affranchir votre esprit des illusions de l'imagination et de la géométrie, en ce qui touche à la réalité et à la substance même des choses sensibles, vous comprendrez que, loin d'être une conception nécessaire de la raison, la théorie du vide y répugne invinciblement. Qu'est-ce que le vide absolu, sinon le néant, c'est-à-dire une abstraction inintelligible que l'esprit sait parfaitement être sans objet?

Le Savant. — Pourquoi sans objet? Le vide absolu, c'est l'espace. Or l'espace n'est-il rien, parce qu'il n'est aucune espèce de substance matérielle? Nieriez-vous aussi la réalité objective de l'espace, et n'en feriez-vous, avec Kant, qu'une simpe forme de la sensibilité?

Le Métaphysicien. — Je ne dis pas que la notion d'espace soit une notion sans objet. Mais j'ai beau mettre mon esprit à la torture, je ne puis attribuer à l'espace une existence substantielle, indépendante des corps. Je ne comprends point une substance dont nul attribut ne peut être déterminé, qui n'est ni matière, ni force, ni âme, ni esprit, ni Dieu, qui n'est aucune des choses que nous révèlent le sens, la conscience et la raison. Mais de ce que l'espace n'est aucune substance, il ne s'ensuit pas qu'il ne soit qu'une forme de la sensibilité et de l'imagination, sans objet extérieur. Leibnitz a dit la vérité sur l'existence de l'espace. Ce n'est pas un être, mais un simple rapport résultant de la coexistence des êtres sensibles. Ce n'est pas le vide absolu qui fait qu'un corps est dans un lieu, et, comme on dit, occupe un espace : c'est simplement la différence de densité, de forme ou même de nature. Nous ne dirons pas, avec certains philosophes anciens, que tout est *plein* dans la Nature, parce que ce mot suppose ce qui est en question, l'existence d'une *matière* primitive, étendue et solide. Mais ce que la raison peut hardiment affirmer, c'est que l'être est partout, qu'il remplit tout, qu'il n'y a ni vide ni lacune dans la vie universelle, et que la seule différence de forme, de densité, de nature des êtres suffit parfaitement pour en expliquer les mouvements, les développements et les évolutions. Voilà donc la théorie du vide réduite à une hypothèse absurde et inutile : hypothèse, puisque l'expérience ne prouve rien en sa faveur; hypothèse absurde, puisque la notion du vide proprement dit est sans objet ; hypothèse inutile, puisque le vide n'est la condition du mouvement que dans la théorie des atomes, autre hypothèse dont il nous sera facile de démontrer l'impossibilité.

Le Savant. — Je passe condamnation sur le vide, qui me semble en effet une pure abstraction de l'esprit, comme le néant ; mais, si vous attaquez jusqu'à l'existence de la matière, que restera-t-il des principes des choses ?

Le Métaphysicien. — Soyez tranquille; la réalité n'est point en péril. Cette discussion n'est pas un jeu de sophistes. Ce n'est pas la vérité qui est en cause : ce sont des préjugés que l'habitude, la fausse lumière de l'imagination, l'autorité incompétente de la géométrie ont fait passer longtemps pour des vérités, et qu'une saine raison est en train de dissiper, d'accord avec les sciences de la réalité et de la Nature, avec la physique et la chimie. A défaut des atomes, nous trouverons des principes plus sûrs, plus intelligibles, plus positifs. Nous n'aurons qu'à les demander à l'expérience. Mais revenons à notre sujet. Le vide est, dans la théorie des atomes, la condition nécessaire du mouvement. Le vide supprimé, les atomes forment une étendue compacte et continue dans laquelle toute espèce de mouvement devient impossible. Des trois principes de la théorie atomistique, il ne reste plus que les atomes.

Le Savant. — C'est le fond et la base de toute matière. Si votre dialectique parvient aussi à les supprimer, nous tombons en plein néant.

Le Métaphysicien. — Le néant en effet pour l'imagination, non pour la raison et la science. Si la géométrie nous abandonne, nous invoquerons la physique et la chimie. En attendant, allons droit notre chemin et poursuivons la vérité, sans nous inquiéter des ruines qu'il nous faudra traverser pour la trouver. Ce n'est pas sans raison que vous craignez pour vos atomes. Je les crois sérieusement compromis dans le naufrage des autres principes de la théorie. Il me semble que tout se tient dans cette ingénieuse construction de la philosophie mathématique ; que le plein ne va pas plus sans le vide que le vide sans le plein ; que, le vide supprimé, l'imagination se représente mal, non-seulement le jeu des atomes, la composition et la décomposition, tous les mouvements, toutes les modifications et transformations de la matière, mais encore l'existence et la forme distincte des atomes. En effet, supprimez le vide ; vous ne pouvez plus imaginer les atomes autrement que serrés les uns contre les autres et formant une masse indistincte, indivisible, parfaitement immobile. Ou plutôt les atomes proprement dits ont disparu, et nous retrouvons à leur place l'étendue compacte et continue des cartésiens. Les atomes et le vide sont des conceptions qui s'impliquent réciproquement et ne peuvent aller l'une sans l'autre. Vous voyez donc que le coup porté à la théorie du vide atteint également celle des atomes, et met la doctrine entière à néant.

Le Savant. — Telle est en effet la solidarité des trois principes, le vide, les atomes et le mouvement, que la suppression d'un seul entraîne logiquement celle des deux autres.

Le Métaphysicien. — Maintenant laissons la logique, et soumettons les deux notions du mouvement et des atomes à l'analyse. La théorie atomistique se pique de ne relever que de l'expérience sensible. Son grand mérite est sa simplicité, la géométrie et la mécanique en faisant tous les frais. Or, si simple qu'elle soit, elle dépasse encore les données des sens. La notion du mouvement est sans doute empruntée à l'expérience sensible qui constate le déplacement des corps; mais elle implique une notion qui dérive d'une tout autre source de connaissance. Tout mouvement suppose une cause, une *force* motrice. Cette force est-elle une propriété inhérente à l'étendue, comme la forme, la divisibilité? Il n'y a entre elle et l'étendue aucun rapport de nature qui permette de le penser. Qu'ont de commun la force et l'étendue? Comment l'une serait-elle une simple modification de l'autre? L'esprit a beau chercher, il ne trouve aucune analogie entre ces deux propriétés. Elles lui viennent de deux sources différentes. Si la notion d'étendue est due à l'imagination, la notion de cause ou de force (je ne dis pas de mouvement) est due à la conscience. En sorte que les atomistes et les mécanistes, qui peuvent bien parler de mouvement, n'ont pas le droit de parler de forces, même dans le sens le plus simple et le plus mécanique du mot, à moins d'invoquer le témoignage de la conscience.

Le Savant. — J'entends bien; mais qu'importe? Que le mouvement soit une propriété de la matière ou de tout autre principe, il n'en est pas moins un fait d'expérience. La théorie des atomes le prend comme tel, sans se soucier de l'expliquer.

Le Métaphysicien. — Je comprendrais cette sécurité, si le fait n'était qu'inexplicable; mais s'il est de plus contradictoire à la notion d'étendue, telle que l'imagine la théorie des atomes, que direz-vous? Or, c'est là précisément ce qui arrive. La raison ne peut comprendre ni que la force soit une propriété de l'étendue, ni qu'elle soit avec elle dans un rapport quelconque de coexistence et d'action. Le mystère qui couvre les rapports de l'âme et du corps n'est pas plus impénétrable. Si la science en était réduite à résoudre la question dans ces termes, elle ferait aussi bien de reprendre en même temps la quadrature du cercle. Avec leurs fausses notions sur la matière réduite à l'étendue, les écoles mécaniques ont créé, entre la Nature et l'Esprit, une sorte de divorce qui rend inexplicable, inintelligible, impossible toute espèce de relation entre ces deux termes, la simple impulsion mécanique, aussi bien que l'action des forces vitales et animiques.

Le Savant. — Je ne vois pas ce que vous en pouvez conclure contre l'existence des atomes. Ce n'est qu'un mystère de plus à ajouter aux obscurités de la science humaine.

Le Métaphysicien. — Malheureusement ce mystère ressemble à la plupart de ceux que la théologie nous enseigne; c'est une impossibilité logique, une contradiction dans laquelle l'esprit ne peut se maintenir. Quoi qu'il en soit, voilà pour le mouvement. Voyons si les atomes résisteront mieux à notre analyse. Je constate d'abord qu'ici il ne s'agit plus d'un fait, tel que le mouvement, mais d'une simple hypothèse. L'expérience n'atteint pas les atomes proprement dits, c'est-à-dire les vrais principes élémentaires et constituants des corps. Il est vrai qu'une hypothèse peut prendre rang et autorité dans la science, du moment qu'elle ne contredit ni l'expérience ni la raison; mais celle-ci ne paraît pas avoir cet avantage. Produit de l'imagination des philosophes géomètres et *mécanistes*, elle représente les atomes comme étendus, et même fait de l'étendue la propriété fondamentale, l'essence propre de ces principes élémentaires. Or, si l'étendue n'est pas une propriété des corps, mais de l'espace, ainsi que nous l'avons montré, elle ne peut pas plus être attribuée aux atomes qu'aux corps eux-mêmes.

Le Savant. — Ici je ne vois pas la nécessité de la conclusion. Que les corps proprement dits, qui sont des composés, ne doivent cette propriété de l'étendue qu'à un simple rapport de contiguïté, de juxtaposition, et par suite d'espace, je le pense comme vous; mais l'atome, que je conçois comme nécessairement étendu, ne peut devoir cette propriété au même rapport de composition et d'agrégation, puisqu'il est principe composant.

Le Métaphysicien. — Qu'importe? Vous n'en transportez pas moins la même image, la même illusion des corps aux atomes. Qui dit étendue dit continuité, et par suite juxtaposition dans l'espace. C'est toujours par le même acte d'imagination, et en vertu du même rapport de la matière avec l'espace, que vous concevez l'atome comme étendu. Cela est si vrai que vos atomes sont indéfiniment divisibles pour l'imagination, au même titre que les corps, et qu'il lui est impossible de se fixer dans son hypothèse. Il lui faut aller jusqu'à la pure abstraction, jusqu'au néant des atomes inétendus. Toute la différence des corps et des atomes est du grand au petit; donc l'étendue n'est pas plus une propriété des atomes que des corps. Vous voilà réduit à concevoir les atomes comme de simples points géométriques, sans substance, sans étendue réelle, que les géomètres imaginent pour expliquer leurs constructions mathématiques. Mais ceux-ci ne font pas de métaphysique; ils ne recherchent pas les principes de la réalité. Et remarquez qu'il n'y a pas moyen de donner de la vie à ces abstractions, en considérant les atomes non étendus comme des forces, des monades à la façon de Leibnitz et des *dynamistes*, puisque nous en sommes réduits aux données des sens et de l'imagination, auxquels toute notion de force est étrangère. Toute réalité, toute substance matérielle ou immatérielle nous échappant, nous sommes condamnés à faire le monde, le monde du mouvement et de la vie, avec des abstractions numériques et géométriques, ni plus ni moins que les pythagoriciens. Voilà ce qui reste de toute cette philosophie mécanique qui plaît tant aux esprits *positifs ;* voilà le dernier mot du matérialisme. Êtes-vous encore tenté d'y chercher la vérité et la solide métaphysique?

Le Savant. — Non assurément ; mais cela fait naître une réflexion fâcheuse pour la métaphysique. Puisque avec si peu d'étoffe elle peut construire des systèmes assez plausibles pour faire illusion aux esprits défiants comme moi, combien ne devons-nous pas nous tenir en garde contre ses artifices et ses habiles combinaisons!

Le Métaphysicien — Cette discussion m'a laissé une tout autre impression qu'à vous. Je ne sais pas encore si nous arriverons à une métaphysique qui soit à l'épreuve de la critique ; mais, en attendant, je suis plein de confiance dans la raison et dans la science. Qu'avons-nous détruit jusqu'ici, sinon des hypothèses et des préjugés qui s'étaient mis sous le patronage de la géométrie? Et comment en avons-nous fait justice? En les soumettant à l'épreuve de l'analyse et de l'expérience. Vous avez vu que l'œuvre ne nous a pas coûté de grands efforts de dialectique : il a suffi de rappeler quelques faits et de rectifier quelques notions.

Le Savant. — J'en tombe d'accord. Toujours est-il que vous me laissez dans une cruelle perplexité sur les fondements de la réalité sensible. Du moment que l'étendue n'est qu'une simple propriété de l'espace, je ne vois plus de matière élémentaire pour former les corps ; je ne trouve plus de base, plus de fond pour y appuyer le monde extérieur. Je ne sens partout que vide et néant.

Le Métaphysicien. — Rassurez-vous. La solidité du monde ne tient pas à la fragile et fausse base de la philosophie atomistique; la vraie et sûre notion des corps ne dépend pas de la conception toute géométrique de la matière étendue. Quand nous analyserons cette notion, vous verrez qu'elle est absolument indépendante des conceptions de l'imagination, et se compose uniquement des données de l'expérience; vous comprendrez que ce n'est point à la géométrie que nous la devons, mais à la physique et à la chimie, et qu'elle n'est inébranlable qu'autant qu'on la fonde sur cette double base. Mais cette discussion viendra en son temps. Il nous suffit d'avoir établi qu'il n'y a rien à espérer, pour la métaphysique, de l'imagination, de la géométrie et de la mécanique. De toute cette théorie, si simple et si bien fondée en apparence, aucun principe ne reste debout. La philosophie mécanique n'est pas seulement insuffisante, elle croule par la base, pour peu qu'on veuille la sonder. Qu'elle ne puisse expliquer cette riche et puissante Nature, ce monde si beau, si harmonieux dans sa variété et sa fécondité, c'est ce qui saute aux yeux tout d'abord; mais qu'elle ne puisse rendre compte des phénomènes les plus simples, des formes les plus élémentaires de la matière, qu'elle ne soit qu'un tissu d'hypothèses, de conceptions illusoires et d'abstractions, voilà ce qu'on ne croirait point si l'analyse n'en faisait ressortir l'évidente vérité.

Le Savant. — J'avoue en effet que je m'étais laissé prendre un peu naïvement à la simplicité et à l'apparente clarté de cette doctrine.

Le Métaphysicien. — Elle en a séduit bien d'autres que vous. Elle a d'abord une clientèle assurée dans cette classe d'esprits dont les idées se réduisent à des images, et qui ont besoin de se représenter les choses pour y croire. Ces adeptes-là sont fort nombreux ; ils ne manqueront jamais à l'appel du matérialisme, et la science aura fort à faire encore pendant longtemps de lutter contre des préjugés aussi populaires et aussi naturels. Puis il faut ajouter à la liste des matérialistes de *nature* bon nombre de savants, amoureux de la simplicité au point d'y sacrifier la vérité, et ne connaissant d'autre méthode que celle du *Traité des sensations*. Enfin, il est beaucoup de géomètres qui perdent, dans le commerce des abstractions mathématiques, le sens de la réalité, de la vie, de la Nature, et finissent par ne plus comprendre d'autres principes des choses que les nombres, les figures et l'étendue. Toutefois ces derniers commencent à devenir plus rares, en raison des progrès de la physique, de la chimie, et des autres sciences positives. Bientôt, dans tout le monde savant, la théorie atomique et toutes les explications analogues de la philosophie mécanique n'auront pas plus de crédit que les *nombres* de Pythagore, les *atomes* de Leucippe, les *tourbillons* de Descartes, les *éclaboussures* de Buffon. On sent partout que la lumière de l'imagination n'est qu'illusion en fait de vérité métaphysique, et qu'il faut chercher la solution du problème autre part que dans la géométrie. C'est ce que nous essayerons de faire dans le prochain entretien, si vous ne désespérez pas de la question.

CINQUIÈME ENTRETIEN.

LE SPIRITUALISME.

Le Métaphysicien. — Êtes-vous enfin revenu de vos illusions géométriques ?

Le Savant. — Tout à fait.

Le Métaphysicien. — Alors nous pouvons entrer dans un autre ordre d'idées sans trop de surprise et de répugnance de votre part. Laissant donc l'imagination et ses rêves, la géométrie et ses constructions idéales, adressons-nous à une autre faculté et à une autre science.

Le Savant. — Je le veux bien, mais je vous avoue que la déception que vous m'avez fait éprouver me rend encore plus défiant à l'endroit de la métaphysique.

Le Métaphysicien. — Tant mieux. La science ne veut pour croyants que des esprits libres, difficiles, auxquels il faut que la vérité fasse en quelque sorte violence. Voilà les seuls adeptes que la métaphysique puisse avouer, du moment qu'elle prétend au titre et à l'autorité d'une science. D'ailleurs, la métaphysique de l'imagination, sur laquelle je vous trouve enfin désabusé, n'est pas la seule possible, grâce à Dieu ! Nous ne sommes qu'au début de nos recherches, et nous n'avons pas épuisé la source des systèmes et des théories. L'esprit humain est plus riche que vous ne semblez le croire. L'imagination n'en est qu'une faculté, et même la faculté la plus extérieure et la plus superficielle.

Le Savant. — Eh bien ! voyons les autres facultés à l'œuvre, si elles feront mieux que l'imagination.

Le Métaphysicien. — Tout à l'heure nous avons réduit l'esprit au sens externe et à l'imagination. Donnons-lui, selon la méthode de Condillac, un *sens* de plus, le sens intime, la conscience. La scène du monde va changer pour lui ; avec cet œil nouveau et plus pénétrant, il verra tout autrement les choses. La lumière de l'imagination est une fausse lumière qui n'éclaire que des surfaces, et ne descend point aux profondeurs intimes de la réalité. Cette métaphysique n'est bonne que pour ceux qui ne peuvent recevoir la vérité que par les yeux.

Le Savant. — Alors fermons les yeux aux visions de l'imagination, comme disait Malebranche, et prêtons l'oreille aux révélations de la conscience. Toutefois, il me semble étrange de chercher dans la conscience ces principes de la réalité sensible que nous n'avons pu trouver dans l'imagination.

Le Métaphysicien. — Pourquoi étrange ? S'il s'agissait de la réalité elle-même, vous auriez raison ; il n'y a que l'expérience sensible qui puisse nous la donner. Mais les principes de la réalité sont au-dessus des sens et de l'imagination. Je n'affirme pas encore que la conscience nous les donnera, puisque c'est maintenant l'objet de notre recherche ; mais *a priori* je ne vois rien dans la nature de ces principes qui répugne à une pareille origine. C'est encore un préjugé de l'imagination, de prêter aux principes métaphysiques des choses les formes et les couleurs de la réalité sensible et corporelle.

Le Savant. — Alors je vous écoute.

Le Métaphysicien. — Rappelons d'abord le problème à résoudre. Étant donné le Monde, tel que les sciences physiques et naturelles nous l'ont révélé surtout depuis deux siècles, tel que nous le résume M. de Humboldt dans son magnifique tableau du *Cosmos*, la métaphysique se propose toujours d'en expliquer la composition, la formation, la fin, le plan, le mouvement et la vie, de la manière la plus conforme aux phénomènes et aux lois que l'expérience et le calcul nous ont fait connaître. Il ne s'agit plus de supposer des principes et de refaire le Monde avec, en imitant le procédé du Créateur, comme l'ont imaginé Descartes et la plupart des métaphysiciens de l'antiquité. C'est la réalité même qui doit servir de point de départ à nos explications. Commençons par la montrer sous son vrai jour, en la dépouillant des fausses apparences dont l'enveloppe l'imagination.

Le Savant. — Que voulez-vous dire? Je comprends bien que vous mettiez le sens externe et l'imagination en interdit, quand il s'agit des principes métaphysiques de la réalité. Mais cette réalité elle-même, n'est-ce pas par l'expérience sensible, c'est-à-dire par le sens externe et l'imagination, que vous en avez acquis la connaissance?

Le Métaphysicien. — C'est en effet par l'expérience sensible, aidée de la raison, que je perçois et connais la réalité. Mais l'imagination n'y est pour rien, n'étant que la faculté de *représenter* la réalité dans l'espace. Elle ne peut que fausser et obscurcir la notion de corps en y mêlant ses conceptions et ses constructions toutes géométriques. Vous l'avez vu, dans notre précédent entretien, à propos de l'étendue, de la figure, de la divisibilité et des autres propriétés de l'espace que la philosophie *mécanique* nous donne pour les propriétés fondamentales des corps. Laissons donc l'imagination, et n'interrogeons que l'expérience sur les caractères propres de la réalité sensible. Or n'est-il pas vrai que tous les phénomènes du monde extérieur se réduisent en dernière analyse à des mouvements?

Le Savant. — A des mouvements, dites-vous ? Je pourrais vous accorder cela pour les fluides impalpables, impondérables, incoercibles, comme l'électricité, le magnétisme, le calorique, la lumière, pour cette substance *éthérée* dont la seule propriété connue est de transmettre la lumière. Voilà des phénomènes qui ne semblent pas avoir d'autre propriété essentielle que le mouvement. Mais qu'il en soit de même des substances pondérables et coercibles qu'on nomme *corps*, j'ai de la peine à le comprendre.

Le Métaphysicien. — C'est pourtant ce que démontre l'analyse. Que sont les phénomènes *chimiques* de cohésion et d'affinité qui interviennent dans la composition et la constitution des corps, sinon des mouvements ? Que sont les phénomènes *physiques* d'attraction ou de répulsion à distance, d'élasticité, de calorique, d'électricité, de magnétisme, de son, de lumière, sinon des mouvements ? Tout est mouvement dans l'univers, depuis la matière brute jusqu'à la vie organique, depuis la mécanique jusqu'à la physiologie ; en sorte que la Nature entière pourrait être définie un *acte* universel.

Le Savant. — Je vous arrête au début. Que tout soit en mouvement, que la Nature soit partout *active*, je le veux bien ; c'est ce que l'expérience et la science ont mis hors de doute. Mais que tout ne soit que mouvement, que la Nature ne soit qu'un acte perpétuel, c'est ce que je ne puis ni admettre, ni même comprendre. Le mouvement est une propriété de la réalité, non la réalité elle-même. Vous oubliez la matière, la substance même de la réalité.

Le Métaphysicien. — J'étais sûr de l'objection. Vous ne pouvez parvenir à vous délivrer de vos illusions. Vous *imaginez* toujours une chose étendue et figurée, dont tous les phénomènes constatés par l'expérience ne sont que des accidents. Mais si vous laissez une fois pour toutes ces notions de l'étendue et de la figure qui ne sont que de simples représentations de la réalité sensible dans l'espace, et que vous vous attachiez aux phénomènes physiques et chimiques qui constituent proprement cette réalité, que vous révèle l'expérience? Absolument rien autre chose que des mouvements infiniment divers de degré, de nature, de formes, de conditions et d'effets.

Le Savant. — Mais, même en faisant abstraction des constructions de l'imagination, il est difficile de croire que la notion de la réalité se résolve tout entière dans les phénomènes du mouvement. Et la substance de ces phénomènes, qu'en faites-vous?

Le Métaphysicien. — Ici une distinction est nécessaire. Quand je dis la réalité sensible, j'entends la réalité telle que l'expérience nous la fait percevoir, et non telle que la raison nous la fait concevoir. Que l'expérience ne nous donne pas la notion complète et absolue de la réalité, c'est une question réservée que nous traiterons plus tard. En ce moment, il ne s'agit que de la réalité sensible. Or, si de cette réalité vous supprimez l'étendue, la figure et les autres propriétés de l'espace, que vous reste-t-il de plus que le mouvement?

Le Savant. — J'en tombe d'accord pour les phénomènes physiques et chimiques dont nous venons de parler, pour les phénomènes d'attraction, de cohésion, d'affinité, d'élasticité, d'électricité, de magnétisme, etc. Mais vous me persuaderez difficilement que les sensations de saveur, d'odeur, de couleur, de lumière, de son, de résistance, ne sont que des mouvements.

Le Métaphysicien. — Entendons-nous. Les sensations, n'étant que de simples affections du sujet sentant, ne peuvent être considérées comme qualités des corps.

Quant aux causes parfaitement inconnues qui les provoquent, il faut bien admettre qu'elles subsistent dans les objets, indépendamment de tout rapport à notre sensibilité. Mais il est impossible d'établir la moindre analogie entre ces causes et leurs effets sur nos organes. Et même, à proprement parler, ce ne sont pas des propriétés positives des corps, comme les phénomènes physiques et chimiques de l'attraction, de la cohésion, de l'affinité, de l'élasticité, de l'électricité, etc., mais de simples *virtualités* ou *capacités* qui ont besoin du contact d'un organe pour produire leur effet. C'est en ce sens qu'il est parfaitement exact de dire que les corps ne sont point par eux-mêmes chauds ou froids, sourds ou sonores, obscurs ou lumineux, insipides ou savoureux, inodores ou odorants, tandis que les propriétés d'attraction, d'élasticité, de cohésion, d'affinité, d'électricité, de magnétisme leur appartiennent en propre, abstraction faite de tout rapport avec leurs organes.

Le Savant. — Je ne comprends pas encore bien votre distinction. Est-ce que toutes les qualités des corps, premières ou secondes, essentielles ou accidentelles, ne sont pas également des phénomènes *sensibles*, lesquels ne nous sont connus que dans leur rapport avec nos organes? Est-ce qu'il vous est possible de vous faire du mouvement, de l'attraction, de l'électricité, du magnétisme une idée autre que la sensation qui nous en révèle l'existence?

Le Métaphysicien. — Sans doute toutes ces propriétés ont cela de commun qu'elles nous sont acquises par l'intermédiaire des sens. Mais il n'en faut pas moins distinguer les pures *sensations* des *notions* de l'expérience aidée de l'induction. Les propriétés physiques et chimiques des corps, comme l'attraction, l'affinité, l'électricité, sont des phénomènes permanents, immuables, propres aux corps, et sans aucune relation avec les organes, tandis que les propriétés dites secondes, comme la couleur, l'odeur, la saveur, la chaleur, le son, la lumière, sont des phénomènes fugitifs, variables et dépendant de notre sensibilité. Les premières sont des lois de la nature, qui n'ont rien de commun avec les variations de notre sensibilité. Supprimez celle-ci, elles n'en persistent pas moins. Les secondes ne sont que des particularités de notre organisme diversement affecté ; si vous modifiez ou supprimez les sens, ces propriétés n'existent plus ou changent de caractère.

Le Savant. — Est-ce à dire que les sensations de la seconde espèce soient purement affectives?

Le Métaphysicien. — Nullement. Ici encore une distinction est à faire. La lumière, par exemple, est un phénomène dont la représentation est tout à fait relative à notre organe visuel, et dont il est impossible à l'esprit de se faire la moindre image, indépendamment de cette représentation. Mais les lois selon lesquelles se produisent les phénomènes lumineux sont indépendantes de l'organe visuel, et la notion qu'en a l'esprit est si distincte de la sensation des phénomènes proprement dits qu'un aveugle-né, comme on en a fait l'expérience, peut parfaitement s'en rendre compte avec le seul secours de la géométrie. Il en est de même des phénomènes et des lois du son, des phénomènes et des lois de l'électricité et du magnétisme, des phénomènes et des lois en général. Partout, le *phénomène* est variable, relatif, objet propre de la sensation, irréductible à toute notion scientifique ; partout la *loi* au contraire est immuable, absolue et *propre* à la réalité, objet de la science indépendant de la sensation. C'est la *loi* seulement qui constitue ce qu'on appelle une propriété physique ou chimique des corps.

Le Savant. — Je comprends maintenant la distinction des *sensations* et des *propriétés* sensibles des corps. Je commence à voir en effet que, si l'on retranche de la notion de la réalité sensible : 1° les représentations de l'imagination qui ont pour unique objet l'espace, 2° les sensations des phénomènes qui n'ont rien de commun avec les véritables propriétés des corps, toutes ces propriétés peuvent se réduire à de simples mouvements. Mais que prétendez-vous tirer de là? Des mouvements qui se succèdent ou s'associent, n'est-ce pas tout ce que vous enseigne l'expérience? Je ne vois pas que vous soyez encore sur la voie d'un principe métaphysique qui explique la réalité.

Le Métaphysicien. — Pas encore ; mais ayez un peu de patience. L'expérience sensible s'arrête au simple rapport de succession ou de concomitance entre les phénomènes, je le reconnais comme vous. Mais après l'expérience vient l'induction, qui a précisément pour but de discerner les successions ou associations constantes de phénomènes des successions ou associations purement accidentelles, et de constater entre les mouvements qui se produisent une relation telle que les uns doivent être considérés comme causes, et les autres comme effets.

Le Savant. — Il me semble que vous arrivez un peu vite à la *causalité*. Je vois bien ce que l'induction ajoute à l'expérience ; mais il ne me semble pas que cela suffise pour expliquer la relation de la cause à l'effet. L'expérience ne vous donnait que des successions ou associations quelconques de mouvements; l'induction vous amène à distinguer les successions et les associations constantes : rien de plus. Si c'est là ce que vous entendez par des *lois*, j'accorde que l'induction peut vous élever jusque-là ; mais j'avais toujours pensé que le mot loi implique une relation tout autrement intime qu'un simple rapport de succession ou d'association constante ; qu'il signifie de plus une connexion telle, entre deux mouvements successifs ou simultanés, que l'un doit être considéré comme la condition, la raison, la cause de l'autre.

Le Métaphysicien. — C'est bien en effet le sens et la portée du mot.

Le Savant. — Alors je n'accorde plus que l'induction suffise pour vous élever à la notion complète de *loi*. Qu'elle multiplie et varie ses exemples à l'infini, elle n'arrivera jamais à quelque chose de plus que des successions ou des associations constantes. De là à conclure à l'existence d'une loi, c'est-à-dire d'une vérité universelle, il y a un abîme. En vain aurez-vous vu un fait en précéder un autre nombre de fois dans des circonstances identiques ; si vous n'avez pas d'autre idée dans l'esprit que celle d'un simple rapport de succession, vous n'irez pas jusqu'à en conclure que le premier fait est la condition, la raison, la loi, la cause du second. Conclure ainsi sur une pareille donnée, c'est s'engager dans ce genre de sophismes qu'on appelle *post hoc, ergo propter hoc*, et auquel la superstition vulgaire emprunte la plupart de ses préjugés. Pour arriver à une telle conclusion, il vous faut pouvoir supposer une relation d'un tout autre caractère que le simple rapport de succession ou de concomitance, une connexion intime et nécessaire, un véritable rapport, sinon certain, du moins possible, de causalité entre les deux mouvements. Or ce n'est ni l'expérience ni l'induction, réduite aux seules données de l'expérience, qui peuvent faire naître même cette simple présomption dans l'esprit.

Le Métaphysicien. — Je suis d'autant plus de cet avis que l'objet de notre recherche en ce moment est précisément de trouver, dans une nouvelle faculté de l'esprit humain, la conscience, l'explication métaphysique que n'a pu nous fournir l'expérience sensible. Il est donc bien entendu entre nous que toute idée d'un rapport entre deux mouvements, autre que la simple succession ou concomitance, vient à l'esprit par un autre canal que l'expérience sensible, soit la conscience, soit la raison.

Le Savant. — Vous dites soit la conscience, soit la raison. Est-ce que vous hésiteriez sur ce point? Il me semblait que l'origine de l'idée de cause était parfaitement établie en métaphysique, et qu'aujourd'hui toutes les écoles qui ne se refusent point à la lumière de l'analyse attribuent cette notion à la conscience.

Le Métaphysicien. — Je ne dis pas non ; mais j'en serais plus sûr s'il s'agissait de la notion de telle ou telle cause déterminée. Le mot *cause* est un de ceux dont on abuse le plus en métaphysique : on l'applique à l'expression des relations les plus diverses ; on en fait tour à tour le synonyme de *condition*, de *raison*, de *loi* et de *force* ; de telle sorte que, dans sa généralité vague, il exprime plutôt plusieurs notions distinctes qu'une seule et même idée. Voilà ce qui fait mon embarras. S'agit-il de la notion de force, je n'hésite pas à la rapporter à la conscience et à la conscience seule, ainsi que nous allons le voir ; s'agit-il des notions de condition, de raison, de loi, je conviens avec vous que l'expérience ne suffit pas à nous les donner. C'est évidemment la raison qui nous les donne, sous la forme et avec l'autorité d'un axiome tel que celui-ci : tout mouvement a une cause déterminante, ou tout phénomène a une raison suffisante. Mais que cette conception abstraite du principe de causalité ait elle-même sa racine dans la conscience, comme on en tombe généralement d'accord, c'est ce qui ne me paraît pas aussi évident. Du reste, cette réserve n'intéresse en rien notre recherche du moment. Ce qu'il importe d'établir, c'est l'origine de la notion de cause, entendue comme force vive et principe des mouvements que nous atteste l'expérience sensible.

Le Savant. — Cette origine est fort claire, du moment qu'il ne s'agit que de la *force* proprement dite. Personne ne conteste que la notion de force n'ait été puisée dans la conscience. Quand même on admettrait, ce qui est douteux, que l'esprit, aidé de la raison, peut arriver, sans la conscience, jusqu'à concevoir des raisons, des conditions, des *causes* par delà les mouvements que lui montre l'expérience dans le monde extérieur, il y aurait toujours, de cette vague conception de *raison* et de *cause* à la notion précise de *force*, un abîme que l'induction ne pourrait jamais combler. Il est donc bien évident qu'aucun des mouvements de ce monde extérieur ne pouvant nous suggérer l'idée de force, c'est un mouvement du monde intérieur, un acte de volonté suivi d'un mouvement organique qui nous initie à la vraie notion de force. Mais là n'est pas la difficulté. Je vois parfaitement comment nous est donnée la notion de force. Comment l'esprit passe-t-il du sentiment intime, immédiat de cette force toute personnelle et douée de tous les attributs psychologiques que la conscience lui révèle, à la notion générale de force appliquée à toutes les causes des mouvements que l'expérience nous atteste dans le monde extérieur? Voilà ce que j'ai quelque peine à m'expliquer.

Le Métaphysicien. — Cela n'est pourtant pas difficile à comprendre, si vous vous rappelez le procédé d'induction que l'esprit emploie à tout propos. Étant donnée la notion de la cause, de la force personnelle que je me sens être, je la transporte aux choses et aux êtres extérieurs dont la causalité m'est révélée par les divers mouvements qui affectent mes sens. C'est ainsi que je parviens à voir au fond des choses et des êtres, à en saisir les actes, les rapports les plus secrets et les plus invisibles, à sentir en quelque sorte la force, la vie, l'âme universelle qui agite la Nature, par le sentiment propre de la force, de la vie, de l'âme qui est en moi.

Le Savant. — Vous allez bien vite. La conscience peut avoir ses illusions comme l'imagination. Vous qui m'avez appris à me défier de celles-ci, peut-être feriez-vous bien de vous garder de celles-là. Vous voici conduit, ce me semble, par l'induction psychologique à animer, à personnifier, à *spiritualiser* toute la Nature. J'applaudirais s'il s'agissait de poésie ; mais la science ne s'accommode pas de ces fictions. Elle n'entend pas être la dupe d'inductions psychologiques qui rouvrent la porte à tous les romans de l'art et à toutes les superstitions du polythéisme.

Le Métaphysicien. — La science a raison. Rien n'est moins rationnel qu'une pareille méthode ; mais j'entends autrement l'induction qui nous fait supposer des forces partout pour causes des mouvements qui se succèdent ou se croisent dans le monde extérieur. Cette méthode de l'esprit a autant besoin de la raison qui l'éclaire que de l'expérience qui la soutient. Il est évident que, si vous la suivez servilement, elle vous conduira à l'absurde ; mais la raison nous a été donnée, je pense, pour nous en servir. Et si la fonction propre de cette faculté est, comme l'a si bien dit Kant, de servir de régulateur à toute la machine intellectuelle, elle doit diriger l'induction, comme elle dirige l'expérience, comme elle dirige le raisonnement. Sans doute ici l'induction empirique nous mène à supposer partout des causes identiques avec la nôtre, à *animer*, disons plus, à *humaniser* la Nature entière. C'est ce que nous ferions infailliblement, si notre esprit en était réduit aux inspirations de l'expérience intime; mais la raison est là pour corriger l'induction et la ramener aux limites de la vérité et du bon sens. La conscience nous révèle la force avec tels et tels attributs de sensibilité, d'intelligence, de volonté, de liberté que nous ne pouvons raisonnablement supposer dans toutes les causes des mouvements extérieurs. La raison élimine donc tous ces attributs non essentiels à la notion de force, et permet d'appliquer cette notion ainsi simplifiée à toutes les causes du dehors.

Le Savant. — Je comprends bien le procédé, mais je le trouve quelque peu arbitraire. La conscience vous donne une force avec certains attributs qui en font partie. Si ces attributs de sensibilité, d'intelligence, de conscience, de volonté n'en étaient que des accidents, plus ou moins étrangers à la nature même de cette force, j'admettrais votre abstraction comme légitime; mais ils lui sont essentiels, à tel point qu'ils servent à la caractériser, à la définir et à la nommer. Dire que le moi est une force, même une force intelligente et libre, c'est s'exprimer fort improprement; son vrai nom, son nom propre, c'est *âme*, *personne* ou *esprit*. Ce n'est donc pas une *force* qui vous est donnée par la conscience, mais un *être* dont les attributs *propres* ne peuvent en aucune façon être transportés aux causes extérieures. Donc votre abstraction et par suite votre induction sont impossibles. Vous êtes condamné à n'avoir aucune idée des causes extérieures, ou à n'en avoir que de fausses et de superstitieuses.

Le Métaphysicien. — Cette objection est ingénieuse, mais elle a le malheur de heurter un fait. J'ai *positivement*, et tout esprit a comme moi la notion de force, et d'une *force* qui n'est ni la cause abstraite, simple condition, raison ou loi des phénomènes, ni la cause personnelle et *humaine* dont j'ai en moi le sentiment intime. D'où et comment me vient cette notion? C'est ce qu'il s'agit d'expliquer. Quand je ne le pourrais, toujours est-il qu'elle existe dans mon esprit, ce qui suffit pour la thèse que nous poursuivons ; car, avec cette seule notion, la métaphysique de la Nature va changer de face. Mais je vais plus loin. Vous m'accordez que cette notion de force, dont la réalité est hors de doute, a pour origine la conscience, convaincu comme moi que l'expérience sensible ne peut nous la donner. Vous contestez seulement que l'esprit, même aidé de la raison, puisse passer par l'induction de la notion de la force personnelle et *humaine* à la notion de force simple, applicable aux causes extérieures, regardant comme arbitraire l'abstraction qui rend cette induction possible. Je crois cette abstraction plus naturelle que vous ne le dites. D'abord il est évident que l'esprit humain la fait, puisqu'il arrive à la notion de force simple. Et comment ne la ferait il pas, pour peu qu'il lui vienne à la pensée de conclure de l'effet à la cause ? Le mouvement intérieur dont il a conscience étant une sensation, une pensée, une passion, une volition, lui fait nécessairement concevoir la cause moi comme une personne, une âme, un esprit. Mais comme les mouvements extérieurs n'ont aucun de ces caractères, et consistent dans de simples phénomènes mécaniques, physiques, ou chimiques directement constatés par l'expérience, il est tout naturel que l'esprit conclue de ces mouvements à l'existence de causes analogues, c'est-à-dire de simples forces, mécaniques, physiques ou chimiques. Ne mettre dans la cause que ce qui est manifeste dans l'effet, voilà tout le secret de l'abstraction qui vous semble si difficile. Il n'y a pas de raisonnement plus simple et plus ordinaire.

Le Savant. — Je ne vois plus de difficulté après votre explication. Voilà donc l'esprit humain bien et dûment en possession de l'idée de force, et parfaitement libre de l'appliquer à toutes les causes invisibles et inconnues des mouvements extérieurs. Où voulez-vous en venir maintenant ?

Le Métaphysicien. — Vous ne le voyez pas? J'ai trouvé le principe de la métaphysique, comme Archimède la solution de son problème. De même que toutes les propriétés de la réalité sensible se réduisent à des mouvements, de même toutes les causes de ces mouvements se réduisent à des forces. Des mouvements et des forces, voilà toute la réalité, toute la Nature : cela suffit pour construire le Monde, et pour l'expliquer.

Le Savant. — Si j'étais encore sous le joug de l'imagination, je vous dirais que la force, rien que la force, me paraît une étoffe bien subtile pour en faire les corps. Mais cette fée de l'intelligence a cessé de m'abuser de ses représentations illusoires ; je vois clair dans la réalité, et je suis prêt à vous suivre dans votre philosophie toute dynamique.

Le Métaphysicien. — Rien de plus simple que cette philosophie. Aux particules étendues, aux atomes des mécanistes, il ne s'agit que de substituer des forces. Quant à la composition, à la constitution, aux transformations des corps, à leurs actions, à leurs influences directes et réciproques, à tous les phénomènes et à toutes les lois du Cosmos, rien n'est à changer aux résultats acquis de l'expérience et de l'induction. La philosophie dynamique les explique par des forces, au lieu de les expliquer par des atomes ; seulement son principe a sur l'hypothèse des atomes l'avantage d'être tout à la fois conforme à l'expérience et à la science.

Le Savant. — S'il en est ainsi, la métaphysique a enfin trouvé la solution du problème. Il me semble bien qu'elle est dans la bonne voie ; mais elle est si habile à donner à tout la couleur de la vérité que je crains toujours de m'y laisser prendre. Nous ne saurions trop assurer notre point de départ, avant d'aller plus loin.

Le Métaphysicien. — Je le veux bien. D'abord constatons ceci, que le principe des forces n'est plus une hypothèse, comme le principe des atomes. Celui-ci était une induction tirée d'une fausse notion des corps, d'une notion empruntée à l'imagination et à la géométrie. L'atome n'est possible qu'autant que la matière a pour propriété fondamentale l'étendue. Or, comme l'étendue n'est qu'une propriété de l'espace, l'atome n'est plus qu'une hypothèse sans base. Celui-là, au contraire, est une induction fondée sur l'expérience et la réalité. Puisque les phénomènes qui constituent la réalité sensible se réduisent à de simples mouvements, les principes de ces phénomènes ne peuvent être que des causes. Et, comme l'expérience intime vient transformer ces causes en forces, nous arrivons naturellement et sans hypothèse aux vrais principes des choses. Voyez l'enchaînement des idées, et s'il est possible d'en trouver un plus simple et plus logique : des mouvements aux causes, la transition est forcée, à moins de nier le principe de causalité ; des causes aux forces, le passage n'est pas moins nécessaire, puisque la seule cause dont nous ayons réellement connaissance nous est donnée comme une force. Voyez les idées en elles-mêmes, et s'il est possible qu'elles aient un fondement plus solide, étant fondées dans l'expérience même : la notion de mouvement est la seule notion vraiment expérimentale de la matière ; toutes les autres ne sont que des conceptions rationnelles ou imaginaires. La notion de force est encore une notion de l'expérience, de cette expérience intime qu'on nomme la conscience. Ici donc rien n'est donné à l'imagination ni à l'hypothèse ; nous sommes dans le vrai, dans le vif de la réalité. S'il y a une philosophie positive au monde, dans la légitime acception du mot, c'est la philosophie dynamique, qui, laissant les apparences de côté, pénètre au fond des choses, sans autre flambeau que l'expérience.

Le Savant. — Je n'ai rien à vous répondre, et pourtant j'hésite encore à accepter votre explication. Quand l'esprit veut se faire une idée de la substance simple, du principe constituant des corps, je comprends qu'il ne s'arrête qu'à la force, seule chose qu'il puisse concevoir comme absolument simple. Mais lorsque, avec ces éléments tout immatériels, avec ces forces, il s'agit de constituer, de composer la réalité corporelle, je n'y vois plus aussi clair. Il me semble que cela est tout aussi difficile à expliquer que la formation des corps, au moyen de ces abstractions qu'on appelle des points géométriques.

Le Métaphysicien. — Prenez donc garde que c'est toujours l'imagination qui offusque votre intelligence de ses fausses visions. Ne pouvant se représenter les corps autrement que comme étendus, votre esprit a peine à se détacher de cette idée, que l'étendue est la propriété fondamentale des corps ; et alors il ne conçoit pas comment l'étendue peut se composer de forces. Mais si vous prenez pour ce qu'elle vaut cette représentation tout imaginaire des corps, et que vous réduisiez la réalité sensible à ses vrais éléments, c'est-à-dire aux phénomènes physiques et chimiques que nous atteste l'expérience, qu'y trouvez-vous, sinon des mouvements, et par suite des forces dont l'expansion et la contraction, la composition et la décomposition, la condensation ou la dispersion expliquent toutes les transformations et toutes les propriétés de la matière ? Rien de plus simple alors et de plus intelligible. Aux gens qui ont l'habitude de tout voir, de tout juger par les yeux et les sens, les forces semblent de pures abstractions métaphysiques. Le savant, le physicien n'en juge point ainsi : les forces, pour lui, sont des principes aussi *physiques* que possible, c'est-à-dire susceptibles, dans leurs manifestations diverses, de masse, d'étendue, de forme, de quantité, de tout ce qui peut être soumis à l'analyse et au calcul. Les corps conservent toutes leurs propriétés, comme dans la théorie des atomes ; il n'y a de différence que dans l'explication. La masse n'est plus la quantité de matière inerte qui ne se meut que par une impulsion communiquée, hypothèse gratuite et absurde : c'est la quantité de forces vives qui se meuvent par attraction. L'étendue n'est plus une continuité d'atomes juxtaposés, mais la simple coexistence des forces élémentaires dans l'espace. La forme n'est qu'une limitation de l'étendue, c'est-à-dire de l'espace, correspondante à telle ou telle direction des forces qui se combinent. Quant à la quantité réelle, c'est une propriété qui ne se mesure que par la balance ; il faut se garder de la confondre avec cette quantité abstraite dont traitent les mathématiques, et qui n'en est que le signe numérique ou géométrique.

Le Savant. — Je comprends bien tout cela ; mais je ne puis m'expliquer comment de simples principes sans étendue, comme les forces, peuvent produire une réalité que l'imagination se représente étendue.

Le Métaphysicien. — Nous y voilà enfin : ce n'est pas la réalité elle-même que vous trouvez inexplicable par la théorie des forces, c'est seulement votre représentation. Je vous l'accorde ; je ne vois pas plus que vous de rapport assignable entre la notion de force et la représentation d'étendue. Mais qu'en voulez-vous conclure ? N'en est-il pas absolument de même de toutes nos autres sensations ? Quel rapport ont les sensations d'odeur, de saveur, de couleur, de solidité, etc., avec les propriétés physiques et chimiques dont se compose la notion expérimentale des corps ? Toutes nos sensations, aussi bien celles de la vue et du toucher que celles du goût, de l'odorat et de l'ouïe, sont des faits primitifs et irréductibles, qu'il ne faut pas songer à expliquer par les propriétés ou les principes des choses, et qui résistent aux tentatives de toute métaphysique, aussi bien mécanique que dynamique. Ce ne sont pas ces sensations qu'il s'agit d'expliquer, mais la réalité elle-même avec ses véritables propriétés, ses propriétés physiques et chimiques. Or vous venez de voir que rien n'est plus simple. Puisque la réalité se réduit à des mouvements, elle ne peut avoir pour principes que des forces.

Le Savant. — Votre assimilation des représentations de l'étendue aux autres sensations me paraît parfaitement exacte ; je suis pleinement convaincu sur ce point, et je vous accorde que la théorie des forces est conforme à l'expérience.

Le Métaphysicien. — Et vous pourriez ajouter à la science. De même que la philosophie mécanique trouve surtout ses arguments dans la vieille physique, de même la philosophie dynamique s'inspire des idées et des découvertes de la nouvelle. Si les géomètres ont été de tout temps des *mécanistes*, depuis Pythagore jusqu'à Descartes, les physiciens ont toujours été plus ou moins *dynamistes*, depuis Thalès jusqu'aux savants de notre temps. La philosophie naturelle s'est constamment développée sous les influences contraires de la géométrie et de la physique. Tous les philosophes dynamistes de la Grèce, Thalès, Héraclite, Empédocle, Anaxagore (dont la doctrine n'est qu'un spiritualisme timide et inconséquent), et les autres philosophes ioniens se sont plus ou moins adonnés à des recherches physiques. Aristote, le premier physicien et le plus grand naturaliste de l'antiquité, est le père du *dynamisme* le plus original et le plus profond que le génie humain ait conçu. C'est par l'*acte* qu'il explique tout, depuis l'être le plus élémentaire jusqu'à l'être par excellence, l'intelligence divine. Or cet acte dont il fait l'essence, la cause, la fin de toute chose, c'est l'être en action, tel que nous le révèle l'expérience et surtout la conscience, ce sanctuaire intime de l'activité, de la force la plus parfaite, de l'esprit. Tout être, toute réalité, dans la physique d'Aristote, est mouvement, acte, forme et force. La *matière* des atomistes et des géomètres, l'*idée* des platoniciens, tout ce qui, chez les différentes écoles, était posé comme la substance même des choses, Aristote le considère comme une pure virtualité, c'est-à-dire comme une abstraction.

Le Savant. — J'ai beaucoup d'estime pour Aristote, surtout depuis que la critique moderne l'a montré sous son vrai jour. Mais enfin sa physique est bien vieille, et je voudrais des autorités plus modernes pour votre théorie.

Le Métaphysicien. — Si j'ai rappelé Aristote, c'est moins comme autorité que comme exemple de la profonde affinité qui existe entre les *physiciens* et les *dynamistes*. Mais si vous vouliez des autorités plus modernes, je n'aurais que l'embarras du choix. Je ne vous citerai que Leibnitz, l'inventeur des monades, l'adversaire triomphant de la physique mécanique de Descartes et de Spinosa, le père du *dynamisme*, tel que nous venons de l'exposer. C'est celui-là qui a soufflé sur les vaines substances de la physique cartésienne et sur les fausses réalités de l'imagination, et, par la puissante intuition de son génie, a commencé dans la philosophie naturelle une révolution que tous les développements et tous les progrès des sciences physiques n'ont fait qu'accomplir! Après ses belles discussions sur l'espace, qui peut soutenir aujourd'hui que l'espace est autre chose que la simple coexistence des choses? Après ses profondes analyses de la substance, qui représenterait encore la matière comme un substrat inerte, fond immobile des mobiles phénomènes dont se compose la scène du monde? Qui a mieux montré que Leibnitz l'origine, la nature, le rôle de la notion de force partout substituée à une vague notion de substance, comme le principe, la racine, l'essence de toute réalité?

Le Savant. — Je vois que votre théorie a pour elle de nombreuses et graves autorités. Mais la philosophie mécanique n'en manque pas non plus, ainsi que nous l'avons vu. J'en voudrais une confirmation plus authentique.

Le Métaphysicien. — Eh bien! laissons l'histoire, et prenons la science elle-même dans ses résultats les mieux acquis. Savez-vous qui a fait justice de cette fausse distinction des qualités premières et des qualités secondes des corps, sur laquelle se fondait principalement la philosophie mécanique? Ce n'est pas la métaphysique, qui l'a soutenue et l'enseigne encore dans ses écoles à l'heure qu'il est; c'est la science. Mettant de côté l'imagination et ses apparences, la géométrie et ses constructions, la physique moderne demande à l'expérience seule, à l'analyse, à l'induction les véritables propriétés des corps. C'est ainsi qu'elle renvoie à la géométrie comme simples propriétés de l'espace, l'étendue, la figure, la divisibilité infinie des corps, et réduit la *matière* des corps à leur *masse*, c'est-à-dire à la propriété, pour les parcelles des corps prises dans leur totalité, soit d'opposer la même résistance à l'action des forces motrices, soit d'exiger la même dépense de force pour prendre la même vitesse, quels que soient l'aspect et le mode d'agrégation des parcelles, et quelle que soit la nature de la force qu'on dépense pour leur imprimer le mouvement. Ce fond invariable et ténébreux, cette mystérieuse *substance* qui a fait le tourment de tant de grands et profonds esprits, et qui a été l'écueil de la métaphysique, la science moderne n'y voit qu'une simple quantité de forces, toujours la même à travers les modifications que le corps est susceptible d'éprouver. Vous voyez que la physique parle absolument le langage de la philosophie dynamique. Comme tous les phénomènes qu'elle observe ne sont que des mouvements extérieurs ou intérieurs, elle ne connaît ni ne comprend que des forces. Si elle parle encore d'atomes, de molécules intégrantes et indivisibles, c'est uniquement pour exprimer les résultats de ses analyses. Il est clair que les corps ont des principes constituants, forces ou atomes, qui se mélangent, se combinent dans certaines proportions, et sont soumis aux mêmes mesures de la balance, aux mêmes lois du calcul. Mais il n'y a pas un physicien de quelque portée aujourd'hui qui accepte la théorie des atomes comme l'expression des principes métaphysiques des choses. On s'en sert comme d'un moyen plus ou moins commode de représenter et de coordonner les résultats de l'analyse. Ce n'est que l'échafaudage tout extérieur et tout provisoire de la construction scientifique dont on n'emprunte les véritables matériaux qu'à l'expérience.

Le Savant. — Je vois en effet que l'expérience et

la science sont d'accord avec la théorie des forces.

Le Métaphysicien. — C'était le point capital à établir. Non que la solidité de cette théorie ne puisse résister à l'analyse la plus rigoureuse ; c'est là, au contraire, son triomphe. Mais nous avions à détruire un préjugé opiniâtre, d'autant plus dangereux qu'il se donne facilement un air de sens commun devant les esprits qui ne voient et ne connaissent que par l'imagination, c'est-à-dire devant la foule. Maintenant que ce point est acquis, les autres mérites de la théorie des forces sont trop évidents pour avoir besoin d'une longue discussion. Autant nous avons trouvé de difficultés et même d'impossibilités dans la philosophie mécanique pour expliquer le mouvement, les actions, les influences, et les divers rapports des corps entre eux, les rapports de l'âme et du corps, de la matière et de l'esprit, l'origine du monde, et le mystère de la création, autant la philosophie dynamique facilite la solution de tous ces problèmes. En effet, prenons d'abord le problème du mouvement de la matière : c'est le premier et le plus simple : et pourtant il est insoluble dans les diverses théories de la philosophie mécanique. Assurément le mouvement est un fait que toutes ces théories ne peuvent pas ne pas accepter. Mais soit que leur substance étendue se meuve elle-même, soit qu'elle reçoive le mouvement d'ailleurs, il est impossible de comprendre le phénomène du mouvement. Ces deux notions d'étendue et de force sont d'une nature si différente, qu'on ne peut concevoir entre les deux propriétés ni rapport de dérivation, ni même rapport de coexistence. Comment la force, principe immatériel, peut-elle engendrer la matière, principe matériel, ou en être engendrée? Comment peut-elle la modifier, ou en être modifiée? Comment peut-elle l'habiter ou la contenir? Autant de questions auxquelles la philosophie mécanique n'a jamais donné de réponses sérieuses. Elle en est réduite tout d'abord à poser le dualisme de la matière et de la force, c'est-à-dire de commencer par un mystère. La philosophie dynamique supprime la difficulté, en supprimant l'un des termes. Du moment que toute substance se ramène à la force, rien de plus simple que le jeu des forces, leurs actions, leurs influences réciproques. Que ces forces, si diverses d'intensité, de direction, de composition, soient primitivement homogènes ou hétérogènes, peu importe. Par cela même que ce sont des forces, elles ont entre elles une affinité naturelle qui permet d'expliquer tous leurs rapports. Les phénomènes ont beau varier à l'infini, s'unir, se séparer, se distinguer et se confondre, s'opposer ou s'harmoniser, il n'y a plus de mystère dans toutes ces actions et réactions, dans toutes ces oppositions et ces harmonies, puisque le Monde entier est fait de la même étoffe.

Le Savant. — C'est ce qu'on ne peut nier.

Le Métaphysicien. — Et si vous passez du monde des forces mécaniques, physiques et chimiques au monde des âmes et des esprits, la supériorité de la philosophie dynamique devient encore plus frappante. Quels efforts n'ont pas faits en vain de tout temps les philosophes mécanistes pour expliquer l'action du corps sur l'âme, et la réaction de celle-ci sur celui-là, comment le corps peut être le siége de l'âme, comment les facultés de l'esprit peuvent avoir des organes de développement qui leur correspondent, comment le principe des êtres, Dieu, crée des substances qui n'ont absolument rien de commun avec sa propre nature, comment il agit sur ces substances, gouverne, dirige, administre l'Univers qu'elles composent? La métaphysique a eu beau se mettre l'esprit à la torture, entasser subtilités sur subtilités, abstractions sur abstractions; elle n'a jamais pu arriver à une solution intelligible de ces questions. La philosophie dynamique supprime d'un *mot* cette montagne de difficultés. Si tous les principes des êtres, matière, Nature, âme, esprit, Dieu, sont des forces, quoi de plus facile à concevoir que les rapports de toute sorte qui les unissent? Leurs actions, leurs influences, leurs inspirations, leurs communications n'ont plus rien de mystérieux.

Le Savant. — C'est encore ce qu'on ne peut contester. Je comprends maintenant toute la simplicité, toute la beauté et la grandeur de la théorie des *monades*. Quel dommage que Leibnitz ait gâté toute sa philosophie par son hypothèse de l'*harmonie préétablie*? Qu'avait-il besoin de nier l'action des substances les unes sur les autres, quand la *monadologie* en rendait l'explication si facile?

Le Métaphysicien. — L'*harmonie préétablie* n'est que l'exagération d'une profonde vérité. Leibnitz était si frappé de l'activité intime, spontanée et naturelle de tous les êtres, qu'il la crut suffisante pour expliquer toute espèce de mouvement de relation et d'impulsion, attesté par l'expérience, et ne tînt aucun compte de la loi d'*inertie* sur laquelle est fondée toute la mécanique. Mais si l'honneur d'avoir trouvé la formule rigoureuse (je dis la formule, car la pensée est ancienne) du principe dynamique appartient à Leibnitz, il faut reconnaître non-seulement qu'il a faussé cette philosophie par des hypothèses en contradiction avec les faits, mais encore qu'il l'a compliquée par des conceptions inutiles. Tout préoccupé d'éclectisme historique, il a voulu rattacher son dynamisme à la tradition, et y a mêlé les *idées* de Platon, les *entéléchies* d'Aristote, et les *formes substantielles* de la scolastique. Dégagez cette philosophie de tout élément historique, réduisez-la à son principe, en vous bornant à en tirer les conséquences naturelles, et vous en verrez sortir le Monde tout entier, matière, Nature, âme, esprit.

Le Savant. — Voulez-vous m'expliquer comment?

Le Métaphysicien. — Rien n'est plus facile. Vous avez vu que, dans la théorie des atomes, toutes les différences de degré, de forme, de composition, de constitution des corps, toutes les propriétés et facultés des êtres, depuis l'étendue jusqu'à la pensée, peuvent s'expliquer par la disposition et l'agencement des atomes. Il en est exactement de même des forces; du moment que le principe est admis, tout s'explique par le jeu et le concours des forces primitives. Changez un seul mot dans la théorie mécanique, mettez *force* au lieu d'*atome;* tout le reste peut être parfaitement conservé. Dans la théorie dynamique, les forces simples se composent et se décomposent, se condensent et se dilatent, se combinent et s'isolent absolument comme les atomes dans la théorie mécanique, pour produire l'infinie variété de phénomènes et d'êtres dont l'Univers est le théâtre, engendrant progressivement le règne minéral, puis le règne végétal, puis le règne animal, puis le règne des esprits et des intelligences. Seulement cette transformation graduelle s'explique bien mieux dans le système des forces que dans celui des atomes, l'union, la combinaison, la fusion de ceux-ci ne pouvant jamais être aussi intime, aussi complète que l'union, la combinaison, la fusion de celles-là.

Le Savant. — J'admets cela. Quant aux transformations progressives des forces simples débutant par la matière inorganique et finissant par l'âme et l'esprit, c'est une hypothèse qui ne me semble pas plus vraie dans la théorie des forces que dans celle des atomes. Ne m'avez-vous pas appris vous-même à ne pas confondre, dans le développement des êtres, les conditions avec les principes générateurs?

Le Métaphysicien. — Cette distinction est en effet capitale, et d'une application fréquente, dans toute philosophie qui suppose que les choses diffèrent entre elles de substance. L'âme a pour condition le corps; elle ne peut l'avoir pour principe, puisqu'elle est d'une autre essence. L'intelligence a pour point de départ la sensation; elle ne peut l'avoir pour principe, puisqu'elle en diffère de nature, et non pas seulement de degré. Mais, dans la théorie des forces, la substance de tous les êtres étant identique, il n'y a plus de raison de contester l'axiome énoncé ci-dessus, qui est vrai alors dans toute sa généralité. Puisque tout est force dans le domaine de la Nature, comme dans celui de l'Esprit; puisque les pierres, les plantes, les animaux, les hommes sont également des forces, quelle difficulté y a-t-il à expliquer par une différence de degré les propriétés diverses qui caractérisent ces êtres? Pourquoi ne pourrions-nous pas dire que la pierre, la plante, l'animal, l'homme sont, de même que le gaz, le liquide, le solide, les divers états d'une même substance qui, en se condensant, en se compliquant, en s'organisant de plus en plus, acquiert successivement les propriétés physiques, chimiques, physiologiques, psychologiques que constate l'expérience?

Le Savant. — En effet, je ne vois plus dans le monde du dynamisme que des forces, c'est-à-dire des substances de même nature, qui ne diffèrent entre elles que du simple au composé. La pierre, la plante, l'animal, l'homme ne sont que la même force, à divers degrés de composition, s'enrichissant, à chaque degré, d'une propriété nouvelle qui en fait un type à part. Voilà le Monde expliqué dans sa composition, ainsi que dans l'infinie diversité de ses phénomènes et de ses êtres. La théorie des forces est si simple, si claire, si solide, que pour cette fois la métaphysique peut dormir en paix. Il me semble qu'elle a trouvé la solution du problème. Mais je vous vois secouer la tête en signe d'incrédulité. Serait-ce encore une déception? Si ce n'est qu'un rêve comme le premier, je ne croirai plus même à l'évidence, dans les questions de ce genre.

Le Métaphysicien. — Rassurez-vous. Le dynamisme n'est point, comme le mécanisme et le matérialisme, une pure imagination. Comme il repose sur l'expérience, il a un fond de vérité qui est tout à fait à l'épreuve de l'analyse et de la critique. Ce n'est pas sur ce point que porte mon doute. Le dynamisme est une vérité; mais est-il toute la vérité? Est-il le dernier mot de la métaphysique? Suffit-il à l'explication complète des choses? Répond-il à la question théologique, comme à la question cosmologique, et dans cette dernière même, va-t-il au fond de l'être, au principe *absolu*? Voilà le problème que je me pose, et qu'il nous faut résoudre avant de savoir si le but de notre recherche est atteint.

Le Savant. — Il me semblait que le principe dynamique, la force, répondait à tout, aux problèmes de la fin, de l'essence, aussi bien que de la substance et de la cause des êtres.

Le Métaphysicien. — C'est ce qu'il faut examiner. N'êtes-vous pas frappé comme moi de l'analogie des constructions dynamiques et mécaniques? Sauf la substitution de la force à l'atome, dont je confesse l'importance, le *dynamisme* explique toutes choses, comme le *matérialisme*, par des compositions et des décompositions, des condensations et des dilatations, des combinaisons et des séparations, ramenant ainsi à la pure mécanique les principes des phénomènes physiques, chimiques, physiologiques et psychologiques. Or, cette explication n'est pas plus légitime dans une théorie que dans l'autre. Que les principes des choses soient des atomes ou des forces, il n'y a pas plus de raison de transformer en une véritable génération la gradation des phénomènes naturels. Parce que la simple *force* est la base de l'*âme* et de l'*esprit*, on n'est pas en droit d'en conclure qu'elle en est le principe; parce que les propriétés physiologiques et psychologiques des êtres supposent leurs propriétés physiques et chimiques, il ne s'ensuit nullement qu'elles en soient les produits.

Le Savant. — Ici vous me semblez en contradiction avec vous-même. Ne m'avez-vous pas dit tout à l'heure que, les forces étant toutes des substances de même nature, il ne pouvait plus y avoir qu'une différence de degré entre des êtres qui forment l'échelle de la vie universelle?

Le Métaphysicien. — Je l'ai dit. Mais, en y regardant de près, je craindrais d'avoir tiré d'un principe vrai une conclusion hasardée, si ce point n'était éclairci par une distinction. Tout phénomène étant un mouvement, toute cause étant une force, dans la théorie dynamique, l'identité de substance s'ensuit nécessairement. Grave difficulté de moins pour l'explication des rapports qui lient les êtres entre eux! Mais cette identité de *substance* n'implique nullement l'identité de *nature*.

Le Savant. — Ceci me semble un peu subtil. Est-ce que *substance* et *nature* d'un être ne sont point deux expressions d'une même notion?

Le Métaphysicien. — Pas tout à fait. La substance d'un être est le principe élémentaire, la *base*, l'étoffe en quelque sorte dont il est formé, tandis que sa nature est sa *forme*, son *essence* propre, c'est-à-dire la propriété ou l'ensemble des propriétés qui le caractérisent. C'est une distinction que j'ai déjà développée dans ma réfutation du matérialisme. Ainsi, dans l'être humain, la *substance* proprement dite est l'ensemble des forces qu'on nomme le *corps* ou appareil organique, et l'*essence* est la force ou le système des forces qu'on appelle *âme* ou *esprit;* d'où il suit que l'identité de *substance* n'exclut point la différence de *nature*. En admettant que tous les êtres soient, ou des forces, ou des systèmes de forces, ces forces n'en sont pas moins hétérogènes, au témoignage de l'expérience dont l'autorité est souveraine en ce point. Or, cette hétérogénéité des êtres qui s'échelonnent de la pierre à l'homme n'est pas plus facile à expliquer par des opérations mécaniques que la différence de substance. Que le même système de forces qui fait la pierre, fasse la plante, fasse l'animal, fasse l'homme, sans autre modification qu'une combinaison ou une constitution différente de ces forces, c'est ce que la théorie des forces n'est pas plus en mesure d'établir que la théorie des atomes. Ce progrès de la Nature, ou reste inexplicable, ou s'explique par des principes puisés à une autre source que l'expérience, et qui dépassent le dynamisme aussi bien que le matérialisme.

Le Savant. — Il faut bien en convenir.

Le Métaphysicien. — Commençons donc par réduire la théorie des forces à sa véritable portée. Elle explique les phénomènes et les êtres du monde de la mécanique. C'est quelque chose sans doute ; c'est beaucoup plus que ne peut faire la théorie des atomes, qui n'explique rien. Mais enfin l'ensemble des phénomènes physiologiques et psychologiques, le monde de la vie, de l'âme et de l'esprit, c'est-à-dire la plus riche et la plus belle partie du Cosmos, échappe au dynamisme. Et encore ne puis-je vous accorder cela sans réserve.

Le Savant. — Comment! vous disputeriez au dynamisme l'empire de la mécanique ? Où voulez-vous donc qu'il règne, si ce n'est là ?

Le Métaphysicien. — C'est son monde en effet; mais il n'y suffit point seul à tout expliquer. N'oubliez pas que c'est le monde de l'harmonie, et qu'une géométrie sublime en règle tous les mouvements. Le système astronomique en est un merveilleux exemple. Or, comment en expliquer la régularité, la symétrie, l'ordre, l'unité, sans l'intervention d'un principe supérieur qui, placé au sein ou en dehors de ce monde, en surveille, en dirige, en gouverne les mouvements ? Allez-vous dire, comme on l'a fait pour les atomes, que l'ordre universel est le résultat de la simple rencontre des forces qui se développent dans l'espace ? Alors, quelque idée que vous vous fassiez de cet ordre universel, vous vous mettez dans l'impossibilité absolue d'en rendre compte. Je veux bien que le dessein du Monde ne soit point celui que rêvent nos docteurs des causes finales, et que la Providence soit tout autre que ne la font nos théologiens anthropomorphistes; j'admets que ce dessein ne soit pas autre chose que l'*échelle* des degrés que monte la Nature pour s'élever de la matière brute à l'âme et à l'esprit, que cette Providence ne se manifeste que par l'ensemble des lois universelles qui régissent le monde physique et le monde moral. Toujours est-il que votre système de forces éparpillées à l'infini dans l'espace, où elles se jouent capricieusement, n'explique pas mieux que les atomes d'Épicure la régularité des mouvements, la constance des types, le concours harmonieux des causes, le progrès universel de la Nature vers la perfection, tout ce qui mérite de plus en plus à l'Univers le beau nom de Cosmos, à mesure que la science le connaît et le comprend davantage. Du moment que vous supposez la substance des choses, force ou matière, ainsi disséminée à l'infini, il vous devient impossible de concevoir l'ordre, l'harmonie, l'unité de la vie universelle, à moins de recourir à l'intervention d'un moteur et d'un régulateur étranger. Que si vous répugnez au *machina Deus*, comme à une hypothèse peu scientifique et qui soulève des difficultés d'un autre genre, il vous faut renoncer à votre théorie des *forces* multiples, ou du moins la subordonner à la conception d'une Unité supérieure, véritable Être universel par lequel s'explique le système du monde. Vous voyez que, si le dynamisme n'est pas faux comme le matérialisme, il est insuffisant.

Le Savant. — Je suis forcé d'en convenir.

Le Métaphysicien. — Ce n'est pas encore tout. Assurément la théorie des forces est un grand progrès sur la théorie des atomes, en ce qu'elle substitue à une notion illusoire et toute d'imagination une notion *positive* et tout expérimentale ; mais il ne faudrait pas la considérer comme le dernier mot de la théorie de la substance. Une force est bien quelque chose de plus que la cause inconnue d'un mouvement observé, puisqu'elle a son type dans la force intime et personnelle dont nous avons conscience. Mais enfin, en pénétrant jusque-là, sommes-nous bien sûrs d'avoir atteint la limite extrême de l'être, le dernier fond de la substance ? En sommes-nous sûrs, même pour notre propre substance, notre âme, notre esprit ? Cette force que nous sentons en nous, ces forces étrangères que par induction nous concevons dispersées dans toute la Nature, se suffisent-elles à elles-mêmes, en tant que *substances* ? Ne supposent-elles rien, absolument rien au delà, au fond de leur propre nature ? Devons-nous y voir autre chose que les énergies diverses, individuelles, par conséquent essentiellement distinctes et formant autant d'êtres à part, mais enfin les simples énergies de la Substance universelle, telle que la conçoit le panthéisme, ou les créations libres d'une Cause indépendante du monde, telle que la comprend le théisme ordinaire, ou enfin les émanations naturelles et incessantes d'un Principe inépuisable, tel que le représente l'imagination orientale? Voilà les difficultés que soulève la théorie des forces, présentée comme le dernier mot de la métaphysique. Elles sont graves, et me semblent dépasser la portée du dynamisme, ainsi que de toute philosophie uniquement fondée sur l'expérience.

Le Savant. — Vous semblez attribuer au mot *substance* une portée transcendante que je n'ai jamais trop comprise. Pour moi, je vous avoue que je n'y vois pas tant de mystère. La notion de substance, si on la dépouille de son prestige *ontologique*, me paraît très simple et entièrement réductible à l'expérience. Prenons pour exemple la substance matérielle. La scolastique et même la métaphysique moderne ont entassé sur ce mot je ne sais combien de difficultés et de problèmes insolubles. Chaque système, avec la prétention d'éclaircir le nuage, n'a fait que l'épaissir. La physique est venue qui, par le seul procédé de l'analyse, a fixé le sens précis et la vraie portée de cette notion. Parmi les propriétés des corps, elle en distingue une qui est invariable, indestructible, commune à tous les corps, quels qu'en soient l'état, la forme ou le degré ; je veux parler de la *masse*, c'est-à-dire de cette propriété qu'a la réalité sensible de ne pouvoir être augmentée ni diminuée, quant à son poids total, quels que soient l'aspect et le mode d'agrégation des parcelles qui la composent, et quelle que soit la nature de la force qu'on dépense pour leur imprimer le mouvement. Or, comme cette propriété semble la seule qui persiste après la destruction ou le changement du corps, en restant invariable dans la collection des parties, la physique en compose sa notion de la *matière*. Y a-t-il rien de plus clair, de plus précis, de plus expérimental, de moins *ontologique* ? Voilà pour la substance matérielle.

LE MÉTAPHYSICIEN. — Très bien dit.

LE SAVANT. — Voulez-vous un second exemple pris dans un ordre d'idées tout différent ? La métaphysique ne s'est pas moins exercée sur la question de la substance spirituelle, et Dieu sait ce qu'elle a imaginé de subtilités et d'hypothèses pour arriver à pénétrer le secret qu'elle s'était plu à inventer. Que n'a-t-on pas dit sur la nature de l'*âme* et de l'*esprit* ? La raison humaine n'y ayant pas suffi, il a fallu recourir aux révélations mystérieuses. Et pourtant quoi de plus simple que la notion d'*esprit*, telle que l'entend la psychologie, c'est-à-dire la science expérimentale de la nature humaine ? L'esprit est-il autre chose que la force une, identique, personnelle, libre, consciente et raisonnable, que chaque homme sent en soi ? Que savez-vous, qu'avez-vous besoin d'en savoir davantage ? Or c'est l'expérience intime qui vous instruit de tous ces attributs, éléments constituants de la notion d'*esprit*. Voilà deux exemples qui me semblent démontrer que nous n'avons nul besoin de recourir à une autre faculté que l'expérience, à une autre théorie que le dynamisme pour nous faire une idée juste, précise, complète de la *substance*. En un mot, je crains que la vieille abstraction de la *substance* ne vous fasse illusion. Est-ce que vous croiriez encore à un *substrat* inerte, à un fond immobile sur lequel se dessine la mobile variété des apparences *phénoménales*, en un mot, à un *dessous* des choses ?

LE MÉTAPHYSICIEN. — Je ne suis pas plus dupe que vous de cette distinction scolastique dont Leibnitz a fait bonne justice. Pour moi, phénomènes et substance, modes et sujet, être et actes sont de simples points de vue d'une seule et même réalité au fond. Si vous les séparez, vous n'avez plus que des abstractions. Je vais plus loin ; je pense, avec Aristote et Leibnitz, que l'être des choses est dans leur forme, leur acte, et non dans leur puissance ou simple virtualité ; que c'est à l'expérience seule, nullement à la dialectique, à la spéculation abstraite et à la *raison* elle-même, qu'il faut demander la connaissance intime, la définition *spécifique* et scientifique de chaque être. Ainsi, je ne suis pas de ceux qui, sous la force personnelle, intelligente et libre, *sui conscia, sui compos*, dont nous avons le sentiment intime, cherchent encore l'être, le sujet individuel. Je crois que l'expérience nous en livre tout le secret, et que toute spéculation ultérieure, en ce qui concerne l'être individuel, est superflue. Je pense de même que, pour tous êtres individuels dont se compose la Nature, la notion de force épuise la notion du sujet. Ce que je soutiens, c'est que l'expérience s'arrête à la notion des individus ; c'est que l'esprit humain, réduit à ses données, ne peut concevoir l'Univers autrement que comme une simple collection de forces individuelles. Comment ces forces arrivent-elles à correspondre, à concourir, à conspirer de manière à former un tout, un système, une harmonie universelle, le Cosmos en un mot, c'est ce qui reste à expliquer. Voyez l'embarras de l'esprit borné au dynamisme. Il ne peut se refuser à reconnaître cet ordre du Monde que l'expérience lui atteste, et il lui est impossible de s'en rendre compte. Est-il raisonnable, est-il possible de l'y enfermer, de contenir ses aspirations, de limiter sa pensée, de lui dire : « Tu n'iras pas au delà de ce que tu connais ; tu te reposeras dans un mystère ? » Encore si ce mystère n'était qu'un obstacle à l'essor de la pensée, un nuage impénétrable à sa lumière, l'esprit pourrait s'y arrêter de guerre lasse. Mais ce mystère est une impossibilité logique, une abstraction. Quand je dis abstraction, je ne veux pas dire que la notion de force soit vide de réalité, comme la notion d'étendue. J'entends seulement qu'elle ne se suffit point à elle-même. Si précise et si positive qu'elle soit, elle n'en suppose pas moins un fondement que l'expérience ne peut donner. Analysez bien la notion de substance, et vous verrez qu'elle n'est pas entièrement empirique. Après les révélations les plus complètes, les plus intimes de l'expérience, il reste toujours quelque chose d'obscur, mais de nécessaire, un je ne quoi, si vous voulez, qui n'est susceptible d'aucune définition, d'aucune notion précise, mais que l'expérience ne peut atteindre, que l'esprit entrevoit sans le saisir réellement, à la lumière d'une faculté supérieure dont nous parlerons plus tard. Si vous supprimez cette conception de la Substance, dont les caractères propres sont l'infini, l'absolu, le nécessaire, l'universel, tous attributs étrangers et même contradictoires à l'expérience, vous n'avez plus que des phénomènes sans base, des manifestations sans fond, des actes et des forces sans *Principe*, je ne dis pas sans sujet, des mouvements et des lois sans but, un Monde sans plan, sans unité. En faut-il davantage pour établir l'insuffisance métaphysique du dynamisme?

Le Savant. — Je vous abandonne le *dynamisme*; mais, pour le *spiritualisme* proprement dit, je ne suis pas aussi convaincu que vous de l'insuffisance de l'expérience elle-même. La force simple n'est pas le seul principe que nous donne l'expérience intime ; c'est à cette source que nous puisons toutes nos notions sur l'âme et l'esprit. Et même n'avons-nous pas remarqué que ces notions sont des perceptions directes et immédiates de l'expérience intime, tandis que la notion de force *naturelle* n'est qu'une induction? S'il en est ainsi, il me semble que l'expérience fournit tous les principes nécessaires à l'explication du monde. Il n'y a qu'à faire ce dont Socrate nous a donné l'exemple, à transporter dans l'explication des phénomènes cosmologiques les principes même des phénomènes moraux, c'est-à-dire les intentions, les volontés, les raisons qui président aux actes et aux mouvements de la vie morale et physique, en un mot, concevoir l'Univers à l'image du corps humain, et Dieu sur le type de l'âme et de l'esprit de l'homme. N'est-ce pas ainsi que la plupart des doctrines théologiques expliquent l'ordre, l'économie, la Providence du monde? N'est-ce pas toute la méthode, la théodicée de Leibnitz, qu'on vous donne comme le chef-d'œuvre de la métaphysique. Alors, ce me semble, Dieu se retrouve, et le Monde s'explique. Dieu nous est donné comme l'Esprit par excellence, l'Être parfait, dont la conscience humaine nous offre l'imparfaite image. Le Monde, œuvre de cet Être parfait, est un Tout merveilleux d'ordre, d'harmonie, d'unité, de beauté, un vrai Cosmos.

LE MÉTAPHYSICIEN.—Sans doute. Mais, quelle que soit mon admiration pour le bon sens de Socrate, pour le génie de Platon et de Leibnitz, et pour l'éloquence des docteurs des causes finales, je regarde l'induction psychologique, appliquée sans réserve à la théologie, comme une méthode arbitraire et fort périlleuse. Ne savez-vous pas qu'elle conduit à tous les préjugés, à toutes les superstitions anthropomorphiques? C'est elle qui a fait imaginer à la métaphysique un monde organisé, vivant, parfaitement un, sorte d'animal immense que la poésie peut célébrer, mais auquel une science sérieuse ne peut croire. C'est elle qui lui a fait concevoir un Dieu personnel, intelligent, même sensible et passionné comme l'homme, et qui a provoqué ce mot spirituel d'un philosophe : *Si Dieu a fait l'homme à son image, l'homme le lui a bien rendu.* Vous me direz que l'induction peut être éclairée, dirigée et corrigée, de façon à éviter ces extrémités. Mais ce n'est pas l'expérience qui peut le faire ; c'est une autre faculté, dont la métaphysique ne peut se passer, et qui ne permet pas à l'esprit de s'arrêter au dynamisme. Nous en parlerons, si vous voulez, dans notre prochain entretien. Dans celui-ci, je n'ai tenu qu'à établir une chose, c'est que le *dynamisme* et les théories spiritualistes ne peuvent fournir tous les éléments d'une métaphysique complète, et que, si elles sont solides quant à leur base, et vraies dans une certaine mesure, elles sont fausses et impuissantes dans leur prétention à une explication définitive et suprême des choses.

Le Savant. — Je ne puis me refuser à cette conclusion, quel que soit mon regret de perdre encore une illusion. L'erreur ou l'impuissance, voilà tout ce que vous m'avez fait connaître jusqu'à présent de la métaphysique. Convenez que cela n'est guère encourageant pour la suite de nos recherches.

Le Métaphysicien. — Patience ; si notre analyse a épuisé la source de l'expérience, elle n'a pas épuisé l'esprit tout entier. Ne nous reste-t-il pas la raison ? Tant qu'une pareille faculté n'a pas été expérimentée, doit-on désespérer de la métaphysique ?

Le Savant. — J'attendrai donc que l'expérience soit complète. Mais je ne vous cache point que ma défiance augmente à mesure que se dissipent mes illusions.

Le Métaphysicien. — Que vous ai-je demandé ? De vous rendre à l'évidence. Contre tout ce qui ne serait point cette irrésistible lumière, j'accepte, je provoque toutes vos résistances, et même toutes vos préventions.

Quoi qu'il en soit, n'oubliez pas que notre but n'est pas de faire une métaphysique à tout prix. Tout ce que nous voulons savoir, c'est si l'esprit humain fournit aux spéculations de cette science une base solide, et des données suffisantes. Que le résultat de notre recherche soit positif ou négatif, nous n'aurons pas perdu notre temps.

SIXIÈME ENTRETIEN.

L'IDÉALISME.

Le Savant. — J'ai peu dormi depuis notre dernier entretien. Les oreilles me tintent encore de ces terribles mots de *substance*, d'*infini*, d'*absolu*, d'*universel*. J'hésite, pour vous suivre, à sortir du domaine de l'expérience. Là au moins on est sûr du terrain, et l'on sait où l'on va. Dans la région nouvelle où vous voulez m'entraîner, je crains les aventures, et vous avoue que la métaphysique est un guide qui ne me rassure pas.

Le Métaphysicien. — C'est le sujet qui le veut. L'expérience est la meilleure, la seule méthode pour la connaissance des choses ; mais ne lui demandez pas une théorie des principes. Elle vous donne tout ce qui est objet direct du savoir, les phénomènes, les individus, les lois, rien de plus. Si cela vous suffit, il faut s'en tenir à l'expérience. Mais si vous cherchez des explications, vous ne pouvez les trouver que dans des principes qui dépassent et dominent l'expérience. Il vous faut bien alors me suivre dans un autre monde.

Le Savant. — Je vous suis donc, puisqu'il y a nécessité. Mais je n'entrevois pas sans trembler ce monde inconnu et mystérieux. Je vois que vous allez me promener dans un pays qui a l'Infini pour horizon, pour fond l'abîme de la Substance, pour voûte azurée les sommets inaccessibles de la spéculation ontologique, où le ciel est partout et la terre nulle part, où rien de ce qui a solidité, forme et couleur ne saisit l'œil de l'esprit, où les plus fermes et les plus puissants esprits ont éprouvé le vertige, où l'on heurte à chaque pas les débris des plus grands systèmes, où se sont perdus Platon, Plotin, Malebranche, Spinosa, et tant d'autres.

Le Métaphysicien. — Ne vous effrayez pas tant. Il ne s'agit point d'une de ces aventures qui sourient aux esprits romanesques, ou d'un de ces expédients familiers aux âmes mystiques. Nous n'appellerons à notre secours aucune de ces facultés extraordinaires d'intuition ou d'inspiration qui échappent à l'analyse et à la méthode. Si nous devons perdre terre, c'est avec un guide parfaitement connu et aussi autorisé que l'expérience. Ce guide est la raison.

Le Savant. — Qu'entendez-vous par la raison ?

Le Métaphysicien. — Vous allez le comprendre. Nous avons jusqu'ici supposé l'esprit réduit au sens externe et à la conscience, c'est-à-dire à l'expérience. Il n'a vu, il n'a pu voir autre chose que des phénomènes, des actes, des causes et des forces, c'est-à-dire le côté multiple, mobile, apparent de la vérité, la scène extérieure du Monde, si vous voulez. Or, est-ce là toute la vérité ? Est-ce le Monde tel que l'esprit le comprend ? Pouvons-nous en rester à une collection de phénomènes, même à une collection de forces, c'est-à-dire d'individus, rattachés entre eux on ne sait comment ni pourquoi, sans lien intime de parenté, sans racine commune, sans unité de fin, de moteur, ni de substance. Y a-t-il là, oui ou non, une véritable impasse pour l'esprit, et par conséquent une nécessité logique d'en sortir ?

Le Savant. — Je ne vois pas que la science moderne éprouve ce tourment.

Le Métaphysicien. — Je le crois bien ; la science de notre temps est profondément empirique. C'est pour cela que, vouée exclusivement à la recherche de l'utile, elle est restée jusqu'ici parfaitement étrangère au culte du vrai, du bien, et du beau, et que, si parfois le souci des hautes questions lui vient, elle en est réduite à en emprunter la solution à la théologie, laquelle est toujours trop heureuse de venir en aide à la *science* humaine. Mais la science empirique n'est pas la vraie science. Que l'empiriste, qui n'y voit pas plus loin que son nez, s'enferme dans l'horizon de la réalité finie, contingente, individuelle, phénoménale, rien de plus simple ; c'est déjà beaucoup qu'il consente à reconnaître des causes sous des effets, et des forces sous des phénomènes. Mais pour quiconque n'a pas un parti pris de mutiler la pensée et la vérité, il y a ici un secret dont l'expérience ne peut donner la clef.

Le Savant. — Je vous crois d'autant plus que je ne partage nullement la quiétude de l'empirisme. Mais la science humaine a-t-elle la prétention de deviner tous les secrets de l'infinie Vérité ? Et pour ne parler que de celui qui nous occupe, est-il de nature à être jamais révélé à notre intelligence bornée ? Je sens aussi bien que vous que l'expérience laisse une lacune dans la connaissance humaine. Mais je ne vois pas que vous la combliez avec ces grands mots d'*infini*, d'*absolu*, d'*universel*, de *substance*, dont la métaphysique a tant abusé.

Le Métaphysicien. — Parce que ces mots ne répondent à aucun objet de l'expérience, il ne faut pas croire qu'ils soient vides de sens. J'espère bien vous convaincre qu'ils expriment des vérités tout aussi certaines, tout aussi claires que les vérités empiriques. Mais puisque vous semblez en avoir peur, nous n'avancerons que pas à pas, et à mesure que se fera la lumière, dans ce monde nouveau pour vous. Par les conséquences absurdes auxquelles aboutit l'empirisme, soit de la sensibilité et de l'imagination, soit de la conscience, vous avez déjà pu juger combien il est peu sûr de se fier à ce genre de révélation, pour ce qui concerne la définition et l'explication des choses. Or veuillez remarquer que ces conséquences ne sont nullement des exagérations de la philosophie empirique. Elles sortent directement de la nature même des éléments et des principes qu'elle met en jeu. Ce n'est pas la philosophie empirique seulement qui éprouve le besoin de se représenter toutes choses dans le temps et dans l'espace, c'est toute sensibilité et toute imagination humaine. Cette représentation est la condition forcée, la loi nécessaire et universelle de toutes les connaissances empiriques. Et pourtant, l'esprit ne peut s'y arrêter. Car tout système de notions et d'explications fondé sur une telle base ne soutient pas la critique de la raison. Il faut donc que les principes mêmes de la représentation soient vicieux.

Le Savant. — Vicieux ou non, du moment qu'ils sont nécessaires à la représentation des choses, la critique n'y peut rien. Si vous vous en prenez aux concepts du temps et de l'espace, que devient la science humaine ?

Le Métaphysicien. — Je vous accorde volontiers qu'elle serait impossible. Mais ne confondons pas la condition de la connaissance avec la connaissance elle-même. Pour l'empirisme qui réduit toute connaissance à une représentation, il n'y a plus de vérité possible, du moment qu'on prouve que la représentation n'est qu'une illusion. C'est ce qui ressort clairement de la réfutation qui vient d'être faite de la métaphysique matérialiste et de la métaphysique spiritualiste. Mais l'empirisme compte sans la raison. L'esprit humain ne se borne pas à se représenter les choses ; il les *pense*, il les voit à la lumière d'une faculté supérieure qui dissipe les fantômes de l'imagination et de la conscience. Or la source de toutes ces illusions est la fausse croyance à la réalité indépendante de l'espace et du temps. Que l'on considère le temps et l'espace comme de simples formes de la sensibilité, ou comme de véritables attributs des choses, la raison ne permet pas d'en séparer les choses, et de les concevoir comme disséminées dans le temps et dans l'espace. L'espace et le temps ne se peuvent concevoir ni comme vide, ni comme substance, à part des choses ou des phénomènes qu'ils semblent contenir. Je sais bien que rien n'est plus simple pour l'imagination et la conscience que cette représentation de la vie universelle, ainsi dispersée et coupée par des intervalles que remplissent un temps et un espace continus. Mais rien n'est plus absurde pour la raison. Celle-ci *conçoit*, *pense* l'être comme absolument continu dans le temps et dans l'espace. Pour elle, vide est synonyme de néant; la solution de continuité n'est qu'une illusion de l'imagination qui se *représente* les choses. C'est cette malencontreuse représentation qui vous empêche de saisir, de comprendre l'unité de l'être, corps ou âme, dont le sens ou la conscience vous révèle les formes, les mouvements et les actes. Vous imaginez toujours que ce corps est distinct de l'espace qu'occupe son volume, que cette âme est distincte du temps que remplit son activité; vous êtes dupe de votre illusion au point de supposer des interstices parfaitement vides dans la juxtaposition des parties, ou dans la succession des actes de l'être conçu par représentation. Voilà l'origine de toutes les erreurs de l'empirisme sur l'être des choses. Il ne s'agit donc pas seulement d'élever notre pensée au-dessus du domaine de la sensibilité et de l'imagination. Je comprends que l'esprit humain pourrait s'y résigner, si ce monde n'était qu'une partie de la vérité. Mais ce monde est illusoire. La pensée ne peut donc s'y tenir, quelque modestes que soient ses prétentions. Le premier usage que l'esprit fait de sa raison, au sortir des rêves matérialistes ou spiritualistes de son enfance, c'est de briser cette enveloppe tout empirique de sa pensée, de dissiper ce nuage qui lui dérobe la vue du monde nouveau que la raison va faire apparaître à ses yeux éblouis. Tant que la pensée n'en a pas fini avec cette représentation fantasmagorique des choses dans le temps et dans l'espace, elle ne peut rien comprendre à l'unité et à la continuité de la vie universelle.

Le Savant. — Je le veux bien. Mais si vous infirmez les représentations de la sensibilité, de l'imagination et de la conscience, que deviendront les sciences auxquelles elles servent de fondement?

Le Métaphysicien. — Ces sciences ne courent aucun danger; elles conservent toute leur vérité. C'est de la vérité métaphysique seulement qu'il s'agit ici. Or, comme je ne sache pas que les sciences mathématiques, physiques et psychologiques aient des prétentions à cette vérité, mes observations ne les atteignent pas. J'accepte parfaitement la représentation empirique et toutes les sciences qui s'y rattachent, pour l'usage et dans la mesure de vérité qu'elles comportent. Ce que je repousse, c'est la portée transcendante de ces notions, c'est leur application à l'être même des choses, c'est, en un mot, la métaphysique de l'imagination et de l'expérience. Il n'y a de métaphysique possible qu'avec un tout autre ordre de facultés et d'idées. Le vrai métaphysicien ne regarde les choses qu'à la lumière de la raison.

Le Savant. — Hé bien! que cette lumière soit notre guide.

Le Métaphysicien. — Pour plus de clarté, reprenons le problème métaphysique au point où l'ont laissé nos derniers entretiens sur le matérialisme et le spiritualisme. Il n'est pas donné à l'expérience nous de faire voir dans le monde autre chose qu'une innombrable variété d'individus. Ces individus sont des atomes pour la métaphysique de l'imagination. Pour la métaphysique de la conscience, ce sont des forces, des *monades*, comme dirait Leibnitz. Mais, dans l'une et l'autre conception, la vie universelle apparaît toujours comme éparpillée à travers l'espace et le temps en un nombre infini d'individus plus ou moins fortement marqués du caractère de l'*individualité*. La seule chose que cette métaphysique de l'expérience puisse faire avec les lumières de la science, c'est de s'élever à une certaine unité de *système*, par l'intelligence des rapports qui unissent entre elles toutes les parties de cet immense Univers. Ici commence le rôle de la faculté supérieure que l'on nomme la raison. C'est elle et elle seule qui élève notre pensée jusqu'à l'unité *substantielle* de la vie universelle.

Le Savant. — L'unité substantielle, voilà le grand mot lâché. Mais, je vous l'avoue, ce mot cache un mystère pour nous autres savants qui, en fait d'unité générale et abstraite, ne comprenons que l'unité de rapport, d'harmonie, de synthèse, de système enfin.

Le Métaphysicien. — Vos sciences, en effet, n'ont jamais soupçonné, jamais poursuivi d'autre unité que celle-là. Leur gloire immortelle sera d'avoir découvert et révélé à l'esprit humain cette magnifique unité, ignorée ou mal comprise de la science antique. Avant vous, avant votre merveilleuse astronomie, on avait trouvé le nom qui convient à l'Univers. Vous seuls l'avez compris et justifié. *Cosmos* n'est plus une dénomination poétique; c'est la formule exacte de la vie universelle. Mais la pensée va encore au delà de la science. Votre Cosmos ne lui suffit point. Où vous ne voyez qu'un Tout parfaitement harmonieux, la raison voit un *Etre*, l'Être universel, l'Être *cosmique*, pour parler votre langage. Pour elle, la *vie universelle* n'est point une métaphore ; c'est la vérité même, la rigoureuse expression de l'unité substantielle du Monde.

Le Savant. — Tranchons le mot. Il n'y a qu'un *Être*, l'Être universel. Les êtres dits individus ne sont pas de véritables êtres. Ils ne sont que des *phénomènes* de la vie universelle, ou pour parler le langage de Spinosa, des *modes* de la *substance* unique. Voilà ce que j'ai peine à comprendre.

Le Métaphysicien. — Je le crois bien. Il en est des choses de l'esprit comme de tout le reste : l'habitude devient une seconde nature. Votre pensée vit dans le monde de l'expérience et de la science proprement dite, dans ce monde d'où les conceptions pures de la raison sont bannies sévèrement, comme autant de vaines spéculations. Vous ne cherchez, ne comprenez d'autre unité que celle que vous révèle l'expérience, l'unité de rapport, de composition, d'harmonie, et vous croyez l'esprit humain parvenu aux extrêmes limites de la synthèse, quand vous l'avez conduit jusqu'au *système du monde*.

Le Savant. — Je commence à comprendre qu'il n'est pas au bout de ses peines, et qu'il lui reste un grand, un dernier effort à faire pour atteindre au terme suprême de la pensée, marqué par la plus haute de ses facultés, la raison. Nous y voici enfin. J'occupe le sommet de la pensée et de la vie universelle, planant à une distance incommensurable, sur ce monde d'en bas, ce monde de l'imagination et de l'expérience, où je ne vois plus que des ombres et des apparences de réalité ! Mais cette hauteur me donne le vertige. Je ressemble en ce moment à l'homme de Platon qui, passant subitement des plus épaisses ténèbres dans la plus éclatante lumière, se trouverait ébloui, ne pourrait se reconnaître dans ce monde nouveau où il est transporté, et semblerait regretter ses anciennes ténèbres. J'entends bien que l'unité substantielle du Monde est une sublime conception, et pourrait bien être la vérité. Cela posé, je vois parfaitement que l'unité de substance entraîne nécessairement la suppression des êtres individuels, en tant qu'êtres. Mais si je ne puis résister à la logique, je vous avoue que cette conclusion me répugne, parce qu'alors je me trouve ne plus rien comprendre à tout ce qui me paraissait si clair, et même si évident jusqu'ici.

Le Métaphysicien. — Je vois pourquoi vous ne pouvez comprendre. C'est l'imagination qui offusque votre esprit de ses trompeuses représentations. Vous vous figurez toujours la vie universelle comme un éparpillement d'individus semés à travers le temps et l'espace. Supprimez, comme le veut la raison, cette fausse hypothèse de l'espace pur, autrement dit du vide. Il n'y a plus d'intervalle, ni d'interruption dans la juxtaposition, ou la succession des phénomènes de la vie universelle. L'être reprend sa continuité. Dès lors vous n'avez plus aucune difficulté à comprendre l'unité de l'Être cosmique. Bien plus, il devient impossible à votre raison de le concevoir autrement.

Le Savant. — En effet. Quel changement de scène ! Et combien les yeux de mon esprit ont peine à s'y faire ! mais je n'ai plus de doute sur ce point. Je reconnais qu'en imaginant le monde comme un composé d'atomes semés dans l'espace, je ne faisais que *rêver*. Je commence à *penser* véritablement. Seulement il me reste un scrupule. Que deviennent les individus au sein de cet Être universel ? Que devenons-nous nous-mêmes ? Vous l'avez dit avec cet affreux Spinosa. Les êtres ne sont plus, nous ne sommes plus nous-mêmes que des modes de la *Substance* unique. C'est à quoi il est dur de se résigner.

Le Métaphysicien. — Il le faut bien pourtant. Nous sommes dans un monde où la raison seule est écoutée, et la logique souveraine. L'imagination et la conscience n'ont plus voix au chapitre. S'il n'y a qu'une Substance, ainsi que le proclame la raison, que peuvent être les êtres dits individuels, sinon des modes de cette Substance unique?

Le Savant. — L'innombrable variété d'individus de propriétés si diverses, même si contraires, réduite à une Substance unique, voilà ce que je ne puis bien comprendre, alors même que la logique me force de l'accepter.

Le Métaphysicien. — C'est que vous confondez toujours l'individu avec l'être. L'individu, quel qu'il soit, n'est qu'une forme, un état, une synthèse de l'être, dans la vie universelle. Or, cette permanence vous fait illusion sur le caractère *substantiel* de l'individu, et vous induit à croire à un être véritable. Et pourtant le changement auquel tout corps est sujet ne témoigne-t-il pas qu'il est un état, une forme, un mode de la Substance, et non la substance elle-même?

Le Savant. — Je vous écoute; vous ne sauriez trop insister sur ce point.

Le Métaphysicien. — Soit le premier corps venu. Vous le voyez passer successivement par divers états, devenir solide, liquide, gazeux. Aucun de ces états ne peut être considéré comme la substance de ce corps, puisque aucun ne lui est essentiel. Le physicien et le chimiste ne conservent, sous le nom de substance et de matière, que les propriétés permanentes et indestructibles, comme la pesanteur. Nous ne parlons pas de l'étendue et de la figure, qui sont de simples propriétés de l'espace. Mais ces propriétés, fixes et communes à tous les corps que nous connaissons, épuisent-elles la notion de la substance pour l'esprit? Nullement. Supposez ce même corps pondérable dans cette partie de l'espace qui n'est pas soumise à la loi de la gravitation terrestre, il aura perdu sa propriété de pesanteur. Aura-t-il perdu pour cela sa substance? Il aura une autre forme; il sera quelque chose que nous ne saurions déterminer, comme l'éther que les physiciens conçoivent avec l'unique propriété de transmettre la lumière; mais enfin il sera. Et quand nous pourrions supposer que ce corps perd toutes ses propriétés sensibles, même celles que conserve la substance éthérée, il nous serait encore impossible de le supposer anéanti. Donc autre chose est le corps, autre chose la substance elle-même. Vous comprenez dès lors comment la diversité, et même l'opposition des corps, ne prouve rien contre l'identité et l'unité de la substance. Tant que vous ne voyez le monde que des yeux de l'imagination ou de la conscience, il est impossible à votre esprit de concevoir la vie universelle autrement que comme une variété de formes ou de forces en concours ou en lutte, mais essentiellement distinctes, sinon indépendantes. Mais si vous voulez bien percer par la raison cette espèce de surface des choses, vous ne manquerez pas d'apercevoir l'identité de substance comme fond de cette scène variée et mobile. Toute diversité, toute opposition, toute distinction se perd alors dans l'unité de l'Être. Tout se concilie, s'identifie, s'unifie dans ce monde supérieur de l'*Absolu*, pour parler le langage de l'idéalisme allemand.

Le Savant. — Je comprends maintenant votre thèse. Variété de phénomènes, unité de l'être; diversité de modes, identité de substance : telle est l'idée que se fait la raison de la vie universelle.

Le Métaphysicien. — Précisément. Pressons maintenant les conséquences de ce principe.

Le Savant. — Je vous vois venir avec votre Substance unique. Comme elle ne laisse plus subsister dans le monde de la réalité d'autre être qu'elle-même, il s'ensuit sans doute que ce qu'il nous plaît d'appeler en langage vulgaire les êtres individuels ne sont que de purs phénomènes, et que le monde de l'expérience va s'évanouir en vaines apparences qui ne s'adressent qu'à l'imagination. Il n'y aura plus de réalité véritable que dans le monde immuable, purement intelligible de l'être et de la substance. Je vous avoue que j'éprouve une forte répugnance à vous suivre dans cette voie redoutable où la logique de vos idéalistes entraîne ses adeptes. Il y a au bout toute une histoire de naufrages fameux qui me rend singulièrement suspect ce genre de spéculations.

Le Métaphysicien. — Rassurez-vous. Je sais que ce paradoxe a été émis par quelques philosophes de l'antiquité comme une conséquence du principe de l'unité de substance. L'*être est*, et le *non-être n'est pas*, avait dit Parménide. Ce qui, traduit en langage moderne, revient à peu près à ceci : il n'y a de vérité, d'être véritable que dans ce qui existe d'une manière permanente et immuable ; tout ce qui change, tout ce qui devient n'est qu'apparence, jeu d'imagination, pur néant. Parménide et son école suppriment simplement ce monde du devenir et de la sensation. Le platonisme et le néoplatonisme, sans aller jusque-là, atténuent, réduisent, autant qu'ils peuvent, la réalité du monde sensible devant leur monde intelligible, pur domaine de l'être et de la vérité. Le platonisme de saint Augustin, de Malebranche, et de beaucoup d'autres idéalistes modernes, n'est pas moins dédaigneux des choses du monde sensible. Mais toutes ces extravagances ou ces aberrations ont leur origine dans une fausse notion de l'être et de la substance. L'Être universel a été mal compris de l'idéalisme antique ; sous les formules équivoques de l'*unité* et de l'*idée*, il était réduit à une abstraction logique, sans réalité et sans substance. Dans les écoles de Pythagore, de Parménide, de Platon, de Plotin, et de tous les idéalistes de l'antiquité, l'être n'est pas seulement distingué logiquement du *devenir* ; mais il en est substantiellement séparé. Il constitue un monde à part, le monde *intelligible*, d'où est exclu le mouvement, le changement, tout ce qui fait l'individualité et la réalité de l'être : en sorte que l'attribut caractéristique de l'être parfait, de l'être pur, τὸ ὄντως ὄν, c'est l'immutabilité et l'immobilité. De là la négation, ou tout au moins le dédain du monde de l'expérience.

Le Savant. — N'est-ce pas la conclusion inévitable de tout idéalisme ?

Le Métaphysicien. — Nullement. Parmi les écoles idéalistes modernes, il en est une qui s'est affranchie de toute tradition éclectique, platonicienne ou néoplatonicienne : c'est l'école de Spinosa. Ce grand esprit, dont l'inflexible logique ne recule devant aucune des conséquences de son principe, conserve le monde de l'expérience et des phénomènes, en vertu même de ce principe. Car il définit la Substance unique *causa immanens*, c'est-à-dire la Substance dont l'essence même est l'activité. Pour lui, la substance n'est rien sans le mode, l'*être* sans le *devenir*, Dieu sans le Monde. Ou pour mieux dire, les deux termes n'en font qu'un ; substance et modes, être et devenir, Dieu et Monde sont les deux aspects d'une seule et même Réalité.

Le Savant. — A la bonne heure. Je me familiariserai d'autant plus facilement avec votre thèse qu'elle choquera moins le sens commun.

Le Métaphysicien. — Bien que la raison seule soit notre règle, il est de ces défis portés au sens commun que nulle philosophie, pas même l'idéalisme, ne peut prendre au sérieux. Le monstrueux paradoxe de l'école d'Élée est du nombre, à supposer toutefois que cette étrange négation de la réalité soit autre chose qu'une équivoque, ou un jeu de logique. Quoi qu'il en soit, je n'ai pas plus de goût que vous pour de pareilles folies. Il n'est nullement question de supprimer l'expérience, de nier la réalité finie, relative, contingente, individuelle, phénoménale qu'elle atteste, de faire évanouir en un mot le Monde devant la terrible idée de Dieu. Je conserve tous les objets de l'expérience. Il ne s'agit que d'en définir la valeur, la portée, et le degré de vérité. Or, il y a une distinction capitale à faire entre la raison et l'expérience, en fait de jugement et de vérité. L'expérience *perçoit*; la raison seule *comprend*. Les perceptions de la première sont de simples données, de purs matériaux à l'aide desquels la seconde comprend et aperçoit la vérité. Tant que la raison n'intervient pas dans le témoignage de l'expérience, les informations de celle-ci, quelque précieuses, quelque nécessaires qu'elles soient, pour nous initier tout à la fois à l'existence et à la nature des choses, ne nous expliquent ni leur caractère, ni leur rapport *métaphysique* dans le Tout. Ce sont de simples *perceptions*, et non encore des jugements, des notions exprimant le fond, la substance, la vérité des choses. Elles n'en prennent l'autorité et la portée que lorsque la raison s'y mêle pour les transformer. Donc, bien que la raison ne perçoive pas elle-même cette réalité finie, relative, contingente, individuelle, phénoménale qu'on nomme le Monde, c'est elle qui la juge, la définit, lui mesure sa part de vérité. C'est à sa lumière que le

Monde se montre sous son vrai jour, c'est-à-dire *rationnel, intelligible*, non plus simplement *réel*, mais *vrai*, dans la haute acception du mot. Un *idéalisme* sérieux ne perd point son temps ni sa peine à défier le sens commun par de folles protestations contre l'expérience et la réalité. Il accepte la réalité des mains de l'expérience et de la science ; seulement il l'explique, la transforme, et en fait le véritable monde intelligible qui va passer sous ses yeux.

Le Savant. — Maintenant je vous suis avec plus de confiance. Mais ne nous voici-t-il pas dès le début en face d'une grosse difficulté ? Partant de l'Être infini, absolu, nécessaire, universel, comment allez-vous faire pour retrouver la réalité finie, relative, contingente, individuelle ? Bien des écoles idéalistes y ont échoué. Les unes ont nié, au nom de la vérité absolue, la réalité dont elles ne pouvaient expliquer l'existence ; les autres l'ont rattachée à son principe par les liens les plus fragiles et les plus accidentels.

Le Métaphysicien. — Nous n'avons pas besoin de tous ces efforts d'imagination pour expliquer l'inexplicable, ni de ces solutions héroïques pour trancher une difficulté insoluble. Le problème pour nous est fort simple, ou plutôt il n'existe même pas. Si, comme nous l'avons montré plus haut, ces notions d'infini et de fini, d'absolu et de relatif, de nécessaire et de contingent, d'individuel et d'universel, de substance et de phénomène s'impliquent logiquement, la synthèse des deux termes est indissoluble au point de ne former qu'une seule et même notion, la réalité est donnée en même temps que la vérité, le Monde en même temps que Dieu. L'esprit ne va d'un terme à l'autre ni par transition, ni par saut ; il n'a besoin ni de pieds ni d'ailes. Sans se mouvoir, il est en possession du Monde. Et ce que je dis des notions s'applique également aux objets qui y correspondent. Tel rapport des notions, tel rapport des choses elles-mêmes. L'infini et le fini, l'absolu et le relatif, le nécessaire et le contingent, l'universel et l'individuel, la substance et le phénomène, Dieu et le Monde s'impliquent logiquement, comme les notions qui les représentent à la pensée, et forment également une antithèse ou une synthèse absolument indissoluble. En sorte qu'il n'y a pas lieu de se tourmenter, comme l'ont fait tant de métaphysiciens et de théologiens, pour savoir comment le Monde procède de Dieu, si c'est par *génération*, par *émanation*, ou par *création*. Le Monde ne procède pas de Dieu; il y est, il s'y meut, il y vit comme le phénomène dans la substance, comme l'acte dans la puissance, comme le développement dans le germe, comme la réalité visible et extérieure dans l'être invisible et intérieur. *Deus Mundus explicitus*, ou *Mundus Deus explicitus* : ces deux définitions expliquent tout à la fois la distinction et l'identité du Monde et de Dieu : différence de points de vue, identité de substance.

Le Savant. — Je vois qu'en effet la difficulté ne gît point dans la transition de Dieu au Monde. Mais si le rapport des deux termes est aussi intime que vous le dites, comment les conciliez-vous? Comment expliquez-vous que le principe des choses change de nature en se manifestant, que l'infini devienne fini, et l'Absolu relatif, que la nécessité se transforme en contingence, l'universalité en individualité, l'immuable vérité en réalité passagère ?

Le Métaphysicien. — S'il en était ainsi, je serais en effet fort en peine de l'expliquer. Mais vous faites du Monde une fausse idée. Vous vous le représentez toujours tel que vous le montrent l'imagination et l'expérience. Ne sommes-nous pas convenus que c'est par les

L'IDÉALISME.   255

seuls yeux de la raison qu'il faut tout voir, même le monde réel ?

Le Savant. — C'est vrai ; j'oublie toujours que j'ai sur les yeux les écailles de l'imagination et le bandeau de l'expérience. Je ne puis habituer ma faible vue à la pure lumière de la raison. Mais enfin me voici les yeux bien ouverts. Montrez-moi les choses telles qu'elles sont.

Le Métaphysicien. — Vous avez jusqu'ici vécu dans l'idée d'une réalité finie, relative, contingente, individuelle, phénoménale. Cette idée n'est qu'une illusion.

Le Savant. — N'allez-vous pas supprimer le Monde ?

Le Métaphysicien. — J'explique, je ne supprime rien, rien que des illusions. A votre monde de l'imagination et de l'expérience je substitue le monde de la raison ; à votre *réalité* je substitue la *vérité*, voilà tout. Quand les écoles idéalistes nous parlent d'un monde intelligible, distinct et séparé du monde sensible, qu'elles peuplent d'idées pures, c'est-à-dire, d'abstractions, elles se trompent. Il n'y a pas deux mondes ; c'est toujours le même, *sensible* pour l'expérience, *intelligible* pour la raison. La science ne vous fait connaître que le premier ; la métaphysique seule peut nous initier au second.

Le Savant. — Je vous écoute.

Le Métaphysicien. — Remontons au grand principe de l'unité de substance. Que la substance unique soit infinie, nécessaire, absolue, universelle, cela résulte de la définition même de la substance, et n'a guère besoin de démonstration. Elle est nécessaire ; car comment concevoir que ce qui est *en soi* puisse ne pas être ? Elle est absolue, par cela même qu'elle est *en soi* et *par soi*. Elle est infinie, toute limite impliquant *une* relation, et par suite une dépendance quelconque. Elle est universelle ; car, si elle ne comprend pas tout dans son unité, si quoi que ce soit lui échappe, un fétu, un atome, elle n'est plus infinie, ni par suite absolue, ni par conséquent substance.

Le Savant. — Tout cela va de soi.

Le Métaphysicien. — En devinez-vous aussi les conséquences ? Si Dieu (nous donnerons désormais avec Spinosa ce nom à la substance) ; si Dieu est infini, absolu, nécessaire, universel dans son essence, il faut qu'il le soit également dans la totalité de ses actes.

Le Savant. — Pourquoi cela ? Ne semble-t-il pas au contraire que le monde doive être fini, relatif, contingent, individuel, par cela seul que son principe est infini, absolu, nécessaire, universel ? N'est-ce pas sur cette opposition même des deux termes qu'est fondée l'idée de Dieu et la démonstration de son existence ? Si le monde a les mêmes attributs que son principe, à quoi bon ce principe ? N'est-il pas d'ailleurs dans la nature de la cause et de la substance de ne point s'épuiser entièrement dans la totalité de leurs effets et de leurs modes, si grande qu'elle soit ?

Le Métaphysicien. — Vous auriez raison, si le rapport du Monde à Dieu était, comme l'imaginent la plupart des métaphysiciens, un simple rapport de l'effet à la cause, si le monde était l'œuvre, la création plus ou moins accidentelle d'un principe retiré dans les profondeurs de son essence abstraite, ou même l'émanation incessante d'une source inépuisable. Mais la théologie rationnelle n'admet ni ces fictions, ni ces images empruntées, les unes à la psychologie, les autres à la physique. Elle distingue Dieu du Monde, mais ne l'en sépare pas ; elle fait de Dieu la Substance, et du Monde la totalité des modes, adéquate à la Substance, et par conséquent comme elle infinie, absolue, nécessaire, universelle.

Le Savant. — En effet, si le Monde n'est pas la création libre d'une puissance indépendante, ou l'excès d'un principe surabondant, mais l'acte même de la puissance divine, la logique veut qu'il soit infini, absolu, nécessaire, universel, ni plus ni moins que son principe. Reste à savoir si le sens commun s'accommode des conceptions abstraites de la raison et des conclusions de la logique.

Le Métaphysicien. — Quand il ne s'en accommoderait pas, nous n'aurions point à nous en inquiéter, puisqu'il est convenu entre nous que la raison et la logique sont les seuls juges de la vérité en ces matières. Aussi me permettrez-vous de poursuivre la série des conséquences contenues dans le principe de la théologie rationnelle. Le Monde est infini en tout sens, en durée, en étendue, en puissance, en variété, en fécondité. Il est absolu, c'est-à-dire indépendant, non-seulement dans son tout, mais encore dans ses individus ; car, si ces individus ne sont que des déterminations de la substance universelle, la raison veut qu'ils ne puissent dépendre que d'elle, et qu'ils soient indépendants les uns des autres, malgré les apparences contraires. En vertu du même principe, le Monde est nécessaire également, dans ses modifications aussi bien que dans son existence, la substance universelle ne pouvant pas plus être autrement que n'être pas. Enfin il est universel en tout et en partie : en tout, puisque alors il est la totalité des modes de la substance, adéquate à sa nature ; en partie, puisque la partie est inséparable du tout dans lequel et par lequel elle subsiste. Voilà le monde intelligible, le monde de la raison. Tout y semble fini, relatif, contingent, individuel ; tout y est infini, absolu, nécessaire, universel comme l'Être caché, dont le monde exprime et manifeste la nature et l'essence. Dans le langage de la théologie rationnelle les mots de fini, de contingent, de relatif, d'individuel, de phénomène, sont des mots vides de sens.

Le Savant. — Je ne vois pas en effet ce que la logique pourrait répondre à ces conclusions. Mais le sens commun n'y trouve guère son compte. N'oubliez pas que la logique et la raison ne vont pas toujours ensemble.

Le Métaphysicien. — Je le sais. La logique n'est qu'un instrument qui peut être mis au service de l'erreur aussi bien que de la vérité. Tout dépend du principe. Mais quand le principe est une notion nécessaire de la raison, comme dans le cas qui nous occupe, je ne vois que l'expérience qui pourrait contredire la logique. Or il est convenu que ces sortes de contradictions ne nous arrêteront pas. Quant au sens commun, personne ne sait mieux qu'un savant combien ce mot couvre de préjugés, à côté de vérités incontestables. Je vais d'ailleurs essayer de vous montrer que la raison accepte, non moins que le principe, les conséquences que la logique lui impose. Ainsi l'infinité du monde est une vérité que la raison a toujours reconnue, et que la science confirmerait, s'il en était besoin. Il n'y a que l'imagination qui limite le monde en se le représentant, et en le supposant enveloppé de cette espèce de substance inintelligible qu'on appelle l'espace, et qui se réduit à un simple rapport de coexistence. Ce qui est vrai, d'une vérité positive, c'est que l'être est partout, le vide nulle part, qu'après l'être vient l'être, et encore et toujours, que par conséquent le Monde est infini. Quant à la notion de limite, c'est une pure représentation sensible. Si l'expérience et l'imagination nous montrent les choses divisées et limitées dans le Tout, la raison nous fait comprendre que la division et la limite ne sont que fictives ; que l'intervalle qui les sépare et que l'imagination conçoit comme un vide, n'est nullement une solution de continuité dans la série compacte des temps ou des êtres ; que par conséquent cette notion d'une réalité multiple, divisible, bornée, figurée, qui se dessine sur le fond de l'éternité ou de l'immensité, ne s'adresse qu'à notre imagination, et n'exprime nullement la vérité des choses.

Le Savant. — C'est une idée juste en effet, à laquelle je n'avais pas songé.

Le Métaphysicien. — Et vous n'avez peut-être pas songé non plus que la réalité est absolue, prise dans son ensemble et dans ses détails. On nous répète à satiété que le monde est un enchaînement de mouvements et de phénomènes, tous effets et causes se rattachant à un Moteur suprême et unique, comme s'il n'y avait de force vive, d'initiative, d'activité propre nulle part ailleurs que dans ce premier anneau de la chaîne, comme si tout être, si passif, si dépendant qu'il paraisse, n'était pas un foyer de mouvement, un principe d'action, une *monade* autonome, selon la théorie de Leibnitz. On nous représente le monde comme un immense *mécanisme* dont tous les rouages reçoivent l'impulsion d'un principe unique, tandis que la raison, la science, l'expérience elle-même nous le montrent comme un *organisme* vivant, dont tous les éléments sont des forces vives, actives par elles-mêmes, sinon indépendantes ; de telle sorte que les êtres et les corps de la Nature ne sont pas mus à proprement parler, mais se meuvent sous l'excitation des causes extérieures. La philosophie *mécanique*, abusée par la géométrie et l'imagination, n'a jamais pu comprendre que le principe du mouvement est intérieur et non extérieur à l'être en mouvement, qu'il ne faut chercher au dehors et dans le rapport des êtres que les causes qui en provoquent ou déterminent la direction. Mais la vérité est que tout être de la Nature, simple ou complexe, inorganique ou organique, puise en soi ou en Dieu, dans sa force individuelle ou dans sa Substance universelle, mais toujours à un foyer intime, le mouvement, l'activité dont la direction dépend de ses relations extérieures. Sous ce rapport, le panthéisme de Spinosa n'est pas plus contraire que le dynamisme de Leibnitz au système de l'*horloge* du monde, laquelle attend la main d'un moteur étranger, pour entrer en mouvement. Dans sa théorie de l'*harmonie préétablie*, Leibnitz va jusqu'à soutenir l'absolue indépendance, la complète autonomie des êtres et des forces individuelles, et réduit à une simple correspondance toute relation extérieure, toute influence, toute action apparente. Mais, sans suivre ce grand esprit dans une hypothèse contredite par l'expérience, non moins que par la raison, nous sommes en droit d'affirmer, dans une certaine mesure, l'indépendance et l'autonomie de tous les êtres de la Nature.

LE SAVANT. — Cette réserve faite, votre thèse me paraît suffisamment fondée. Je vois bien que l'opinion contraire n'est qu'un préjugé, tout en ayant un certain air de sens commun.

LE MÉTAPHYSICIEN. — Et pour avoir le même air, la doctrine de la *contingence* n'en est pas plus vraie. Que tout ait sa raison suffisante en ce monde, ce n'est pas seulement le génie de Leibnitz qui l'affirme, c'est la science et l'expérience qui le confirment de plus en plus. La contingence est, comme le hasard, un mot inventé par l'ignorante vanité de l'esprit humain, qui nie les causes qu'il ne voit pas. Vous affirmez que tel phénomène, telle loi du monde physique ou du monde moral pourrait ne pas être, c'est-à-dire n'est pas essentielle au système du monde ; qu'en savez-vous ? Que ce phénomène, que cette loi ne soit pas essentielle à la notion que vous vous faites du monde, je l'accorde ; mais qui vous dit que cette notion est adéquate à la vérité ? Que savez-vous de l'ensemble, du fond, du merveilleux enchaînement des choses, et de cet ordre, de cette symétrie, de cette sympathie qui président au système du monde, pour avoir le droit d'affirmer que ceci pourrait ne pas être, que cela pourrait être autrement, sans modifier, sans changer le système tout entier ? C'est encore là une fausse représentation, une illusion de l'empirisme, que dissipe chaque jour la science, à mesure qu'elle répand sa lumière sur le monde de l'expérience. Plus la science étudie, analyse, explique la Nature, plus elle la trouve intelligible et rationnelle ; plus la fatalité fait place à la Providence, la contingence à la nécessité finale, le hasard à la logique. Contingente pour l'expérience, la Nature est nécessaire pour la raison. Et ce n'est pas seulement la Nature qui présente ce caractère à la science, c'est l'histoire, la psychologie, la politique, le monde de l'Esprit tout entier. Le temps n'est plus où l'on croyait pouvoir expliquer les plus grands effets par les plus petites causes, où l'histoire ne semblait autre chose que le conflit des volontés ou des passions humaines, contrariées ou favorisées par l'action fortuite des causes naturelles, espèce d'imbroglio perpétuel, fécond en crises fortuites et en dénoûments imprévus, le tout sans plan, sans but, sans unité, sans aucune apparence de logique. Aujourd'hui la science a fait de l'histoire une chose intelligible, un système où tout se suit et s'enchaîne, où les faits sont des idées, où les époques sont les moments et les degrés, où les peuples et les races sont les organes de l'Esprit, se développant en parfaite harmonie avec la Nature, au sein de l'Être universel. A ce point de vue, qui est le vrai, l'histoire est une logique vivante, comme la Nature est une géométrie réelle et concrète. Tous les êtres ont leur raison finale, leur loi, à laquelle ils obéissent irrésistiblement, quelles que soient leur activité propre et leur spontanéité. Spinosa a dit le mot; la vraie, la seule liberté pour un être, pour le premier comme pour le dernier, pour Dieu lui-même, est d'obéir à sa nature. Ce n'est donc pas le caprice, le hasard, l'incertitude, le *libre arbitre*, la balance des motifs et des partis, la contingence en un mot sous toutes les formes, qui mesure la liberté, c'est la nécessité inflexible, mais tout intérieure, qui ne rencontre jamais ni obstacle ni aide dans le concours ou l'opposition des agents extérieurs.

Le Savant. — Il me semble que vous allez un peu loin. Que vous substituiez partout la nécessité à la contingence dans le domaine de la Nature, je l'admets; que, même dans le domaine de l'Esprit, vous lui fassiez la part plus large que ne la font nos historiens et nos moralistes, je l'admets encore; mais je ne puis consentir à la voir partout, jusque dans le for intérieur, dans l'activité volontaire que j'ai toujours regardée comme le sanctuaire même de la liberté. La définition de Spinosa appliquée à la liberté morale me révolte. La métaphysique a beau dire; sur ce point c'est la psychologie qui aura toujours le dernier mot. Je *sens* ma liberté; que m'importe votre logique?

Le Métaphysicien. — Et que m'importe à moi votre sentiment de la liberté? Vous vous croyez libre; je vous accorde même que votre croyance est invincible. Mais que vous le soyez réellement, ceci est une autre question. La liberté n'est pas une chose purement intérieure; elle dépend de conditions extérieures, de rapports nombreux, soit avec les autres êtres, soit avec le Principe même de l'être qui se croit libre. Si la raison et la science, qui voient plus loin et plus haut que l'expérience, qui embrassent le système entier des êtres, découvrent l'incompatibilité de la liberté individuelle avec la nécessité universelle, que devient le témoignage de la conscience? C'est une autorité souveraine, je vous l'accorde, mais dans sa sphère seulement. Si la liberté n'était qu'une question psychologique, vous auriez parfaitement le droit de conclure, comme vous le faites, de la croyance à la chose; mais c'est une question métaphysique, sur laquelle la raison et la logique sont seules juges.

Le Savant. — C'est dur; mais il faut se soumettre. Étant donnés Dieu et le système du Monde, tels que les conçoit la raison, je conviens qu'il est impossible d'y trouver le plus petit coin pour une contingence quelconque, même pour celle que nous nommons liberté.

Le Métaphysicien. — Que voulez-vous? L'expérience a ses préjugés, comme l'imagination a ses illusions. Tout cela doit se dissiper devant la pure lumière de la raison. Ainsi l'individualité des êtres de l'Univers est encore une de ces notions que la raison renvoie au chapitre des préjugés empiriques. La raison et la science vous disent que l'Univers est un Tout, et non une simple totalité d'unités ou de forces individuelles; que, dans ce Tout véritablement organique, les individus tiennent au système d'une façon tellement étroite et indissoluble qu'il est impossible de les en séparer, sans leur ôter l'existence ou la vie. D'une autre part, nul individu, si simple, si minime qu'il soit, n'est absolument simple et indivisible. C'est encore un système, un tout, une unité plus ou moins complexe; ce n'est pas un *individu*, dans la rigueur du mot. Vous voyez donc que la notion d'individualité s'évanouit, soit que l'on considère les êtres en eux-mêmes, soit qu'on les envisage par rapport au Tout. Pris en eux-mêmes, ils ont beau être simples pour l'expérience; absolument parlant, ce sont encore des systèmes, des collections. Vus en regard du Tout, quelque grands, riches et puissants qu'ils soient, ils font partie intégrante d'une unité, d'une individualité supérieure. Nul individu n'est assez simple pour être indivisible; nul n'est assez complexe pour être complet : deux conditions sans lesquelles il n'y a pas d'individu proprement dit.

Le Savant. — Je suis forcé d'en convenir. De quelque côté que je regarde, je ne vois plus que l'infini, l'absolu, le nécessaire, l'universel; le Monde a les mêmes attributs que Dieu : L'équation est parfaite. Dieu est le Monde; le Monde est Dieu. Je trouve même qu'il y a un terme de trop dans cette métaphysique, puisque l'équation se résout dans l'identité. Vous l'avez dit : Dieu et le Monde ne font qu'un. Tant pis pour le sens commun et le langage qui en est l'expression.

Le Métaphysicien. — Son langage, en effet, est contraire à la vérité métaphysique, et doit être réformé, si l'on veut en finir avec les préjugés de ce sens commun, qu'il serait plus exact d'appeler le sens vulgaire. Puisque les individus ne sont, au point de vue de la vérité rationnelle, que les modes de la Substance unique, la manifestation de l'Être universel, il ne convient pas de leur conserver le nom d'*êtres* proprement dits. Quand donc nous parlons de tels ou tels individus, de tels ou tels ordres d'individus, notre définition doit comprendre avant tout le mot qui exprime la vérité métaphysique par excellence, le mot Substance, Être, Dieu ; tout est Dieu, la Nature et l'Humanité, l'individu qui est au plus bas de l'échelle de la vie universelle, comme l'individu qui est au sommet, le fétu de paille, le ver de terre, aussi bien que l'homme. La Nature, c'est Dieu vu dans l'ordre de ses manifestations inférieures. L'Humanité, c'est Dieu dans l'ordre de ses manifestations supérieures. Le langage de Spinosa est le vrai langage du panthéisme. Et quand Hégel définit la Nature l'*imagination de Dieu*; quand il définit l'esprit humain la *conscience de Dieu*, il n'excède point, quoi qu'on ait pu dire, la mesure de la rigoureuse vérité.

Le Savant. — On a quelque peine à se faire à une pareille métamorphose. Pour moi, je ne puis entendre ce langage sans me rappeler la parole d'un empereur romain au moment de mourir : « *Je sens que je deviens Dieu.* » Moi aussi, je sens que je cesse d'être homme en devenant Dieu. Je voudrais conserver mon *humanité*.

Le Métaphysicien. — Spinosa vous répondra que la vérité de la pensée, que la perfection de la volonté sont à ce prix. D'ailleurs, il ne faut s'exagérer la métamorphose. Vous ne devenez pas précisément Dieu, puisque Dieu, c'est l'Être universel, et que vous restez un individu, quelques progrès que vous fassiez dans cette voie. Vous entrez seulement dans la vie divine par la conscience que vous acquérez de votre identité avec l'Être universel. Le philosophe Malebranche et les grands théologiens du Christianisme ne sont pas éloignés de croire à une telle conversion.

Le Savant. — Il faut bien se rendre. Je vois s'évanouir successivement tous les caractères du monde sensible, formes, limites, conditions, contingence, individualité, diversité, pour ne laisser à la place qu'un Monde infini, absolu, nécessaire, essentiellement un, c'est-à-dire le monde intelligible de la raison. Je sens que jusqu'ici je n'avais fait que rêver, que je m'étais laissé séduire par les apparences, que je n'avais rien compris de la vérité, rien vu du fond des choses. Mais que de préjugés, que d'illusions il me faut perdre pour m'habituer aux vérités qui éclatent à mes yeux étonnés ! La lumière de ce nouveau monde auquel vous venez de m'initier est si nouvelle pour mon pauvre esprit, qu'elle l'éblouit. J'en suis encore à douter de tout ce que j'aperçois. Je me tâte et me demande s'il est d'un esprit sain de ne plus croire à la liberté des actes humains, à la contingence de certains faits historiques, à la distinction du bien et du mal, du juste et de l'injuste, du droit et du devoir, de tous ces préjugés de la psychologie, de la morale et de l'histoire que la doctrine de la nécessité supprime radicalement. La logique et la raison le veulent pourtant, et vous m'avez appris à leur obéir en tout. Mais tout le monde n'a pas l'intrépide sérénité d'un Spinosa acceptant sans sourciller les plus révoltantes extrémités de la logique. La *grâce* de la métaphysique, si efficace qu'elle soit, ne peut me changer tout d'un coup; il faut lui laisser le temps d'opérer une si complète conversion. J'avais pris, comme tant de grossiers esprits, ce monde au sérieux. J'attachais de l'importance aux formes, aux couleurs, aux figures des choses, aux mouvements, à la vie, aux actes des individus et des peuples. Je me trompais avec le sens commun ; tout cela n'est qu'apparences sans fond, accidents sans portée. Le monde de l'expérience n'est que l'avant-scène de l'être et de la vérité ; tout y est erreur, illusion, fausse lumière, vain bruit et stérile agitation. C'est dans le monde intelligible seulement que se passe le vrai drame de la vie universelle, que toute lumière a sa vérité, tout bruit son sens, tout mouvement sa portée. Là, ainsi que l'a dit le maître, point de liberté, de bien ni de mal, de beauté ni de laideur, de vertu ni de vice, toutes choses relatives au microscope des convenances humaines; mais la nature, l'essence des choses, la nécessité, voilà les seuls principes qu'on y reconnaisse. L'expérience, la psychologie, la morale, l'histoire parlent de formes belles ou laides, d'actions libres ou fatales, justes ou injustes, de choses parfaites ou imparfaites; la métaphysique n'a qu'un mot pour expliquer, pour réduire toutes ces distinctions à leur juste valeur, le mot *être*. Toutes choses sont au fond comme elles doivent, quand elles doivent, où elles doivent être. *Etre* fait leur beauté, leur bonté, leur perfection; persévérer dans l'*être* est toute leur loi. Et comme il leur est impossible de s'y soustraire, attendu que leur être c'est leur substance, et que leur substance c'est Dieu, Spinosa, l'esprit le plus conséquent qui ait jamais été, a manqué à la logique, en traçant un itinéraire à l'activité humaine, comme s'il était possible à l'homme d'obéir à autre chose qu'à sa nature.

Le Métaphysicien. — Voilà le langage de la logique. Spinosa serait jaloux de votre mépris pour le sens commun, l'expérience et la psychologie. J'aime à vous voir cette ardeur de néophyte qui, une fois entré dans la voie, la parcourt d'un trait sans regarder derrière.

Le Savant. — Voici l'ironie qui reparaît sur vos lèvres. Est-ce que la métaphysique rationnelle ne serait pas encore votre dernier mot? Est-ce la logique qui serait en défaut? ou bien est-ce la raison?

Le Métaphysicien. — Je crois notre logique irréprochable, et je ne vois pas que nous ayons tiré de notre principe une seule conséquence qui n'y soit rigoureusement contenue.

Le Savant. — Alors c'est la raison qui est en défaut.

Le Métaphysicien. — Il le faut bien. La raison et la logique ont beau parler haut; elles ne peuvent faire taire la nature et l'expérience : la philosophie idéaliste se heurtera toujours contre l'invincible réalité. On ne fait pas ainsi impunément violence au sens commun et au sentiment moral; décidément une doctrine est jugée, quand elle porte dans son sein de pareilles conséquences. Spinosa a eu le courage de persévérer. Mais, à côté des hautes et profondes vérités que l'on peut dégager de son système, qui a jamais songé à relever son monstrueux fatalisme? Si la raison a le droit et le pouvoir de corriger l'expérience, parfois d'en réformer le témoignage, elle n'a pour cela ni le droit, ni le pouvoir de l'étouffer, du moins en ce qu'il a de sensé, de nécessaire, d'indestructible. Il est une vérité qu'il ne faut pas oublier, quand on parle des corrections de l'expérience par la raison; c'est que l'expérience ne se laisse corriger que par ses propres données, et que la raison ne réforme les fausses ou étroites conclusions d'un premier témoignage que sur un second témoignage plus sûr ou plus complet, mais émané de la même source. Donc la correction de l'expérience par la raison n'implique nullement la contradiction absolue, radicale des deux facultés, des deux sources de la connaissance humaine. Or ce qui m'arrête, c'est cette contradiction entre l'expérience et la spéculation, entre la physique, la psychologie, l'histoire, les sciences expérimentales d'une part, qui toutes attestent la réalité, la dépendance, la contingence, le changement, la vie, la mort, l'individualité, la personnalité, la liberté des choses et des êtres, et de l'autre la métaphysique qui supprime tout cela. Et remarquez bien que la contradiction est manifeste. Il ne s'agit pas d'objets différents, de Dieu et du Monde, mais d'un seul et même objet, le Monde, sur lequel l'expérience et la raison tiennent un langage contraire. Une telle antinomie est bien grave; car elle révèle une profonde anarchie dans l'esprit humain. Et j'avoue que, si je la croyais réelle, j'y verrais un argument invincible contre la capacité de l'esprit humain, en fait de métaphysique, de science et même de croyance quelconque. Mais je soupçonne heureusement ici quelque illusion.

Le Savant. — Comment, la raison aussi aurait ses illusions, comme l'expérience et l'imagination? Alors quel espoir nous restera-t-il, s'il est vrai que la faculté du vrai (vous l'avez dit) soit elle-même sujette à illusion? Puisque la raison nous trompe, aussi bien que l'imagination et l'expérience, tout est dit. Nous voici, ce semble, arrivés au terme de notre recherche; notre conclusion est l'impuissance de l'esprit humain et le néant de toute métaphysique.

Le Métaphysicien. — Il n'est pas encore temps de désespérer. Il est certain que nous avons parcouru toute la liste des facultés cognitives et épuisé les sources de la connaissance. L'imagination, l'expérience sensible, la conscience, la raison, tour à tour interrogées, ne nous ont répondu que par des doctrines fausses, absurdes ou insuffisantes. Il nous reste encore une ressource.

Le Savant. — Et laquelle?

Le Métaphysicien. — De consulter simultanément les facultés qui nous ont mal répondu séparément, de chercher dans la synthèse ce que nous n'avons point trouvé dans l'analyse, de substituer la méthode éclectique aux systèmes exclusifs. Peut-être l'esprit humain tout entier, imagination, expérience, conscience, raison, nous donnera-t-il enfin cette vérité tant désirée que nous avons vainement demandée à chaque faculté en particulier. Peut-être les divers systèmes auxquels nous n'avons pu nous arrêter, le matérialisme, le spiritualisme, l'idéalisme, sont-ils des fragments de vérité qu'il s'agirait seulement de réunir, pour en composer la vérité totale, adéquate à la nature même des choses. Vous voyez que la métaphysique possède encore un moyen de se tirer d'affaire. Nous l'examinerons dans notre prochain entretien (1).

(1) *Idéalisme* n'est peut-être pas le mot propre pour exprimer la métaphysique de la *raison*. *Rationalisme* serait ce mot ; mais l'histoire lui a donné une autre signification. *Panthéisme* exprimerait plus exactement la doctrine dont il s'agit ; mais nous avons dû nous conformer à la tradition et à l'histoire, en nous servant du mot *Idéalisme*.

SEPTIÈME ENTRETIEN.

L'ÉCLECTISME.

Le Métaphysicien. — Nos derniers entretiens, s'ils n'ont pas amené de résultats positifs, ont eu cela d'utile qu'ils ont démontré l'impuissance de nos faculté cognitives mises en jeu séparément, et la vanité des systèmes exclusifs issus du développement isolé de ces facultés. Nous avons conduit notre recherche de manière que l'épreuve fût décisive; notre analyse a épuisé la liste des facultés cognitives, et par suite la source des systèmes. Il est constant que les origines de la connaissance humaine se réduisent à trois, ni plus ni moins, les sens, la conscience et la raison; il est donc évident que tous les systèmes se ramènent aux trois doctrines correspondantes à ces facultés, à savoir le matérialisme, le spiritualisme et l'idéalisme. Vous avez vu avec quelle impartialité et quelle exactitude logique ces systèmes ont été exposés. Laissant de côté les hypothèses, les excentricités, les folies des philosophes, tout ce qui est propre au génie, à l'imagination, aux caprices, aux préjugés de la pensée individuelle, nous nous sommes uniquement attachés aux données simples, positives, générales de chaque système, telles qu'elles émanent des diverses sources de la connaissance, ainsi qu'aux conclusions qui en sont les conséquences légitimes et rigoureuses. Si vous vous en souvenez, nous avons présenté et développé ces systèmes avec une complaisance que vous avez pu prendre pour de la complicité, les montrant constamment par leurs côtés les plus forts et les plus séduisants, à tel point que vos défiances de savant à l'endroit de la métaphysique ont cédé plus d'une fois aux apparences de l'évidence et de la vérité.

Le Savant. — Je vous dois ce témoignage.

Le Métaphysicien. — L'épreuve est donc décisive. La solution du problème métaphysique n'est dans aucun des trois grands systèmes qui résument toute l'histoire de la philosophie, et ne doit être cherchée à aucune des trois sources de la connaissance humaine. Du reste, cette vérité a été universellement sentie du jour où, dans notre siècle, le retour aux études historiques a permis d'assister au spectacle des erreurs et des excès des diverses écoles métaphysiques. En effet, dès le début de ce siècle, la tendance des esprits est à la synthèse de la pensée, et à la conciliation des doctrines. On en est venu à croire, par l'expérience du passé, que la vérité n'est dans aucune doctrine exclusive, que le temps des écoles et des systèmes est fini, que l'unique moyen, s'il existe, de terminer ces luttes sans fin, et de couper court à ces paradoxes qui font le discrédit et le scandale de la philosophie, c'est de réunir en un indivisible et solide faisceau les vérités qui font la force de chaque système, sans en suivre aucun dans ses hostilités, ses exclusions, sa logique à outrance. La défiance de la logique, la confiance à la synthèse, l'appel au sens commun, tels sont les traits caractéristiques de l'esprit de notre temps. Donc, en quittant la voie des systèmes et des abstractions pour rentrer dans celle du sens commun et de la synthèse, nous ne faisons qu'obéir à la pensée du siècle, à cet esprit d'impartialité, de mesure, de conciliation, à ce besoin d'harmonie, de paix et d'unité qui a marqué toutes les grandes œuvres littéraires, historiques, politiques, philosophiques et religieuses de notre siècle.

Le Savant. — Sans doute tous les bons esprits sentent que dans la synthèse sont la vérité et la solution du problème que nous poursuivons. *In hoc signo vinces ;* c'est vous qui l'avez dit dans la conclusion d'un livre sur l'école d'Alexandrie. Mais le tout est de réaliser cette alliance si désirable entre les écoles de la philosophie, et entre les facultés de l'esprit. Comment vous y prendrez-vous pour accorder des voix si différentes, pour concilier des prétentions si contraires?

Le Métaphysicien. — L'éclectisme est là pour résoudre le problème. Préoccupé outre mesure de difficultés pratiques et politiques, que la science ne doit point connaître, il a pu avoir le tort de ne point attendre que la critique eût fini son œuvre, pour conclure définitivement l'alliance des systèmes et l'accord entre l'expérience et la raison. Il n'en faut pas moins lui rendre cette justice qu'il a proposé plusieurs méthodes de solution. En voici une fort simple et très populaire. Elle consiste à appliquer le sens commun comme critère au discernement du vrai et du faux dans les systèmes philosophiques. Le sens commun est l'autorité de notre temps : on le célèbre sur tous les tons ; on le crie sur les toits ; on l'invoque à tout propos ; on l'applique à tout, à la critique littéraire, comme à la critique philosophique. L'école éclectique l'a tellement mis en honneur, en a fait une autorité si souveraine et si universelle, que la pensée individuelle n'a rien vu de mieux à faire que d'en garder les croyances, même les préjugés. Le procédé est celui-ci : c'est le sens commun qui juge du vrai et du faux en toutes choses, qui élimine, épure, corrige, choisit dans le simple témoignage de nos facultés, comme dans les savantes combinaisons qu'on en tire et auxquelles on donne le nom de systèmes. Appliquée aux facultés, aussi bien qu'aux systèmes, voici le résultat que donne la méthode du sens commun. Les sens et l'imagination nous font percevoir les corps et l'étendue; la conscience nous fait connaître les forces, les individus, les âmes, les esprits ; la raison nous fait concevoir l'infini, l'absolu, l'universel, Dieu. Or le sens commun accepte et couvre tous ces objets de son infaillible autorité. Que la science se le tienne pour dit une fois pour toutes, et qu'elle s'en arrange, au lieu de disputer sans fin et sans résultat leur part, dans le domaine de la vérité, tantôt à l'imagination, tantôt à la conscience, tantôt à la raison. Dieu et le Monde, l'esprit et la matière, l'Universel et les individus, les conceptions de la raison et les perceptions de l'expérience, tel est le point de départ de la science et de la métaphysique qui, dans leurs analyses les plus hardies, ne doivent jamais oublier les vérités premières, consacrées par le sens commun. Quant aux systèmes, le procédé n'est pas moins simple. Il ne s'agit que de les examiner à la lumière du sens commun et d'en retrancher tout ce qui choque, tout ce qui contredit cette suprême autorité. Ainsi le matérialisme a raison de soutenir l'existence de l'étendue et de la matière ; mais il a tort de nier l'âme et l'esprit. Le spiritualisme a raison de soutenir l'existence de l'âme et de l'esprit; mais il a tort de nier la matière. Tous deux oublient la vérité, l'être par excellence, l'infini, l'absolu, l'universel, Dieu. L'idéalisme a parfaitement raison de faire ressortir ce côté supérieur de la vérité ; mais il a tort d'y absorber, d'y anéantir les réalités contingentes, finies et individuelles, les corps, les âmes, les esprits. Supprimer toutes ces négations contraires au sens commun, conserver et réunir dans une synthèse toutes ces affirmations auxquelles il adhère, voilà le moyen d'en finir avec les systèmes, et de fonder la métaphysique sur une base inébranlable.

Le Savant. — Le procédé est, en effet, fort simple, mais très peu scientifique, à mon avis. Accepter pour vrai, rejeter comme faux ce qu'approuve ou condamne le sens commun, est une méthode commode, qui dispense de toute initiative et de toute critique. Encore si le critérium était toujours et partout infaillible. Mais le sens commun a-t-il bien l'autorité qu'on lui prête? C'est un mot dont on abuse singulièrement, qui couvre des erreurs générales, en même temps que des vérités universelles. Que de préjugés ont fait partie du sens commun, et dont l'expérience et la science ont fini par faire justice? Il faut donc s'entendre sur ce mot et sur la portée qu'on veut lui attribuer. Si par là vous voulez dire seulement l'ordre des vérités simples, évidentes par elles-mêmes, principes de toutes les sciences, de toutes les opérations de la pensée, l'ordre des axiomes proprement dits, vous aurez raison d'attribuer une autorité absolue au sens commun. Mais cette autorité tient à la nature même des vérités axiomatiques, nullement au nombre des esprits qui y adhèrent. Cela est si vrai, que ces propositions sont acceptées comme évidentes par chaque esprit en particulier, sans aucune entente préalable avec l'universalité ou la majorité des intelligences. Quelle garantie de vérité, quel critère que le nombre, comme tel, le nombre brut, arrivât-il à comprendre la totalité des opinions! Et si vous lui ajoutez des conditions d'intelligence, de science, de moralité, d'impartialité pour lui donner plus d'autorité, vous sortez de la théorie du sens commun. En tout cas, réduit à lui-même, c'est-à-dire au nombre, le sens commun n'a qu'une fort médiocre valeur; il est loin d'avoir cette autorité qui termine les controverses en tranchant la question. Où en serait la science, si elle l'avait toujours respecté comme le tribunal sans appel de la vérité? Demandez-le à la physique, à l'astronomie, à la physiologie, à la morale elle-même, à toutes les sciences dont l'opposition à certains préjugés du sens commun a valu tant de persécutions aux savants et aux philosophes.

Le Métaphysicien. — L'éclectisme pourrait vous répondre, en renvoyant cet argument à l'école proprement dite *du sens commun*, qu'elle a pris elle-même la peine de réfuter (1).

Le Savant. — Je le veux bien ; mais alors qu'elle ne nous parle donc plus à tout propos d'une autorité qu'elle ne peut pas définir. Ce n'est pas tout. Je suppose le sens commun un juge infaillible. Est-ce un juge compétent en toute matière ? Je veux bien accepter sa décision sur un certain ordre de vérités pratiques, dont l'évidence et la nécessité ne peuvent être contestées. Il ne fait alors qu'ajouter sa sanction à des croyances intimes dont chaque conscience est juge, et juge souverain avant le sens commun. Mais il n'en est pas de même des vérités théoriques, uniquement accessibles aux savants, aux philosophes, et qui passent par-dessus la tête du sens commun. Qu'il s'agisse, par exemple, de la liberté, du bien, du beau, du devoir, de certains préceptes de morale et de justice, tels que ceux-ci : « Fais ce que dois, advienne que pourra, » ou : « Ne fais pas aux autres ce que tu ne voudrais pas qu'on te fît, » le sens commun mérite confiance, après le témoignage invincible de notre conscience individuelle. Mais s'il s'agit des notions de la matière, de l'esprit, de la substance, de l'infini, de l'absolu, de l'universel, des rapports de Dieu et du Monde, du problème de la création, etc., le sens commun, sur des questions qu'il n'entend pas, ne peut être qu'un témoin muet ou un écho passif des opinions dominantes. A coup sûr, ce n'est pas là un critère suffisant pour la solution des questions métaphysiques.

(1) L'école de M. de Lamennais.

Le Métaphysicien. — C'est ce que l'éclectisme ne pourrait nier.

Le Savant. — Je vais plus loin. Je lui accorde que le sens commun est toujours et sur tout un juge compétent ; il reste encore à savoir sur quoi portent ses jugements. Or le sens commun pose et consacre telle ou telle vérité, telle ou telle doctrine, sans s'inquiéter le moins du monde des difficultés de la méthode et des exigences de la logique ; il s'embarrasse peu des contradictions, des mystères, des incohérences, des lacunes de toute sorte que peuvent engendrer les rapports mal définis ou même non définis des vérités entre elles. Ainsi, par exemple, il lui suffit que Dieu et le monde, que l'esprit et la matière, que l'infini et le fini, que la liberté et la Providence soient des vérités au-dessus de la discussion ; il ne pousse pas la rigueur logique jusqu'à rechercher si et comment ces vérités s'accordent entre elles. Il les enferme toutes ensemble pêle-mêle dans une synthèse confuse, sans s'enquérir si elles y feront bon ménage. En un mot, le sens commun fait comme la théologie ; il rend ses oracles, et tout est dit. Or cela n'est point assez pour la science. Le scepticisme, qui a nié toutes les grandes vérités métaphysiques, Dieu, le Monde, la matière, l'âme, l'esprit, la liberté, la Providence, a passé outre aux injonctions du sens commun, au nom de la logique. C'est en montrant l'incompatibilité de ces vérités entre elles ; c'est en établissant l'antinomie, radicale selon lui, de l'expérience et de la raison, qu'il est parvenu à ébranler les bases mêmes de toute métaphysique. Nos éclectiques auront beau, pour mettre fin au dialogue interminable du sensualisme, du spiritualisme et de l'idéalisme, en appeler au sens commun. Cela ne suffit point à la science ; il lui faut encore et avant tout l'autorité de la logique. Voilà précisément la difficulté contre laquelle se débat la métaphysique en ce moment. A force de se réclamer du sens commun, l'éclectisme n'a point songé à se concilier la logique ; il a posé comme vérités reconnues des croyances dont il eût fallu montrer les titres scientifiques ; il a fait appel au sens commun, au sentiment, à la morale, à l'histoire, beaucoup plus qu'à la démonstration, à l'analyse, à la critique ; il a cru en finir avec les systèmes exclusifs, en les accablant sous le poids des conséquences extrêmes qui révoltent le sens commun. Mais, avec cette manière de philosopher, les difficultés restent ; les problèmes relatifs au rapport et à la conciliation des vérités proclamées attendent toujours leur solution ; la science n'avance pas. C'est qu'en effet la science peut bien se faire au nom du sens commun ; mais elle ne se fait que par la démonstration, l'analyse, la critique, la logique, tous procédés sans lesquels elle ne peut avoir l'exactitude, la précision, la rigueur, l'évidence qui font le caractère scientifique de ses théories.

Le Métaphysicien. — N'exagérons pas. La confiance de nos éclectiques au sens commun n'est pas aussi absolue que vous semblez le croire. Il y a le sens commun des masses, et le sens commun des intelligences d'élite, des gens d'esprit et de goût, des *honnêtes gens*, comme on disait au xviie siècle. Les éclectiques n'ont qu'une fort médiocre estime pour le sens commun des masses, sauf en ce qui concerne un certain nombre de vérités simples et pratiques. Quant aux choses de difficile intelligence et de goût délicat, ils les réservent au sens commun des esprits d'élite. Ce n'est pas le peuple qu'ils font juge de la vérité en pareille matière ; c'est l'assemblée des sages, c'est l'illustre compagnie des philosophes dont l'histoire nous a conservé les témoignages et les sentences. C'est là que l'éclectisme se plaît à recueillir, à compter les voix, lorsqu'il s'agit des hautes questions de métaphysique.

Le Savant. — J'en conviens. Cette école a toujours protesté contre la tyrannie du nombre, en philosophie, aussi bien qu'en politique; jusque dans l'aréopage des savants, elle a pesé plus encore que compté les voix. Mais alors elle est devenue infidèle à son principe.

Le Métaphysicien. — Vous pourriez lui faire ce reproche, si elle n'avait reconnu d'autre principe d'autorité, d'autre signe de vérité que le sens commun. Mais vous n'ignorez pas que l'éclectisme, qui a la prétention de concilier toutes les grandes vérités et tous les grands principes, fait appel à la raison encore plus qu'à la tradition. Il invoque le sens commun seulement comme signe de consécration de la vérité, et encore dans une certaine mesure. Quant à la recherche et à la démonstration de la vérité, il a recours à la science et à tous les procédés qui lui sont propres.

Le Savant. — Je le sais; mais je ne trouve pas ses procédés d'analyse et de critique rigoureux. Je vous en fais juge. La métaphysique s'est trompée, disent vos éclectiques, pour avoir fait parler nos diverses facultés à part; elle n'a plus d'autre ressource que de les faire parler toutes à la fois. C'est le concert qui fait l'harmonie; c'est l'harmonie qui fait la vérité en matière de science, comme elle fait la beauté dans l'art. Par l'analyse et l'abstraction, l'esprit humain est arrivé à des systèmes qui sont tous vrais en partie, et en partie faux, vrais comme fragments, faux comme tout. Il faut réunir les vérités partielles qu'ils contiennent, et en composer une synthèse définitive, qui ne sera plus un système, mais la vérité elle-même, d'autant plus inattaquable et indestructible qu'elle aura pour base l'esprit humain tout entier, et non plus telle ou telle de ses facultés.

C'est ainsi qu'on en finira avec toute cette polémique qui est l'indice certain de l'impuissance des doctrines exclusives, et qu'on désarmera le scepticisme qui leur emprunte ses meilleures armes. Y a-t-il une méthode plus simple et d'une pratique plus facile? Faire appel d'une part à toutes les facultés de l'esprit reconnues légitimes, chacune dans son témoignage; de l'autre, conserver et rassembler les parties positives, c'est-à-dire affirmatives de chaque doctrine. Ainsi on se bornera à recueillir les divers témoignages de l'imagination, de l'expérience, de la conscience, de la raison pour en composer la science; on se contentera de retrancher du matérialisme, du spiritualisme, de l'idéalisme toutes les prétentions exclusives et hostiles, et l'on fera du reste un tout qui sera la doctrine de l'éclectisme. Voilà le procédé. Convenez qu'il n'a pas dû coûter à son inventeur de grands frais d'imagination.

Le Métaphysicien. — Qu'importe? Les procédés les plus simples ne sont pas les moins féconds. Nous le savons bien par l'histoire des sciences.

Le Savant. — Enfin voyons celui-ci à l'œuvre. Nous n'avons pas besoin de faire parler les facultés de l'esprit; leur témoignage nous est connu. S'il n'y avait jamais contradiction entre les données et les conclusions diverses de ces facultés, le procédé des éclectiques serait praticable. Mais vous allez juger vous-même de l'accord de l'imagination, de la conscience, et de la raison. Que nous dit l'imagination? Que les corps consistent dans l'étendue solide et figurée; que leurs éléments ne peuvent être que des parties étendues et solides, à moins de s'évanouir en abstractions; que le Monde se composant de corps et les corps d'atomes, les atomes sont les vrais, les seuls principes constituants des choses, des êtres, des êtres organiques et vivants, animés, intelligents, aussi bien que des êtres bruts, sans vie, sans âme, sans intelligence. Remarquez que les conclusions se déduisent rigoureusement des données premières, et que l'imagination conduit forcément au matérialisme.

Le Métaphysicien. — C'est vrai.

Le Savant. — Que nous dit la conscience? Que tout phénomène se réduisant au mouvement, tout être se ramène à la force; que par conséquent tout est force dans l'Univers, l'être brut et inerte, comme l'être vivant et intelligent; que la force est la racine, le fond, la substance même de l'être, de telle sorte qu'au delà de ce principe, il n'y a rien à chercher; que la notion de l'étendue est une illusion de la vue, du tact, de tous les sens qui ne nous donnent que des apparences; que la matière elle-même, telle que l'entend le sens commun, n'existe point; qu'enfin le monde est un composé d'une infinité de forces individuelles, de monades ou atomes immatériels, dont le développement et le concours engendrent tout ce qui existe. Ici encore les conclusions ne sont que la conséquence légitime des données de l'expérience intime; la conscience conduit nécessairement au dynamisme, c'est-à-dire à ce spiritualisme exclusif qui nie la matière.

Le Métaphysicien. — C'est encore vrai.

Le Savant. — Enfin que dit la raison? Que l'être n'est ni la matière, ni la force, mais la *substance;* que la substance est une, infinie, absolue, nécessaire, universelle; que la réalité, multiple, phénoménale, finie, relative, contingente, individuelle reconnue par l'expérience et le sens commun, n'est qu'une simple apparence; que les êtres individuels, atomes ou forces, ne sont que des illusions de l'imagination ou de la conscience; qu'il n'y a rien de réel, d'absolument vrai en dehors de l'Être infini, absolu, nécessaire, universel; qu'enfin le monde n'est qu'une ombre devant Dieu. Le principe donné, la conclusion est inévitable ; la raison conduit irrésistiblement à l'idéalisme.

Le Métaphysicien. — J'en conviens encore. Mais « qu'est-ce que tout cela prouve, vous diront nos éclectiques, sinon que tout système exclusif est faux, que l'imagination, la conscience, la raison, prises pour guide chacune séparément, nous mènent forcément à l'erreur et à l'absurde ? En faisant ressortir cette vérité, vous abondez dans notre thèse. Nous savons tout cela comme vous, et c'est pourquoi nous voulons réunir toutes les facultés pour la recherche de la vérité, et concilier tous les systèmes, en en retranchant ce qu'ils ont d'exclusif et d'hostile. Ainsi l'imagination, la conscience, la raison sont souveraines, chacune dans son domaine. Tant qu'elles s'y renferment, elles sont dans le vrai. L'erreur ne commence que lorsqu'elles le dépassent et s'aventurent à affirmer et à nier des choses qui ne sont pas de leur compétence. C'est là ce qui engendre les doctrines exclusives, c'est-à-dire les erreurs. Le matérialisme, le spiritualisme, l'idéalisme, n'expriment chacun qu'un fragment de la vérité totale, l'un la matière, l'autre l'âme et l'esprit, le troisième Dieu. Réunissez ces fragments, vous en formerez une synthèse supérieure à tous les systèmes et qui défiera tous les coups du scepticisme. »

Le Savant. — La chose est plus facile à dire qu'à faire. Pour former une synthèse des données de l'imagination, de la conscience, et de la raison, il faut d'abord accorder ces données entre elles. Or là est la grande difficulté. Dieu, la matière, l'esprit sont des vérités que le sens commun impose, mais dont la métaphysique n'a pas encore pu définir ni expliquer le rapport. Comment le monde subsiste-t-il avec Dieu, le fini avec l'infini, l'esprit avec la matière, la liberté humaine avec la Providence divine? C'est ce que la métaphysique doit avant tout faire comprendre, si elle veut couper court aux négations, aux exclusions, à la guerre des systèmes. Il ne suffit pas d'ajouter bout à bout ces diverses vérités (je les admets comme telles); il faut d'abord les concilier. Si l'expérience nie les objets de la raison, et que la raison nie les objets de l'expérience, il n'y a plus de synthèse possible, du moins tant qu'une critique radicale de l'esprit humain n'aura pas fait disparaître cette antinomie de nos facultés. Et quant aux systèmes, comment voulez-vous en dégager et en réunir les vérités, si elles se contredisent et se nient mutuellement? Le procédé des éclectiques suppose ce qui est en question, l'harmonie préalable entre nos diverses facultés, ainsi qu'entre leurs objets. C'est par ce point qu'ils auraient dû commencer. Or je ne vois pas qu'ils s'en soient beaucoup préoccupés.

Le Métaphysicien. — Vous seriez injuste envers l'éclectisme, si vous réduisiez à cela toute sa méthode. Il croit avoir trouvé le moyen de rétablir l'accord.

Le Savant. — Et lequel?

Le Métaphysicien. — Vous savez que les systèmes dont nous avons parlé affirment et nient tout à la fois : affirment les vérités propres à la faculté à laquelle ils se rattachent, et nient les vérités qui sont du ressort de toute autre faculté. Cela étant, il est une règle de critique bien simple à suivre : c'est de conserver dans chaque système les affirmations, et d'éliminer les négations; car la vérité est précisément dans les unes, et l'erreur dans les autres.

Le Savant. — Ce procédé est applicable en effet à toutes les doctrines faites pour s'accorder, malgré leurs prétentions contradictoires. Il réussit toujours, quand c'est l'exagération ou l'esprit de système seulement qui empêche de s'entendre. Mais ici le dissentiment est trop grave pour disparaître comme un simple malentendu. D'ailleurs, dans les systèmes dont il est question, l'affirmation et la négation se mêlent et se confondent perpétuellement. On y nie des faits qui semblent évidents, en même temps qu'on y affirme des conclusions plus que douteuses. Le moyen a paru si peu sûr à ses inventeurs eux-mêmes qu'il leur est arrivé de proposer à très peu d'intervalle une méthode contraire, peut-être plus sûre, mais purement critique, qui consiste à chercher la vérité dans la partie négative, et l'erreur dans la partie affirmative des systèmes. En effet, qui n'a remarqué que la plupart des systèmes, invincibles dans leur critique, prêtent le flanc dans leurs conclusions dogmatiques? Mais alors une telle méthode n'aboutit qu'à des négations; elle détruit et n'édifie pas.

Le Métaphysicien. — Je suis de votre avis ; ces procédés ne supportent pas l'examen. Mais l'éclectisme a quelque chose de meilleur à nous offrir. Il est une méthode fort supérieure aux précédentes, dont tous les éclectiques sérieux font usage, et qui me semble d'un effet infaillible. Elle consiste à séparer, dans tout système, les données proprement dites qui en font la base des conclusions plus ou moins hardies qui le couronnent, en s'attachant aux premières, comme à des vérités inébranlables, et en abandonnant les secondes aux amis du paradoxe et de la logique à outrance. C'est le principe de toute critique sérieuse, la vraie méthode de vérification. Pour se reconnaître, et apprécier à leur juste valeur les résultats auxquels l'induction, le raisonnement, l'analogie, l'hypothèse l'ont conduite, la science n'a pas d'autre moyen. Remonter, en toute recherche, aux vérités premières, aux données de l'expérience, s'il agit de sciences d'observation, aux notions et définitions simples, s'il s'agit de sciences de raisonnement, n'est-ce pas l'unique manière de vérifier la solidité des inductions, des démonstrations et des hypothèses?

Le Savant. — C'est là en effet une excellente méthode, pourvu qu'on soit d'accord sur les principes. Les sciences positives s'en trouvent à merveille. Mais elle n'est pas applicable à la métaphysique, du moins avant la solution du grand problème des antinomies de la pensée humaine. Si les données qui forment la partie positive et fondamentale de chaque système, à savoir, les représentations de l'imagination, les perceptions de la conscience, les conceptions de la raison, ne se contredisaient pas réciproquement, on pourrait vérifier chaque système en le ramenant à ses éléments primitifs. Mais cette base elle même manque à la métaphysique, tant qu'elle n'a pas ramené l'accord parmi les divers organes de la connaissance. Quand on aura opposé aux matérialistes le témoignage de la conscience et de la raison, aux spiritualistes celui de la raison et de l'imagination, aux idéalistes celui de l'imagination et de la conscience, que leur répliquera-t-on, s'ils répondent, les uns que l'esprit est impossible, les autres que c'est la matière, les derniers que c'est Dieu? On n'aura d'autre ressource que de les renvoyer au sens commun. Ils ramèneront les éclectiques à la logique. Vous voyez que la querelle n'est pas près de finir, puisque tout est mis en question, principes et conséquences, données premières et conclusions définitives.

Le Métaphysicien. — La conciliation des systèmes ne semble en effet impossible, quelque méthode qu'on leur applique. Mais abandonnons les systèmes à leur malheureux sort, et ne nous occupons pour le moment que des facultés de l'esprit. Il s'agit de s'assurer si leurs témoignages se contredisent réellement, comme vous venez de l'affirmer.

Le Savant. — La contradiction est flagrante. Vous en jugerez vous-même en prenant telle question que vous voudrez, dans les diverses catégories de la pensée, quantité, qualité, relation, modalité, temps, espace, substance, etc. La succession des nombres est finie, disent l'expérience et l'imagination ; sans quoi elle ne formerait pas elle-même un nombre. La succession des nombres est infinie, dit la raison ; car il est impossible à l'esprit de s'y arrêter. Même contradiction sur la durée et l'étendue que l'imagination et l'expérience se représentent comme finies, et que la raison conçoit comme infinies. Selon l'expérience externe ou interne, l'être, la substance est une réalité déterminée, relative, contingente, individuelle, corps ou âme, atome ou force ; toute la différence de la substance et du mode se réduit à la distinction du permanent et de l'accidentel, du général et du particulier. Selon la raison, nulle réalité corporelle ou spirituelle, quelles que soient la simplicité, la fixité, la généralité des états et des formes qu'elle affecte, n'épuise la notion de substance, laquelle implique la nécessité, l'éternité, l'unité, l'universalité, l'absolue indépendance. Le monde, fini pour l'expérience et l'imagination, est infini pour la raison. Pour l'expérience, la série des causes et des conditions s'arrête nécessairement à une cause et à une condition première. Pour la raison, cette série est infinie ; l'esprit humain ne peut y trouver un principe vraiment absolu ; il lui faut pour cela sortir de l'ordre empirique des séries et des successions. Pour l'expérience, qui arrête la divisibilité des corps aux atomes, la composition est la loi nécessaire des êtres. Cette loi devient impossible pour la raison, qui ne peut admettre d'éléments simples et composants, en vertu de la divisibilité infinie de la matière. Je pourrais multiplier indéfiniment les exemples ; j'arriverais toujours au même résultat : contradiction absolue de l'expérience et de la raison, s'exprimant par le *oui* et le *non* sur la même question. Il n'y a donc plus moyen d'échapper à la fatale loi des antinomies. Sortez-vous des systèmes pour l'éviter, vous la retrouvez tout aussi absolue, tout aussi implacable dans le fond même de la pensée humaine.

Le Métaphysicien. — Il n'y a pas d'illusion qui puisse tenir devant l'analyse.

Le Savant. — Vous devez comprendre maintenant pourquoi la méthode de vérification qui consiste à ramener les systèmes à leurs données premières n'est point applicable à la métaphysique, tant qu'elle n'aura pas résolu ces contradictions de l'expérience et de la raison, et ramené l'harmonie dans l'esprit humain. Toute méthode qui ne débute pas par cette recherche est impuissante.

Le Métaphysicien. — Cela est évident. Mais croyez-vous que l'éclectisme n'ait pas vu et entrepris la difficulté? Si son désir de la paix à tout prix lui a fait conclure trop vite l'alliance des systèmes ; si son admiration bien naturelle pour toutes ces doctrines que la philosophie des deux derniers siècles avait ignorées, et qu'il tenait d'évoquer par une érudition intelligente, lui a fait oublier parfois les nécessités de la logique et les exigences de l'analyse, on ne peut sans injustice lui refuser un certain sens critique allié à une science étendue et solide. Il a compris que rien ne pouvait se fonder, si l'on ne sondait d'abord les bases de la connaissance humaine. Il est visible que la terrible *critique de la Raison pure* et le spectre des *antinomies* lui ont fait passer plus d'une mauvaise nuit. Qu'est-ce que la théorie de la Raison impersonnelle, sinon une réponse directe au spécticisme de Kant?

Le Savant. — Je le reconnais. L'éclectisme a compris la difficulté. Mais l'a-t-il sérieusement résolue par cette théorie? D'abord il n'y est question que de la raison. Quelles sont la nature, la valeur, la portée du témoignage des autres facultés, de l'imagination et de la conscience; en quel rapport sont-elles avec la raison? Ce sont des questions que l'éclectisme a négligé de traiter, bien qu'elles fissent essentiellement partie d'une critique radicale de l'esprit humain. Mais, même sur la raison, la solution éclectique me semble fragile, illusoire, et, si je ne me trompe, à la merci d'une équivoque. Kant nie la réalité *objective* des notions rationnelles, se fondant à la fois sur la nécessité de ces notions, sur l'impossibilité d'en fixer les objets, et sur les contradictions insolubles auxquelles la pensée aboutit, du moment qu'elle s'avise de les *objectiver*. La théorie éclectique laisse de côté les deux dernières considérations, qui sont le fondement le plus solide de la critique de Kant, et se borne à contester la conclusion qu'il tire de la *nécessité* des notions rationnelles. Elle va plus loin; elle en tire précisément la conclusion opposée, c'est-à-dire l'*objectivité* des conceptions de la raison. Mais d'abord Kant n'entend pas autre chose par cette *nécessité* que leur indépendance de toute intuition empirique, indépendance telle qu'elles sont absolument inapplicables et même contradictoires à toutes les données de l'expérience. C'est en ce sens et pour cette raison que Kant les déclare purement *subjectives*, c'est-à-dire vides de toute réalité extérieure et positive. Qu'elles puissent avoir un autre objet, c'est ce que Kant n'admet pas, et ce que l'éclectisme avait le droit de discuter. Mais il eût fallu commencer par résoudre ces redoutables *antinomies* qui ne permettent point, tant qu'elles subsistent, d'*objectiver* les conceptions de la raison. Au lieu de cela, l'éclectisme prétend avoir trouvé le nœud de l'énigme dans une simple distinction psychologique. Parce que la raison n'est ni volontaire, ni libre, il la proclame impersonnelle, et lui assigne une autorité surhumaine. C'est confondre la volonté et la personnalité. A ce titre, la sensibilité, la passion, l'instinct sont également impersonnels ; car ces phénomènes ne sont pas plus des actes volontaires et libres que les idées ou les jugements de la raison. La conclusion n'est donc rien moins que rigoureuse. Pour n'être pas libre et *personnelle* comme la volonté, la raison n'en est pas moins une faculté humaine, et, comme telle, sujette à toutes les infirmités, à toutes les imperfections de notre nature. Remarquez bien que je n'entends nullement infirmer par là le témoignage de la raison. Je veux dire seulement que la théorie éclectique de la raison *impersonnelle* ne réfute point sérieusement la critique de la *raison pure*, qu'elle n'établit l'autorité ni ne détermine la portée de cette faculté ; en un mot, qu'elle ne fait pas faire un pas à la question.

Le Métaphysicien. — Vous me paraissez bien sévère pour une théorie que l'éclectisme n'a pas créée, mais seulement renouvelée, en lui donnant une forme psychologique. C'est l'antique et splendide doctrine de la Raison suprême, du Verbe divin, lumière universelle qui illumine d'en haut tout esprit individuel, tout homme venant en ce monde, comme le dit l'apôtre, comme l'avait déjà pensé Platon, comme l'ont répété Plotin, saint Augustin, Bossuet, Fénelon, Malebranche, tous les grands docteurs de la théologie, et tous les profonds penseurs de la métaphysique.

Le Savant. — C'est encore un de mes griefs contre

la théorie éclectique. Je ne suis pas de ceux qui ne voient que par les yeux et les oreilles; je crois qu'il y a des vérités que l'expérience ne nous révèle point. C'est dire que je crois comme vous à la raison. Toute la question entre nous est de savoir quelle est la portée, et quel est le rôle légitime de cette faculté, dans l'ensemble des éléments de la connaissance humaine. Assurément toutes ces hypothèses sur l'origine divine de la raison sont fort belles; toutes ces images ayant pour but de rendre sensible le rapport de l'esprit divin et de l'esprit humain ont de quoi éblouir la pensée. Je vous accorde même que toute cette poésie n'est pas pure fiction, qu'elle a du vrai. Mais enfin c'est de la poésie, et non de la science. Ce n'est point avec cela qu'on peut répondre à la *critique de la raison pure*. Cette brillante et sublime métaphysique était connue de Kant; elle ne l'a point arrêté dans sa redoutable entreprise contre le dogmatisme métaphysique. Il a fait descendre la question des hauteurs de la spéculation sur le terrain de l'analyse et de la psychologie. Au lieu de la faire remonter dans les cieux, l'éclectisme eût bien fait de la maintenir à sa vraie place, de la prendre telle que Kant l'avait posée, et de la résoudre par la même méthode, les mêmes données, en supposant que le problème fût soluble. De quoi s'agit-il, en définitive, pour sauver la métaphysique? Est-ce de faire descendre dans la raison humaine la Raison divine, ou, comme on dit, impersonnelle? Est-ce de faire monter la raison humaine jusqu'au sein de la Raison divine? Rien d'aussi ambitieux. Tout en conservant à la raison humaine son caractère personnel (et j'avoue que je n'ai jamais compris qu'il pût en être autrement), il s'agit d'en définir la valeur et l'usage dans la formation de la connaissance. C'est le problème que Kant a résolu d'une manière négative, par la vraie méthode de l'analyse et la critique. S'il s'est trompé, comme le prétendent les *poursuivants* de la métaphysique, il faut le réfuter, non par des hypothèses, des images, des fictions poétiques, ou des spéculations abstraites, mais par une analyse plus complète et une critique supérieure. Laissons la théorie de la *Raison universelle* et du *Verbe divin* dans les beaux livres de Platon, de Plotin, de saint Augustin, de Fénelon et de Malebranche. En passant par la forme psychologique, elle a certainement perdu en poésie, malgré le merveilleux talent de nos éclectiques ; je ne vois pas trop ce qu'elle a gagné en vérité. Certainement l'éclectisme a fait beaucoup pour la philosophie du XIXe siècle, quand il n'aurait d'autre mérite que d'avoir rendu à l'esprit philosophique la conscience de son passé. Mais la théorie de la raison impersonnelle, la plus célébrée de ses découvertes, et peut-être celle dont il se glorifie le plus, est, de toutes les idées dont il a cru enrichir la science, celle qui m'a toujours paru la moins solide et la moins utile. Elle laisse la difficulté exactement au point où Kant l'a posée contre la métaphysique. Cette difficulté est comme un énorme rocher dressé par un géant sur la voie de la science. D'autres géants ont tenté de prodigieux efforts pour le déplacer : c'est Fichte, c'est Schelling, c'est Hegel, ce sont tous les pères de la nouvelle philosophie allemande. Y ont-ils réussi ? Vous me direz ce que vous en pensez. Ce qu'il y a de sûr, c'est que la théorie de la raison impersonnelle n'est pas de force à soulever un pareil obstacle.

LE MÉTAPHYSICIEN. — Je le crains. L'éclectisme, il faut le reconnaître, laisse entière la question de la légitimité de la raison, aussi bien que de toutes les autres facultés de l'esprit humain. Il faut que la métaphysique parvienne d'abord à la résoudre *a novo* par l'analyse et la critique, sous peine de se traîner dans l'ornière des vieux systèmes. C'est par là que l'éclectisme aurait dû commencer sa réforme de la philosophie, au lieu de restaurer des doctrines ou d'improviser des expédients. Peut-être serait-il allé moins vite à la conclusion. Peut-être aussi n'eût-il pas trouvé que la science était faite, et qu'il n'y avait plus qu'à en recueillir les éléments. Peut-être eût-il été plus exigeant pour tant de doctrines, pour tant de croyances qui, avec l'autorité d'un faux sens commun, n'en sont ni plus vraies ni plus philosophiques. Peut-être enfin la critique et la logique lui eussent-elles fait mieux voir le danger des compromis et la vanité des restaurations. Mais, d'une autre part, avec l'histoire entière pour introduction, avec l'analyse pour guide, avec cette admirable faculté de tout voir et de tout comprendre, de s'assimiler tout ce qui est vrai, beau et bon, qui est l'esprit de notre temps, que n'eût pas fait l'école éclectique ? Admirable école de science, d'érudition et d'histoire, elle ne pouvait être une école de philosophie qu'à cette condition.

Le Savant. — En définitive, vous voyez que nous n'avons tant marché que pour nous retrouver au début. Puisque nous devions passer par ce redoutable problème d'analyse et de critique, pourquoi n'avons-nous pas commencé par là ?

Le Métaphysicien. — Il fallait avoir vu à l'œuvre l'imagination, la conscience, la raison, toutes les facultés à part, tous les systèmes exclusifs, pour se bien convaincre de leur radicale incapacité dans cette condition d'isolement. Maintenant il est bien clair que la métaphysique n'est possible, s'il elle l'est, que par l'accord et le jeu simultané de toutes nos facultés cognitives. Mais, comme toutes ces facultés tendent à se contredire, à s'exclure, à usurper le domaine d'autrui, la première chose à faire, avant de songer à leur synthèse, c'est de déterminer la nature, la portée, la fonction, la part de chaque faculté dans le développement de la pensée et la formation de la connaissance. Cela fait, nous saurons à quoi nous en tenir sur l'imagination, sur l'expérience, sur la raison ; si les objets de l'expérience et de l'imagination sont des réalités, ou de simples apparences ; si les objets de la raison sont des vérités positives, ou des idées pures, de simples principes régulateurs de l'expérience; ce que peut l'expérience sans la raison, et la raison sans l'expérience. Quand nous serons bien fixés sur tous ces points, nous verrons si la métaphysique est possible, si c'est faute de méthode, ou parce que l'objet lui manque, que jusqu'ici, malgré ses magnifiques développements et ses incontestables progrès, elle n'a pu se constituer à l'état de *science*. Nos prochains entretiens trancheront, je l'espère, la question.

HUITIÈME ENTRETIEN.

LA PHILOSOPHIE CRITIQUE.

Le Savant. — Depuis notre dernier entretien, il m'est venu une idée qui pourrait bien être la vraie solution du problème. Avant de nous remettre à la poursuite de la métaphysique, peut-être ferons-nous bien de l'examiner. Vous le voyez, mon cher philosophe, de quelque côté que se tourne la métaphysique, elle ne rencontre que des abîmes ou des impossibilités. S'adresse-t-elle aux sens et à l'imagination, c'est le matérialisme avec ses illusions grossières. S'adresse-t-elle à la conscience, c'est le spiritualisme avec ses subtiles abstractions. S'adresse-t-elle à la raison, c'est l'idéalisme avec son mépris insensé de l'expérience et de la réalité. S'adresse-t-elle à toutes ces facultés à la fois, c'est l'éclectisme avec ses contradictions et ses antinomies. Rien ne tient, tout croule sur ce sol mouvant de la métaphysique. Quittons-le donc; rentrons dans la réalité et dans la science. Ne vous est-il pas enfin prouvé qu'il n'y a de certitude et de repos pour l'esprit que là? Les *phénomènes* sont à la portée de l'esprit humain; mais les *noumènes* lui échappent. Il peut saisir tout ce qui tombe dans ses représentations, tout ce qui lui apparaît; mais le fond des choses, l'absolu, l'être en soi reste caché à ses investigations. Qu'il se contente d'étudier, d'analyser, de décrire, de classer les phénomènes, sans chercher à les expliquer; qu'il se résigne à percevoir les choses, tel qu'il se les représente, et à ignorer ce qu'elles sont en elles-mêmes.

Le Métaphysicien. — Il serait dur d'en être réduit là.

Le Savant. — Il n'y a guère que vous, cher rêveur, parmi les esprits sérieux de notre temps, qui n'ayez pu prendre encore votre parti sur le néant des spéculations métaphysiques. Si nous mettons de côté cette classe très nombreuse de philosophes qui, depuis le XVIIIe siècle, cultive avec plus ou moins de succès les sciences morales, sans aucune préoccupation ontologique, et sans autre souci que l'analyse, la description et la classification exactes des faits, quelles opinions rencontrons-nous sur les questions métaphysiques proprement dites? Des *croyants*, des historiens, des sceptiques. Ces derniers, qui forment l'immense majorité dans le public éclairé, portent l'incrédulité métaphysique jusqu'à la plus parfaite indifférence; ils ne veulent à aucun prix entendre parler de ces vaines recherches sur l'essence, la cause, la fin, la substance des choses. Pour eux, la préoccupation durable de pareils problèmes est la marque certaine d'un esprit chimérique. Passe encore pour la jeunesse de l'esprit, l'âge des illusions; mais les esprits bien faits en sont bien vite désabusés. Il n'y a que des maniaques qui puissent y persister, en dépit de l'expérience. Or il y en est des époques comme des individus; l'ère de la métaphysique, et à plus forte raison de la théologie, coïncide avec l'enfance et la jeunesse de l'humanité. C'est le beau temps, le moment de brillante éclosion des systèmes théologiques et métaphysiques. Mais toutes ces spéculations se dissipent, comme des rêves de nuit, devant la lumière de la pensée s'éveillant enfin à la science. Ce sont des revenants qu'il n'est plus permis d'évoquer en pleine philosophie moderne, au milieu des magnifiques progrès des sciences physiques et morales fondées sur l'expérience et l'induction.

Le Métaphysicien. — Nous verrons si le dernier mot restera à cet orgueilleux scepticisme.

Le Savant. — En attendant, c'est un fait grave dans la situation générale des esprits, depuis près de deux siècles. On ne peut faire le même reproche aux historiens. Ils aiment, ils honorent la métaphysique ; même ils la cultivent avec un certain goût, s'ils ont de la subtilité et de la portée dans l'esprit, mais comme un simple sujet d'histoire. Leur affaire est de mettre en lumière les systèmes métaphysiques, d'en montrer les différences, les rapports, la succession et l'enchaînement, même d'en déduire les lois de la pensée dans cet ordre de questions. Quant à la valeur philosophique, à la vérité de ces systèmes, c'est un point sur lequel ils ne se croient nullement tenus d'avoir une opinion. Ils prennent les doctrines métaphysiques, philosophies ou religions, comme des faits de l'intelligence et de l'âme humaine, rien de plus. Toute la différence qui les distingue des sceptiques, c'est qu'ils trouvent un sujet intéressant d'étude et de connaissance là où les premiers ne voient que de puériles imaginations, ou de creuses abstractions, double tribut payé à la superstition et à l'erreur par l'inexpérience de l'esprit humain. L'historien, assez indifférent de sa nature à la *vérité* des choses, est curieux et avide de réalité. Que cette réalité soit un phénomène de la Nature, ou un phénomène de l'esprit, peu lui importe, pourvu qu'il ait une matière, un fait à étudier, sans avoir à réfléchir sur le degré de vérité, de bonté, d'importance des théories ou institutions qu'il enregistre.

Le Métaphysicien. — Je connais cette espèce d'esprits. Elle n'a jamais été plus commune que dans ce siècle qu'on pourrait appeler le siècle de l'histoire, aussi justement peut-être que le précédent a été nommé le siècle de la philosophie.

Le Savant. — Restent donc les croyants. Ceux-là

ont une foi, et même très profonde, très arrêtée, si l'on en juge par l'ardeur et l'intolérance de leur polémique. Mais, sur la nature et le degré de cette foi, il ne faut pas se fier aux apparences. Au fond, c'est à l'autorité, à la révélation, à la parole divine que nos croyants font profession de croire. Quant aux doctrines métaphysiques qui forment le *contenu* de leur croyance, ils n'en ont le plus souvent ni une intelligence assez nette, ni un sentiment assez intime pour qu'on puisse dire qu'ils y croient réellement. Observez bien cette classe d'esprits, sans vous laisser prendre aux dehors; vous les trouverez plus instruits des formules que des choses. *Grattez le croyant*; sous une enveloppe plus ou moins mystique, vous reconnaîtrez bien vite le sceptique, ennemi de la raison et de la métaphysique. Les Malebranches et les Fénelons sont rares, parmi les croyants actuels; les Pascals sont très communs, sauf le génie.

Le Métaphysicien. — Cette remarque est très juste. La métaphysique aurait tort de compter les *croyants* parmi ses adeptes sincères.

Le Savant. — Ainsi personne ne prend aujourd'hui la métaphysique au sérieux, ni ne croit qu'elle vaille les soucis et les angoisses qu'elle donne à ses malheureux amants. Vous êtes seul de votre espèce.

Le Métaphysicien. — Vous me faites trop d'honneur. Je connais des esprits sérieux et sincères qui cultivent librement cette science, au nom de la vérité et de la raison.

Le Savant. — Peut-être quelques rêveurs intrépides comme vous, dont la critique a fait justice depuis Kant.

Le Métaphysicien. — La critique me semble triompher un peu trop tôt. Oubliez-vous que Kant n'a point tranché la question, et qu'après lui la métaphysique a refleuri de plus belle en France et en Allemagne?

Le Savant. — En France, vous m'avez dit vous-même que la philosophie dominante, l'éclectisme, n'a guère fait que ressusciter, par le souffle de sa puissante parole, des doctrines antérieures qu'elle n'a même pas su concilier. Quant à ces rêves obscurs et bizarres que vous appelez la nouvelle philosophie allemande, vous ne croyez pas qu'ils puissent tenir contre la critique !

Le Métaphysicien. — Obscur et bizarre, voilà bien les qualifications que l'esprit français applique à tout ce qui est profond et nouveau. Mais de quelle critique parlez-vous donc ?

Le Savant. — D'une philosophie qui me semble la vraie conclusion de tout ce travail. Si tous les systèmes se détruisent, si toutes les combinaisons de systèmes impliquent contradiction, n'est-ce pas un indice certain de l'impuissance de la métaphysique ? Et dès lors n'est-on pas conduit à chercher dans l'analyse et la critique de l'esprit humain lui-même les causes de cette impuissance ? C'est l'objet et l'œuvre de la philosophie *critique*. Avant elle, des philosophes avaient déjà relevé les erreurs, les incertitudes, les mystères, les contradictions de l'esprit humain ; mais ils n'avaient su en conclure que le scepticisme universel, système plus absurde et plus impossible que tous les autres, et qui tue la science elle-même avec la métaphysique. La philosophie critique fait au scepticisme sa juste part, quoi qu'en ait dit un illustre personnage de notre temps ; elle renferme la science dans le strict domaine de l'expérience, et ferme la porte à la métaphysique, qui ne peut que fausser la science en s'y mêlant. Elle fait deux choses également utiles à l'esprit humain : en même temps qu'elle mine définitivement les fondements de toute métaphysique, elle établit solidement les bases de la science contre l'empirisme de l'école de la sensation.

Le Métaphysicien. — Et comment procède-t-elle pour démontrer sa thèse?

Le Savant. — Elle prend successivement toutes les perceptions, notions et conceptions qui servent de base aux divers systèmes de la métaphysique, et les soumet à l'analyse. Or la décomposition de ces données premières dans leurs éléments la conduit à reconnaître que les prétendus principes métaphysiques des choses ne sont que des *formes* de la sensibilité, de l'entendement, ou de la raison, formes essentiellement subjectives, sans objet en dehors de l'esprit, sans autre usage que de représenter, de résumer, de coordonner les phénomènes donnés par l'expérience.

Le Métaphysicien. — Voilà une conclusion un peu hardie. Je ne serais pas fâché de voir la philosophie critique la justifier par des exemples. Je sais bien que Kant l'a déjà fait, mais l'obscurité et la bizarrerie scolastique de sa terminologie m'ont toujours tenu en garde contre les résultats d'une analyse à laquelle, du reste, personne ne refuse la profondeur et la solidité. Exposez-moi donc tout cela en langage français.

Le Savant. — Commençons par les perceptions de la sensibilité. C'est sur les représentations d'étendue, de figure, de masse, de matière, de mouvement, de plein, de vide, etc., que sont fondés le mécanisme, l'atomisme, et en général tout système matérialiste. Si vous décomposez la représentation de l'étendue, qu'y trouvez-vous? Une simple synthèse d'intuitions empiriques. C'est cette synthèse qui fait la liaison, la continuité des éléments, l'étendue proprement dite. Mais comment cette synthèse devient-elle possible? Par l'espace. Or l'espace ne peut être ni l'étendue, ni aucun des éléments empiriques qui en forment la représentation, puisqu'il est la condition de la synthèse de ces éléments. Reste donc qu'il soit une forme de la sensibilité, la faculté représentative elle-même. C'est pour cela que toute conception relative à l'espace est à priori et nécessaire. Donc l'étendue, telle que nous la représente l'imagination, n'a aucun fondement dans la réalité, hors de notre représentation. Or toutes les autres représentations se ramènent à celle-là. La figure est l'étendue limitée. La masse est l'étendue compacte et agglomérée (1). La matière est l'étendue considérée dans ses principes ou parties élémentaires. Le mouvement suppose une autre perception que celle de l'étendue ; mais pris tel que le représente l'imagination, abstraction faite de sa cause interne, il n'est plus qu'un certain rapport des corps à l'espace et un mode de l'étendue. Le plein est l'étendue sensible ; le vide est l'espace. Donc toutes les représentations sur lesquelles reposent en dernière analyse vos constructions géométriques ou atomistiques sur la Nature n'ont point de fondement réel dans les choses. Donc ces systèmes croulent par la base. Voilà pour le matérialisme.

Le Métaphysicien. — Jusqu'ici vous avez beau jeu ; vous avez certainement raison contre la métaphysique matérialiste.

Le Savant. — La métaphysique spiritualiste, ainsi que vous l'avez vu, est fondée sur un certain nombre de notions premières de l'entendement, telles que les notions d'unité, de cause, de force, de substance, d'*âme*, d'*esprit*.

Le Métaphysicien. — Il me semble que vous faites une confusion. Les notions que vous énumérez sont propres à la conscience et non à l'entendement ; celui-ci

---

(1) En physique, le mot *masse* a un autre sens déterminé par les expériences de la balance. Ici il ne s'agit que de la masse géométrique.

les transforme en idées générales et abstraites, mais il ne les donne pas.

Le Savant. — C'est précisément ce qu'il s'agit de savoir. Votre théorie sur l'origine des notions d'unité, de cause, de force, de substance, d'âme, d'esprit me semble un préjugé qui ne tient pas devant la critique. Vous croyez à la perception directe de toutes ces entités métaphysiques; en cela vous vous trompez. La preuve en est dans les discussions sans fin qui ont pour objet de fixer la pensée sur l'existence et la nature de ces entités. Si vous aviez réellement la conscience immédiate de ce que vous appelez, dans votre langage métaphysique, votre substance, votre âme, votre esprit, disputeriez-vous encore sur la matérialité ou l'immatérialité de votre être? Tout ce qui est d'observation directe, d'expérience intime, ne tombe pas dans le domaine de la discussion. On croit invinciblement à ce qu'on voit, à ce qu'on sent; la démonstration n'a rien à faire en pareille matière. Pour qui voit, elle est inutile; pour qui ne voit pas, elle est impuissante. Voilà pourquoi le spiritualisme s'évertue depuis deux mille ans à démontrer, sans convaincre, des vérités que l'on dit de sens intime. Il n'en est rien. Pas plus que l'expérience des sens, l'expérience intime n'atteint le fond des choses. Vous avez vu tout à l'heure que le sens externe ne fait que fournir les éléments de nos représentations; la représentation proprement dite n'a lieu que par une synthèse, dont le principe est uniquement dans l'esprit. Il en est absolument de même des perceptions de la conscience; l'expérience ne nous en fournit également que les éléments, les phénomènes. C'est une autre faculté que la conscience, c'est l'entendement qui rassemble ces éléments en une synthèse que vous appelez cause, faculté, ou substance, âme, ou esprit, selon que vous l'appliquez à un seul goupe ou à la totalité des phénomènes. Ces termes métaphysiques n'expriment donc pas des êtres réels, mais seulement des synthèses de l'entendement auxquelles ne correspond rien d'*objectif*, au moins dans la perception. Votre illusion, à vous et à tous les psychologues métaphysiciens, comme Leibnitz, Maine de Biran et Jouffroy, est de croire que la perception a pour objet immédiat autre chose que des phénomènes. C'est l'entendement qui, par une opération qui lui est propre, vous donne cette unité purement formelle dont vous vous empressez de faire un être métaphysique. Kant me semble avoir mis cette vérité hors de doute.

Le Métaphysicien. — Je ne vois pas en effet ce que la métaphysique peut opposer à cette analyse.

Le Savant. — Cela posé, toutes les notions qui forment les données premières du spiritualisme se ramènent à la notion de cause, de même que les représentations de l'imagination se réduisent toutes à celle de l'étendue. La force est la cause dans sa propriété la plus simple, le mouvement. La substance est la cause permanente. L'âme est la force vivante et sensible. L'esprit est l'âme intelligente, consciente et libre. Mais tous ces sujets divers, force, âme, esprit, ne sont que des synthèses d'éléments différents. Supprimez les phénomènes, il ne reste plus, en fait de substance et d'être métaphysique, qu'un acte de l'esprit, identique dans la diversité des éléments qu'il unit.

Le Métaphysicien. — Je ne sais pas ce qu'il en est pour les êtres, forces et âmes, dont je n'ai pas conscience. Mais pour l'être que je suis, pour l'esprit dont j'ai conscience, je ne puis me résigner à l'idée d'une synthèse ou collection de phénomènes.

Le Savant. — Je ne dis pas que la personne humaine,

le moi que je suis, ne soit qu'une unité collective. Ce serait affirmer quelque chose, et le principe de la philosophie critique est de ne rien affirmer au delà de l'expérience. Je dis seulement que le moi que je sens est un pur phénomène. La preuve en est que je ne le sens jamais qu'en action. Ce n'est pas le moi *en soi*, dans son essence métaphysique, que je perçois, c'est le moi agissant, parlant, pensant, sentant. Mais ce moi purement empirique ne doit point être confondu avec l'être métaphysique dont l'essence préoccupe vos spiritualistes. Kant l'a clairement démontré. Du moment que vous sortez du domaine des phénomènes attestés par l'expérience intime, vous ne trouvez plus rien, rien que la synthèse de ces phénomènes par l'entendement. Voilà ce que vous prenez, vous autres métaphysiciens, pour la substance immatérielle, âme ou esprit. C'est sur cette abstraction que vous fondez votre spiritualisme, de même que votre matérialisme repose tout entier sur cette autre abstraction de l'étendue. Et comme toutes vos conceptions spiritualistes sur la Nature et sur Dieu ne peuvent être que des inductions de l'expérience intime, il s'ensuit que ces forces, ces âmes dont vous peuplez l'Univers, que cet Esprit pur dont vous faites votre Dieu, ne sont que des abstractions tirées d'une première abstraction psychologique. Tous ces êtres métaphysiques, depuis Dieu jusqu'à l'âme humaine, se réduisent à de pures formes de l'entendement. Rien au delà, rien du moins que la science puisse affirmer.

Le Métaphysicien. — Cela est dur à croire.

Le Savant. — Je ne vois pas qu'il soit possible d'y échapper. Quant aux conceptions de la raison, sur lesquelles vos idéalistes et vos panthéistes fondent leurs plus hardies constructions, elles ne résistent pas plus à la critique que les représentations de la sensibilité et les notions de l'entendement, sur lesquelles vos matérialistes et vos spiritualistes établissent leurs systèmes. Elles sont célèbres dans l'histoire de la métaphysique où elles jouent un rôle si brillant. Ce sont les *intelligibles*, les idées de Platon et de Malebranche, les concepts de l'universel, de l'infini, de l'absolu, du nécessaire, de la Substance en soi, de la Cause première, etc. Or ces conceptions n'ont pas plus d'objet réel que les représentations de la sensibilité ou les notions de l'entendement. Pour les idées et les intelligibles des écoles idéalistes, cela est évident, et il n'est pas aujourd'hui de métaphysicien sensé qui n'en convienne. Les idées sont des types qui n'existent qu'à l'état de pensée, soit dans la raison humaine, soit dans la Raison divine. Les doctrines de Platon et de Malebranche doivent être comprises dans ce sens, sous peine d'absurdité.

Le Métaphysicien. — Nous en convenons.

Le Savant. — Restent donc les conceptions supérieures de l'infini, de l'absolu, de l'universel, du nécessaire. Or veuillez réfléchir qu'elles ont pour caractère propre de ne pouvoir s'appliquer aux phénomènes de l'expérience, pris en partie ou en totalité. Vous l'avez remarqué vous-même ; il est tout à fait impossible, non-seulement à l'imagination, mais à l'entendement, mais à telle faculté que ce soit d'en comprendre, d'en saisir l'objet. Elles ont ceci de particulier qu'elles ne sont point de véritables *connaissances*, mais des *conceptions* proprement dites.

Le Métaphysicien. — Les métaphysiciens le reconnaissent ; mais ils ne trouvent pas que cela donne le droit d'en nier la vérité objective. Ces conceptions ne sont point applicables aux réalités de l'expérience ; rien de plus évident, puisque les choses de la sensibilité ou de la conscience sont toutes finies, relatives, contingentes, particulières, phénoménales. Mais qui vous prouve qu'elles n'ont point leur objet en dehors et au delà du domaine de l'expérience ?

Le Savant. — Qui me le prouve ? Les antinomies, c'est-à-dire les contradictions auxquelles vient toujours se heurter la raison, quand elle essaye d'*objectiver* ses conceptions. Aussitôt qu'elle se hasarde à affirmer quoi que ce soit, relativement aux objets métaphysiques, la négation arrive et s'impose avec la même autorité que l'affirmation. Questions cosmologiques, questions théologiques, questions psychologiques, tout est sujet à contradiction, du moment que vous sortez de l'expérience. Soit la notion de l'infini. Il y a longtemps qu'on dispute pour savoir si le Monde est ou n'est pas infini dans le temps et dans l'espace. Platon, Aristote, les stoïciens, les néoplatoniciens, les théologiens chrétiens, Spinosa, et les philosophes de tous les siècles ont soutenu l'une ou l'autre thèse. Voulez-vous qu'on vous démontre que le Monde est fini dans le temps et dans l'espace ? Rien de plus facile. Qu'est-ce en effet que le Monde ? Au point de vue du temps, c'est une série de phénomènes qui se succèdent ; au point de vue de l'espace, c'est une continuité de phénomènes juxtaposés. Or toute succession, quelque longue qu'on la suppose, a une limite ; toute étendue ou toute collection de choses étendues a des bornes, si loin que la prolonge l'imagination. Voilà la thèse. Voulez-vous qu'on vous démontre que le Monde est infini dans le temps et dans l'espace ? Cela n'est pas plus difficile. Le supposer fini dans le temps, c'est admettre qu'il existe une durée en dehors de l'être qui dure ; le supposer fini dans l'espace, c'est également reconnaître un espace au delà de toute étendue. Or la durée sans l'être qui dure, l'espace sans l'être étendu, ou le vide absolu, ne sont que des abstractions de la pensée. Donc, à moins d'aboutir au *néant*, pure négation sans objet, au delà des corps il ne peut y avoir que des corps; au delà de l'être qui dure, il ne peut y avoir que l'être qui dure. Donc le Monde est infini dans l'espace et dans le temps. Voilà l'antithèse.

Le Métaphysicien. — Je sais que la métaphysique s'agite dans cette alternative depuis plus de deux mille ans.

Le Savant. — Vous concilierez, s'il est possible, l'affirmation et la négation. En attendant, la contradiction est flagrante entre les deux thèses, et je ne vois pas ce qui manque à l'une ou l'autre démonstration pour être rigoureuse. Mais prenons un autre exemple dans la catégorie de la substance. Il y a bien longtemps aussi qu'on discute sur les principes élémentaires des choses. Y a-t-il ou n'y a-t-il pas d'éléments variables, de monades, d'atomes, de principes indivisibles ? telle est la question qui partage encore aujourd'hui le petit nombre de physiciens qui se préoccupent de métaphysique. On démontre fort bien que toute substance composée l'est de parties simples. En effet, qu'est-ce que le corps, tel que le perçoit l'expérience aidée de l'analyse ? Un composé. Or, s'il est un principe qui, pour les physiciens, ait force d'axiome, c'est que tout composé suppose des éléments simples. Autrement toute composition, et par suite toute constitution des corps seraient impossibles. Voilà la thèse. Mais, d'une autre part, tout élément est ou étendu ou inétendu. Le supposer inétendu, c'est le réduire à une abstraction inintelligible. S'il est étendu, il est divisible. Dès lors la matière étant divisible à l'infini, il n'y a pas d'éléments. On démontre donc également qu'aucune substance composée ne l'est de parties simples. Voilà l'antithèse.

Le Métaphysicien. — Il n'est pas étonnant que les physiciens et les géomètres ne soient pas d'accord sur la divisibilité ou l'indivisibilité de la matière. Les uns invoquent l'expérience, les autres la raison.

Le Savant. — Qu'importe, du moment que la contradiction existe, que ce soit entre deux autorités différentes, si ces autorités sont également légitimes? Prenons un autre exemple dans la catégorie de la relation. C'est encore un grand et interminable sujet de controverses que le problème d'un premier Moteur. Où Aristote voit un principe nécessaire, χρή στῆναι, l'athéisme ne trouve qu'une inconséquence de la raison et une impossibilité logique. Qui a raison, qui a tort au fond? C'est fort difficile à décider, à en juger par les démonstrations contradictoires. Thèse du déisme : il y a une Cause première à la série des mouvements qui se succèdent dans l'Univers. En effet, l'expérience percevant toute succession comme finie, l'induction s'arrête forcément à un anneau de la chaîne, lequel devient alors le premier moteur du système. De même qu'il n'y a pas de composé sans éléments, de même il ne peut y avoir de système de mouvements sans un premier moteur. La nécessité logique est aussi forte dans un cas que dans l'autre ; il n'est pas plus possible de remonter indéfiniment dans la série des causes que dans la division des parties. Thèse de l'athéisme : il ne peut y avoir de Cause première à une série infinie. Si l'expérience s'arrête à une cause première, c'est qu'elle se représente toute série de mouvements comme finie. Mais la raison, concevant comme infinie la succession des mouvements dont se compose la vie universelle, ne peut s'arrêter dans la série des causes cosmiques connues. Donc la conception d'une Cause première implique contradiction.

Le Métaphysicien. — Ici encore, entre l'expérience et la raison, l'antinomie est manifeste. C'est un fait grave, en effet, que cette contradiction des deux grandes facultés de l'intelligence, et je comprends tout le parti que la philosophie critique en tire contre la métaphysique. Reste à voir si la difficulté est insoluble.

Le Savant. — Soit la notion de l'être nécessaire. Le monde est-il nécessaire, ou est-il contingent? La discussion n'a pas été moins longue, moins subtile, moins bruyante sur ce point que sur les précédents. Il est facile de démontrer chacune des deux thèses. En effet, le monde est donné par l'expérience comme un ensemble de phénomènes contenant une série de changements. Or, tout ce qui change suppose une cause de changement, jusqu'à la cause absolument indépendante qui, seule, est vraiment nécessaire. Mais cette cause nécessaire fait elle-même partie du monde. Autrement comment serait-elle le principe des mouvements qui s'y produisent? Donc le monde est nécessaire, en tant qu'il possède en lui-même la cause nécessaire de ses mouvements. Mais voici la contre-partie de la thèse. Si le monde est lui-même ou contient l'être nécessaire, alors ou bien la série de changements sera sans commencement, ou ce commencement sera sans cause. Dans le premier cas, contradiction manifeste, puisque le monde serait à la fois contingent et dépendant quant aux parties, nécessaire et indépendant quant au tout. Dans le second, suspension inintelligible de la loi dynamique qui rapporte tout changement à un point du temps. Donc le monde est contingent dans ses causes, aussi bien que dans ses phénomènes.

Le Métaphysicien. — Une pensée me vient, en entendant toutes ces démonstrations contradictoires : c'est qu'il existe peut-être une logique supérieure qui doit triompher de ces difficultés, dans lesquelles se débat la logique ordinaire.

Le Savant. — En attendant que vous la trouviez, vous me permettrez de m'en tenir à la solution de la philosophie critique, qui supprime les difficultés avec les problèmes. Mais laissons le monde de côté. Aussi bien pourriez-vous dire qu'il est au-dessous de la portée de la raison. Cherchons les objets de cette faculté métaphysique dans une sphère supérieure à l'ordre cosmologique. La théologie est la couronne de la métaphysique ; là il n'est plus question de phénomènes ni d'expérience. Si les conceptions de la raison ont leur application quelque part, c'est dans une science où toute vérité est à priori. Or, je crains que cette science n'échappe point à la loi des antinomies. Croyez-vous qu'on soit plus d'accord sur les questions théologiques que sur les problèmes cosmologiques ? L'histoire de la théologie rationnelle ne le montre pas. La théologie a été cultivée par les plus grands esprits, par les plus puissants génies qui aient honoré la philosophie. Il n'est pas de science plus riche en démonstrations, en considérations éloquentes, en hypothèses ingénieuses. Quelle est la démonstration qui ne soit pas contestée? Quelle est l'hypothèse qui soit généralement acceptée?

Le Métaphysicien. — Cela ne prouve pas que la théologie soit impossible. D'autres recherches ont présenté le même caractère à certaines époques. Elles n'en ont pas moins acquis l'autorité de sciences, du moment qu'elles ont possédé la vraie méthode.

Le Savant. — Soit ; c'est tout au moins une présomption. Mais si je vous montre que ces questions théologiques sont susceptibles de démonstrations contradictoires, exactement comme les questions cosmologiques, que direz-vous ? Or, il me semble que Kant et la philosophie critique auraient pu faire le même travail sur les unes que sur les autres. Vous venez de voir que, du moment qu'on essaye d'appliquer les concepts de la raison au monde de l'expérience, pris en tout ou en partie, on va se heurter nécessairement contre une antinomie. Pareil sort attend quiconque tente d'assigner un objet à ces mêmes concepts, dans l'ordre théologique. Par exemple, tant que la théologie se borne à concevoir Dieu comme l'Être infini, absolu, universel, principe, substance et fin de toutes choses, elle ne rencontre pas de difficultés. Les embarras et les contradictions commencent lorsqu'elle essaye de préciser, de réaliser cette conception, en ajoutant que Dieu est esprit pur, volonté libre, intelligence qui comprend et prévoit tout, providence qui embrasse tout dans son gouvernement, etc. Remarquez bien que, réduit à ses attributs *métaphysiques*, comme on dit, votre Dieu n'est qu'une abstraction. Vous êtes convenu vous-même, je crois, quelque part que les concepts d'infini, d'absolu, d'universel expriment une nécessité logique, une loi de l'esprit, et nullement un objet déterminé de connaissance. Dire, en effet, que Dieu est l'Être infini, absolu, universel, nécessaire, ce n'est pas faire voir ce qu'il est ; c'est simplement montrer ce qu'il n'est pas. Ce n'est pas le définir en soi, mais seulement en regard des êtres attestés par l'expérience. Tous les grands théologiens l'ont ainsi compris, soit qu'ils aient eu la prudence de se renfermer dans la conception des attributs métaphysiques, soient qu'ils aient senti la nécessité de préciser cette conception par l'adjonction d'attributs psychologiques ou physiques.

Le Métaphysicien. — J'entends parfaitement cela.

Le Savant. — Voilà donc l'alternative à laquelle est condamnée la théologie : ou rester dans le vague et l'abstrait, en bornant la notion de Dieu à la conception de ses attributs métaphysiques; ou bien se heurter contre la loi des antinomies en assignant à cette notion un objet précis. Le vide ou l'absurde, il n'y a pas de milieu pour elle; vous allez en juger. Faisons de Dieu un pur esprit. Qu'est-ce que l'esprit? Quelle idée pouvez-vous vous en former? Évidemment nulle autre que celle que vous en donne le sens intime. L'esprit, pour vous, pour toute conscience humaine, c'est cette force simple, identique, active, douée de conscience, de volonté, de raison, qui fait notre personnalité. Or, un pareil être, si libre qu'on le suppose, subit, dans sa constitution et dans son action, la loi du temps et de l'espace; il est essentiellement individuel, fini, relatif, contingent, variable.

Le Métaphysicien. — Oui sans doute, l'esprit imparfait; mais Dieu est l'esprit pur et parfait.

Le Savant. — Esprit parfait! la question est précisément de savoir si ces deux mots n'impliquent pas contradiction.

Le Métaphysicien. — Vous ne pouvez nier que la pensée ne conçoive un type parfait de l'esprit.

Le Savant. — Certainement elle le conçoit, comme elle conçoit l'intelligence parfaite, la vertu parfaite, la beauté parfaite, la figure de géométrie parfaite; comme elle conçoit tous les types parfaits des êtres de la Nature. Seulement elle sait bien que ces types ne sont que des concepts de l'entendement. Mais quand nous disons que Dieu est l'esprit pur, c'est d'un être que nous entendons parler, et non d'un simple concept de la raison. Or, le temps, l'espace, l'individualité, la limite, la contingence, ne sont-ils pas des conditions inséparables de toute réalité, de la réalité spirituelle, aussi bien que de la réalité corporelle? Il est difficile de le nier. En tout cas, il est impossible de se faire la moindre idée d'un esprit pur, qui penserait, agirait, voudrait, en dehors de toutes les conditions où pense, agit, veut l'esprit dont nous avons conscience, et qui nous a servi de type pour concevoir l'Esprit divin. L'alternative est rigoureuse. Si vous idéalisez cet esprit au point de le dégager de tous les accidents de la réalité psychologique, vous le réduisez à une abstraction. Si vous le laissez dans les conditions de la réalité, vous ne pouvez plus le concilier avec les attributs métaphysiques qui font l'essence de la nature divine. Choisissez.

Le Métaphysicien. — Votre conclusion n'est pas difficile à deviner. Vous ne choisissez pas l'une des deux thèses ; vous les supprimez.

Le Savant. — Je serais curieux d'apprendre comment on peut faire autrement. Mais poursuivons. Ce que j'ai dit de l'esprit, je le répéterai pour l'intelligence, la volonté, la conscience, la prescience, la providence, pour tous les attributs moraux que vos théologiens anthropomorphistes ajoutent à la notion de Dieu. Tous ces attributs ne sont que des facultés, des opérations de l'homme transportées à Dieu par une induction arbitraire. Vous aurez beau les élever à la perfection ; vous ne pourrez les soustraire aux conditions de la réalité. Ou si vous le faites, vous les détruisez en les dénaturant. Qu'est-ce qu'une intelligence réduite à un acte simple et immuable ? Qu'est-ce qu'une volonté libre qui ne peut vouloir le mal ? Qu'est-ce que la conscience pour l'Être universel, et comment peut-il dire moi, lui pour lequel il n'y a pas de non-moi ? Comment accorder la prescience avec la liberté de l'homme ? Comment concilier la Providence avec l'existence du mal ? Je sais bien que la théologie n'est jamais à court d'arguments, qu'à chaque difficulté, chaque objection nouvelle elle oppose une théorie nouvelle, un argument nouveau. Mais ne voyez-vous pas que c'est le labeur de Sysiphe roulant sans fin son rocher? J'admire l'infatigable pensée, l'indomptable espoir des théologiens recommençant sans cesse leur œuvre détruite, et se croyant toujours au moment d'en finir; mais je ne puis conserver aucun doute sur le résultat.

Le Métaphysicien. — Je conviens que la théologie est engagée dans une impasse.

Le Savant. — La psychologie n'est guère en meilleure voie. On disputait bien avant Platon sur la substance de l'âme humaine, comme sur la substance des choses. Depuis plus de vingt siècles, la métaphysique a entassé sur ce problème des montagnes d'arguments et d'hypothèses contradictoires. Sommes-nous fixés aujourd'hui sur ce point? Est-ce le spiritualisme, est-ce le matérialisme qui a eu le dernier mot? Ni l'un ni l'autre. La lutte continue entre les écoles contraires. Si elle est moins vive, c'est au discrédit de la métaphysique qu'il faut l'attribuer. Je crois bien qu'elle finira un jour, non pas faute d'arguments, mais faute de combattants. La psychologie expérimentale est une science positive et susceptible de progrès, comme les sciences physiques et naturelles. Si elle n'est pas aussi avancée, cela tient sans doute à la nature de ses phénomènes, dont la délicatesse et la rapidité échappent parfois à la réflexion la plus exercée; mais cela tient surtout à l'invasion de la métaphysique. L'unité, l'identité, l'activité, la liberté, la personnalité du moi ne font question pour personne, parce que ce sont des caractères de l'être humain, directement attestés par la conscience. La psychologie eût fait sagement d'en rester là. Malheureusement la métaphysique a fait briller à ses yeux cette fatale idole de la *substance*, qu'elle poursuit toujours vainement et qu'elle ne peut se résigner à abandonner. On s'est obstiné à chercher sous ces divers attributs un être qui serait le sujet des phénomènes, la substance mystérieuse des modes observables. On a imaginé cet être, esprit selon les uns, matière selon les autres, comme si ces mots pouvaient avoir un sens autre que celui que leur donne l'expérience. Appelez matière l'ensemble des propriétés qui constituent la réalité sensible ; appelez âme ou esprit l'ensemble des attributs et facultés caractéristiques que vous révèle la conscience, rien de mieux. Mais si vous essayez d'assigner un objet transcendant à ces notions empiriques de force, d'unité, d'identité, de liberté, de personnalité, vous réalisez une abstraction. Alors viennent les difficultés et les contradictions. Si votre substance est esprit, comment se fait-il que le corps, l'appareil organique, ait une telle influence sur les phénomènes et les facultés qui lui sont propres? Si elle est matière, comment expliquer l'influence, l'action directe de la vie morale sur la vie physique, la première ne pouvant être qu'une simple résultante de la seconde? Dans l'hypothèse d'une substance unique, matérielle ou spirituelle, l'opposition, la lutte du physique et du moral, les réactions singulières, mais réelles, qui marquent cette lutte, sont impossibles. Dans l'hypothèse des deux substances de nature différente, ce qui devient inexplicable, c'est le rapport, toute espèce de rapport entre le corps et l'âme. Le spiritualisme de Platon et de Descartes, l'*animisme* de Stahl, le matérialisme de Hobbes et des atomistes vont se heurter également contre l'expérience. Il n'est pas une doctrine métaphysique sur le principe des phénomènes de conscience qui ait pu résister à la double épreuve du temps et de la critique. Ici encore, pour supprimer les difficultés, il faut supprimer le problème.

Le Métaphysicien. — C'est-à-dire chasser les substances et les causes de la science, et n'y conserver que les phénomènes et les lois.

Le Savant. — Précisément. C'est la réforme que les sciences physiques et naturelles se sont décidées à faire il y a deux siècles, et vous savez combien elles ont eu lieu de s'en féliciter. Tant que la métaphysique a régné sur ces sciences, tout progrès, ou à peu près, a été impossible. C'est elle qui leur a légué la vieille philosophie des atomes, la théorie cartésienne de la substance inerte, hypothèses si contraires à l'expérience, et dont elles ont tant de peine à se débarrasser. La psychologie n'en est pas encore là malheureusement; mais elle y tend par les travaux de tous les bons esprits qui la cultivent, depuis Kant et les Écossais. La métaphysique est une sirène qui ne séduit plus que les oreilles novices.

Le Métaphysicien. — Soit; mais si la métaphysique n'est qu'illusion, pourriez-vous m'expliquer pourquoi Dieu a donné à l'homme la faculté métaphysique, la raison? Je comprendrais une lacune dans le système des facultés humaines, mais une faculté plus qu'inutile, essentiellement trompeuse, voilà ce que j'ai peine à admettre dans l'œuvre divine, conçue partout ailleurs avec tant de prévoyance et de mesure.

Le Savant. — La raison n'est point une faculté métaphysique; la définir ainsi, c'est confondre l'usage avec l'abus. Quand vous cherchez, dans vos systèmes, à réaliser les concepts de la raison, à leur assigner pour objets des principes, des substances, des entités ontologiques, vous abusez de la raison, vous n'en usez pas.

Le Métaphysicien. — Où est donc l'usage alors?

Le Savant. — Comment usez-vous des concepts de l'entendement? Est-ce que vous rapportez vos idées, vos notions, vos types des choses à des objets adéquats, à des êtres véritables, subsistants dans la Nature ? Il n'y a que Platon, Malebranche et leurs disciples qui aient eu cette fantaisie peu philosophique, et encore c'est entendre la lettre plutôt que l'esprit de leur doctrine que de l'expliquer ainsi. Le sens commun prend les *idées* pour ce qu'elles sont, pour de pures pensées de notre esprit. On sait parfaitement que leur supposer des objets en dehors de l'entendement, c'est réaliser des abstractions. Est-ce à dire que ces concepts ne soient d'aucun usage et que l'entendement soit une faculté inutile ? Loin de là. Les concepts intellectuels s'appliquent aux phénomènes de l'expérience pour les ramener à des lois et à des classes ; la fonction de l'entendement est de convertir en notions, et par suite en jugements et en raisonnements les intuitions de la sensibilité. Je n'en connais pas de plus considérable parmi les opérations de la pensée.

Le Métaphysicien. — Je le reconnais.

Le Savant. — Il en est de même de la raison : de ce que les concepts rationnels n'ont point d'objet propre et déterminé dans la réalité, il ne faut pas en conclure qu'ils n'y ont aucune application possible. Leur usage est réel, incontestable ; il est analogue à celui des concepts de l'entendement. Comme cette dernière faculté, la raison a pour fonction de ramener des éléments à une synthèse. Seulement, tandis que la synthèse de l'entendement a pour éléments des intuitions de la sensibilité, la synthèse de la raison a pour éléments des notions de l'entendement. Si l'une s'appelle classe, type ou loi, l'autre se nomme théorie ou système. Or la science, qui se passe fort bien de métaphysique, ne peut se passer de théories et de systèmes. C'est par ces procédés qu'elle simplifie, coordonne, organise les observations ou les démonstrations dont elle se compose, et mérite son nom de science. Je pourrais en citer des exemples dans toutes les catégories de la pensée.

Le Métaphysicien. — Ne craignez pas de citer.

Le Savant. — S'agit-il de la catégorie de l'étendue et des sciences géométriques qui s'y rapportent? La raison aide l'imagination dans ses constructions et ses figures, en lui faisant concevoir une étendue abstraite qui est l'espace, indépendamment de toute espèce de *corps* pris dans le sens *physique* du mot. Il est bien entendu que cette conception n'a point d'objet dans la réalité, que l'espace ou le vide n'est qu'une abstraction, que l'étendue n'est pas une propriété des corps mais de l'espace, que par conséquent toutes les constructions qui ont pour base la distinction du plein et du vide, de l'atome et de l'espace, n'ont aucun fondement dans la réalité, et n'ont pas d'autre usage que de représenter les phénomènes à notre imagination. Mais qu'est-ce que tout cela fait à la géométrie? En est-elle moins vraie et moins utile pour cela?

Le Métaphysicien. — Non.

Le Savant. — S'agit-il de la catégorie de la substance et des sciences chimiques? La raison intervient pour pousser la division et la décomposition des composés jusqu'aux éléments les plus simples possible. C'est elle qui dirige, qui stimule l'expérience, non dans la poursuite chimérique de l'atome, de la vraie matière élémentaire, mais dans le cours indéfini de ses analyses.

Le Métaphysicien. — Rôle très utile en effet.

Le Savant. — S'agit-il de la catégorie de relation et des sciences physiques? La raison ne permet pas à l'expérience et à l'induction de s'arrêter dans la série des causes; elle les conduit de cause en cause, de lo en loi ; leur faisant remonter une échelle indéfinie dont le dernier degré ne peut être ni atteint, ni même conçu par la pensée. Exemple, la loi d'attraction appliquée d'abord à notre planète, puis au système solaire, puis à l'Univers entier. Mais ceci n'a rien de commun avec la recherche du premier Moteur.

Le Métaphysicien. — Évidemment.

Le Savant. — S'agit-il de la catégorie de la qualité et des œuvres esthétiques et morales ? La raison, par le sentiment de l'idéal, aiguillonne le génie de l'artiste qui, sans cela, se reposerait complaisamment dans la contemplation et l'imitation servile de la réalité. Pour être sans objet, cet idéal est-il sans usage ? Demandez à l'artiste ce qu'il en pense. Que lui importe qu'il soit un être réel, ou une idée, pourvu qu'il l'éclaire et l'inspire ? De même, par le sentiment de la perfection, la raison soutient, stimule l'âme de l'homme toujours trop disposée à se contenter d'une pratique vulgaire et d'une vertu mondaine. Que le type de perfection, de justice, de sainteté, d'héroïsme conçu par la raison humaine soit un être réel et vivant, ou une simple pensée de l'esprit, il n'en est pas moins la lumière et la loi des consciences.

Le Métaphysicien. — Qui en doute ?

Le Savant. — S'agit-il enfin de la catégorie de l'unité et de la philosophie générale des sciences ? La raison étend indéfiniment l'horizon de la synthèse, transportant la pensée et la science d'un système plus étroit à un système plus large, leur proposant pour but de leurs efforts persévérants un idéal d'unité et d'universalité qui recule toujours, à mesure que la philosophie des sciences croit le saisir. Illusion pour la métaphysique, cet idéal est l'âme de la science et le principe de toute synthèse. Supprimez-le : plus de théorie, plus de système, plus d'ensemble ni d'ordre dans les recherches et les résultats scientifiques, plus de philosophie, en un mot. Remarquez que je ne dis pas : plus de métaphysique. Si celle-ci est inutile et même nuisible à la science, celle-là, au contraire, en forme le complément nécessaire ; car elle est à la science dans le rapport étroit de la synthèse à l'analyse. Je sais bien que certains savants la confondent avec la métaphysique, et l'enveloppent dans la même proscription. Mais la méthode de ces savants a un nom bien connu dans notre histoire : c'est l'empirisme. Or si la métaphysique va au delà de la science, l'empirisme reste en deçà. La vraie science se garde également de ces deux excès ; autant elle repousse l'abus *métaphysique* de la raison, autant elle en réclame l'usage *philosophique*.

Le Métaphysicien. — J'admets votre distinction de la métaphysique et de la philosophie, et vous sais gré de garder celle-ci en sacrifiant celle-là. Seulement j'hésite toujours à consentir à ce sacrifice.

Le Savant — Il faudra bien que vous vous y décidiez en présence de l'autorité toujours croissante de la philosophie critique. Considérez un peu l'état actuel des esprits et des écoles. Toutes les sciences proprement dites excluent aujourd'hui la métaphysique de leurs recherches. Cette exclusion est plutôt instinctive que raisonnée ; mais elle n'en est pas moins décisive. Quant aux écoles qui se préoccupent de métaphysique, il est visible que la plus accréditée est précisément celle qui n'en parle que pour en faire voir le néant. Le matérialisme, depuis les coups qui lui ont été portés dans ce siècle par la critique des écoles spiritualiste, rationaliste et théologique, a perdu la confiance naïve et la ferveur enthousiaste de ses apôtres de l'*encyclopédie*. S'il est encore un préjugé d'imagination pour le vulgaire, il ne compte plus dans le monde savant qu'un bien petit nombre d'adeptes. Il n'a plus le verbe haut ; il ne croit plus que spiritualisme et absurdité, théologie et superstition soient synonymes. Il est devenu timide et silencieux, par découragement plutôt que par modestie. Et encore les matérialistes d'aujourd'hui sont plutôt des revenants du dernier siècle que des enfants de la philosophie contemporaine. Broussais n'a guère été qu'un anachronisme, malgré toute l'ardeur de sa conviction et l'énergie de sa parole ; il était plutôt inspiré par les vieux arguments de la tradition que par les analyses et les observations de la science actuelle. Ce qui le prouve, c'est que son école s'éteint bien plus sous les méfiances des physiologistes que sous les attaques des métaphysiciens. La phrénologie tient bon, malgré les paradoxes de Gall et de Spurzheim, qui d'ailleurs ne faisaient pas profession de matérialisme. Mais si elle a de l'avenir, c'est parce qu'elle commence à se dégager des faux principes de l'école qui l'a compromise en l'adoptant. Son divorce avec la métaphysique matérialiste, et son retour aux méthodes purement scientifiques est encore une preuve du discrédit du matérialisme.

Le Métaphysicien. — Cela est parfaitement exact.

Le Savant. — D'une autre part, ne croyez pas que ce discrédit ait tourné au progrès du spiritualisme. On applaudit à ses critiques de la doctrine contraire, quand elles sont fondées sur l'observation et l'analyse ; mais on accueille très froidement ses propres conclusions. Il ne faut pas vous laisser prendre aux apparences. Il règne dans le monde officiel un spiritualisme de convention, plutôt que de croyance. On professe cette doctrine, comme on professe telle religion aujourd'hui, par un sentiment tout politique de conservation sociale ; on prend, comme on dit maintenant, la doctrine par son côté pratique, tout en étant fort peu convaincu de sa vérité théorique. Au fond, qui se soucie des arguments, des méthodes, des principes sur lesquels le spiritualisme est fondé? Les partisans sincères de Platon, de Descartes, de Leibnitz, de Maine de Biran sont fort rares dans le monde savant. Ce n'est pas le spiritualisme, c'est le scepticisme qui a gagné le terrain perdu par le matérialisme. La métaphysique de la sensation avait paru claire comme l'évidence aux savants du dernier siècle. Cette illusion s'est évanouie. Mais si l'on a cessé de croire à la métaphysique des sens, ce n'est pas qu'on fût disposé davantage à croire à celle de l'esprit. Quant au petit nombre de philosophes sincères qui forment de notre temps l'école spiritualiste proprement dite, je vois bien chez eux de la conviction, de l'éloquence, du style ; j'y remarque peu de fécondité et d'originalité. Dans chaque grande époque philosophique, les mêmes systèmes, les mêmes types généraux de la pensée se reproduisent sans doute, mais en se renouvelant et en se transformant par les faits et les idées que leur apporte la science contemporaine. C'est ainsi que la métaphysique, bien que l'hypothèse soit son essence et l'abstraction sa méthode, s'est mise dans tous les temps en harmonie avec les progrès des sciences positives. Or, je ne vois pas quelle transformation le spiritualisme de nos jours a subie. C'est toujours Platon, Descartes, Leibnitz, quand ce n'est pas le spiritualisme de la théologie chrétienne. L'histoire et la tradition font, sauf la forme, à peu près tous les frais du spiritualisme moderne, comme en général de toute la métaphysique de notre temps. Le plus original de nos philosophes spiritualistes, Maine de Biran, est plutôt un psychologue qu'un métaphysicien. Dans sa métaphysique, il ne fait que reproduire le dynamisme de Leibnitz, en l'appuyant, il est vrai, d'une psychologie neuve et féconde. Je suis loin de nier le mérite psychologique ou historique des travaux sortis de cette école depuis quarante ans; mais j'ai beau chercher, je n'y aperçois aucune conception métaphysique un peu nouvelle. Ce n'est donc pas plus dans le spiritualisme que dans le matérialisme qu'il faut chercher la philosophie dominante de notre siècle.

Le Métaphysicien. — J'en conviens encore.

Le Savant. — Serait-ce par hasard dans l'idéalisme? C'est bien la plus impopulaire de toutes les écoles, et la plus antipathique aux habitudes et aux méthodes de l'esprit contemporain. On trouve encore des matérialistes parmi les esprits grossiers qui aiment les conceptions claires et faciles pour l'imagination. On trouve des spiritualistes parmi les moralistes qui se préoccupent surtout des conséquences morales et sociales des doctrines métaphysiques. Où trouve-t-on des idéalistes? Les abstracteurs de quintessence sont devenus bien rares. Par où les théories de Platon, de Plotin, de Malebranche, de Berkeley et autres spéculatifs abstraits attireraient-elles la philosophie toute positive et toute pratique de notre temps? Si Spinosa séduit bon nombre d'esprits élevés, ce n'est ni par sa méthode géométrique ni par sa dialectique à outrance, mais par la conception panthéistique qui en fait le fond. Le panthéisme poétique de nos jours ne ressemble guère au panthéisme logique de Spinosa; il se garderait bien de l'invoquer, s'il le connaissait mieux. Le premier est vivant et vague comme un sentiment, tandis que le second est sec et précis comme une formule. L'idéalisme proprement dit n'a nullement profité de cette popularité réelle d'une doctrine encore à l'état d'aspiration; il est resté dans l'histoire, objet d'érudition, et non de foi. Nous parlions tout à l'heure du peu d'originalité des écoles spiritualistes et matérialistes. Encore pourtant ces deux écoles existent-elles parmi nous ; mais où sont les philosophes idéalistes?

Le Métaphysicien. — En effet, je n'en vois pas d'originaux.

Le Savant. — Je n'en vois d'aucune espèce, ni originaux, ni de tradition. Reste donc l'éclectisme, dont il serait injuste de nier le succès. Cette école règne depuis trente ans sur le monde philosophique, non-seulement par le talent et l'activité de ses adeptes, mais aussi par le goût de l'esprit contemporain pour ses méthodes et ses conclusions. L'esprit de ce siècle est l'amour et l'intelligence de l'histoire. Or, tout esprit historique est plus ou moins éclectique. En ce sens, l'éclectisme pourrait être considéré comme la philosophie dominante, s'il était réellement une philosophie.

Le Métaphysicien. — Et que lui manque-t-il pour cela?

Le Savant. — Vous l'avez vous-même montré. Éclectisme signifie un choix entre des doctrines connues. En supposant ce choix excellent et toujours opéré par une critique sûre, ce serait encore de l'histoire, et non de la philosophie. Tout système philosophique est une création, qu'elle soit préparée ou non par l'érudition historique. Toutes les doctrines du passé, en ce qu'elles ont de vrai, peuvent sans doute entrer dans la doctrine nouvelle, supérieure en étendue ou en profondeur. Mais alors elles y perdent leur forme systématique et exclusive. C'est ce qui est propre à toutes les grandes œuvres philosophiques, au platonisme, au néoplatonisme, à la philosophie de Leibnitz, à la nouvelle philosophie allemande. La contradiction a disparu avec les systèmes; la conciliation s'est opérée, au sein d'une idée supérieure, entre les divers points de vue ou principes dont chaque système était un développement exagéré. Est-ce là l'œuvre de l'éclectisme ?

Le Métaphysicien. — Non assurément.

Le Savant. — L'éclectisme proclame que la vérité est dans les systèmes, sans s'inquiéter de faire voir comment toutes ces vérités, contradictoires en apparence, s'accordent en réalité. Aussi ne faut-il pas s'y tromper. L'éclectisme n'est ou n'a été populaire que parce qu'il dispense d'avoir un système. Sans avoir jamais été un système, il a été une excellente école de critique historique, tant qu'il n'a écouté que la voix de la vérité et de la logique. Aujourd'hui, sauf de rares exceptions, les préoccupations de toute espèce, théologiques chez les uns, politiques chez les autres, morales et sociales chez les plus sincères, lui ont fait perdre son indépendance philosophique. Les esprits libres s'en retirent ou n'y entrent plus. Après le premier éblouissement causé par la résurrection des doctrines du passé, la vie et la popularité délaissent de plus en plus cette école. La voici qui s'efface derrière les systèmes qu'elle avait la prétention d'absorber, et va se perdre dans Platon, dans Descartes, dans Leibnitz. Les beaux jours de l'éclectisme sont passés. Loin de poursuivre ses conquêtes dans le monde philosophique, il ne peut même garder ce qu'il a conquis tout d'abord par sa science et son éloquence ; il n'est plus accepté que comme école d'érudition. Ce n'est point là qu'il faut chercher la vraie philosophie du XIXe siècle. Si l'éclectisme en a tenu la première moitié, la dernière appartient à une autre école.

Le Métaphysicien. — Je prévois votre conclusion. Sur les ruines de toutes les écoles dogmatiques, vous voulez élever votre philosophie *critique*. Mais vous vous pressez un peu, ce semble. Dans ce tableau des écoles contemporaines, vous n'avez oublié que l'Allemagne. Or, s'il est un mérite qu'on ne puisse contester à cette philosophie, c'est d'être actuelle et originale. Quand vous vous plaignez de ce que la philosophie de notre siècle, matérialisme, spiritualisme, idéalisme, éclectisme, n'est guère qu'une œuvre de tradition, vous n'avez peut-être pas tort pour la France, pour l'Italie, pour l'Angleterre. Mais la philosophie allemande sent trop son cru, passez-moi le mot, pour qu'on puisse douter un moment de son origine. Elle est bien fille de Kant et de la pensée germanique. On la reconnaît à la hardiesse de sa méthode, à l'obscurité de ses formules, à l'étendue et à la fécondité de ses conceptions :

Patuit incessu dea.

Le Savant. — Je sais que sur ce sol fécond tous les systèmes métaphysiques ont fleuri de plus belle, au grand jour du xixe siècle, et en plein développement des sciences positives. Mais leur obscurité même, leur étrangeté, le discrédit dont ils sont atteints aujourd'hui dans leur propre patrie, m'autorisent, malgré mon incompétence, à leur refuser tout droit à la domination des esprits. Ils ont pu les surprendre par la puissance et l'audace de leurs spéculations ; ils ne les ont point définitivement conquis, même en Allemagne. Y a-t-il dans les profondeurs de cette philosophie assez de vérités solides pour mériter un succès durable, quand elles auront passé par l'épreuve de la critique française ? C'est un point que je vous laisse à décider. Il n'y a que les sots qui dédaignent ce qu'ils ne connaissent ou ne comprennent pas. Toujours est-il qu'en Europe aujourd'hui, dans le monde philosophique et savant, la métaphysique allemande n'a nullement l'autorité d'une philosophie dominante. Je m'en tiens à ce fait.

Le Métaphysicien. — Il est incontestable, quelle que soit la valeur intrinsèque des doctrines.

Le Savant. — Vous voyez où en sont toutes les écoles dogmatiques. Impuissance et isolement, tel est le mot de leur situation. La seule école philosophique de notre temps qui grandisse sensiblement et fasse des conquêtes dans le monde savant, c'est l'école critique. Depuis l'œuvre immortelle de son fondateur, la *Critique de la raison pure*, jusqu'aux derniers travaux de ses jeunes adeptes, comptez les œuvres fécondes, les noms considérables, les progrès de tout genre de cette école, dans toute l'Europe! En ramenant la raison à son usage légitime, et la philosophie à son véritable objet, Kant a opéré dans le monde savant une révolution qui ne peut se comparer qu'à la réforme de Bacon et de Descartes, pour la grandeur des résultats. Philosophie de la Nature, philosophie de l'esprit, philosophie de l'art, philosophie de la religion, philosophie du droit, Kant a renouvelé ou créé toutes ces sciences, en les délivrant des spéculations métaphysiques, et en les fondant sur l'analyse. La philosophie critique, née de cette révolution, retranche sévèrement du cercle de ses études toute recherche *ontologique*, laisse à la vieille métaphysique ses discussions sans fin sur les êtres et les principes, sur la cause et la matière du monde, sur le principe interne des phénomènes moraux, sur la nature du beau, sur le souverain bien et l'ordre universel, sur l'existence et les attributs de l'Être qui fait l'objet des croyances religieuses, pour s'occuper exclusivement des facultés, des méthodes, des procédés, des idées, des sentiments, des instincts, des besoins de l'âme et de l'intelligence humaine. La vérité objective des théories, des systèmes et des croyances n'est pas ce qu'elle recherche; son unique objet est d'en découvrir la nécessité logique, la loi, dans toutes les catégories de la pensée.

Le Métaphysicien. — Et elle réussit à merveille.

Le Savant. — Aussi voyez les progrès de la philosophie morale, de la philosophie naturelle, de l'esthétique, de la symbolique, de la philosophie du droit, de l'histoire de la philosophie, depuis la réforme de Kant. La critique, la vraie critique date de ce moment. En Allemagne, Lessing, Gœthe, Schiller, Winkelmann, Kreutzer, pour ne citer que les plus illustres, sont de cette école. En France, la critique esthétique, la seule qu'ait encore osé aborder le timide génie de nos écrivains, se fait d'après les principes et les procédés de la réforme kantienne ; et tout cela naturellement, sans que le plus souvent la critique française ait le secret de cette réforme. Sans parler de la critique purement empirique, fondée sur l'analyse littéraire et sur l'érudition, la critique philosophique, comme celle de Jouffroy, par exemple, recherche les lois de nos sentiments et de nos jugements esthétiques, abstraction faite des objets qui correspondent dans la réalité à ces sentiments et à ces jugements. Dans d'autres sphères de la pensée, dans l'histoire de la philosophie, et dans l'histoire des religions, il se forme chez nous une école de critiques qui laissent là le prétendu fond des choses, le côté ontologique et métaphysique, pour le côté purement psychologique des systèmes philosophiques et des croyances religieuses. Dans l'histoire de ces systèmes et de ces croyances, elle ne cherche, elle ne voit que les lois de la pensée, le jeu des facultés humaines. Elle les décrit, les classe, les juge en les rapportant à ces lois et à ces facultés. Elle se garde de rien affirmer sur la vérité ou la fausseté de leurs objets, chose illusoire ou inaccessible à l'esprit humain ; elle se borne à les ramener à des types simples ou complexes, faisant exactement la part, non du vrai et du faux, mais de la raison et de l'imagination, de la lumière et du mystère, de la nécessité logique ou pratique et du caprice individuel. Une pléiade de jeunes savants, esprits pleins de séve et de sagacité, sont entrés dans cette voie (1). J'espère bien que les œuvres complètes et décisives ne se feront pas attendre ; mais déjà c'est la seule école qui se développe et se propage dans le monde savant. Si les grands noms de la philosophie française contemporaine appartiennent encore aux écoles dogmatiques, il est visible que la vie, l'activité, le progrès, l'influence passent à l'école critique. Le vent souffle plus que jamais de ce côté ; l'esprit du siècle, essentiellement historique et scientifique, la favorise. Elle est la seule qui trouve grâce et faveur chez nos historiens et nos savants, fort antipathiques aux spéculations métaphysiques.

Le Métaphysicien. — N'est-ce pas de l'école positive que vous voulez parler ?

Le Savant. — Non. L'école positive n'a de commun

---

(1) « Le mot Dieu étant en possession des respects de l'humanité, ce mot ayant pour lui une longue prescription et ayant été employé dans les belles poésies, ce serait renverser toutes les habitudes de langage que de l'abandonner. Dites aux simples de vivre d'aspirations à la beauté, à la bonté morale, ces mots n'auraient pour eux aucun sens ; dites-leur d'aimer Dieu, ils vous comprendront à merveille. Dieu, Providence, immortalité, autant de bons vieux mots, un peu lourds peut-être, que la philosophie interprétera dans des sens de plus en plus raffinés, mais qu'elle ne remplacera jamais avec avantage. Sous une forme ou sous une autre, Dieu sera toujours le résumé de nos besoins supra-sensibles, *la catégorie de l'idéal*, c'est-à-dire la forme sous laquelle nous concevons l'idéal, comme l'espace et le temps sont les catégories des corps, c'est-à-dire les formes sous lesquelles nous concevons les corps. »

Ernest Renan, *Études d'histoire religieuse.*

avec l'école critique que la négation de la métaphysique. C'est une philosophie dogmatique, issue de l'école de la sensation, dont elle peut être considérée comme le dernier mot, la forme la plus rigoureuse. Cette école ne nie pas seulement la portée ontologique des spéculations métaphysiques; elle les dédaigne et n'en tient nul compte. Elle ne leur reconnaît aucune racine dans la nature humaine, et les réduit à de pures aberrations de l'esprit, explicables dans son enfance, intolérables dans sa maturité. L'école critique, au contraire, ne dédaigne, n'exclut aucun des grands systèmes, aucune des grandes croyances de l'esprit. Elle croit fermement, sur la foi même de l'expérience, que ces systèmes et ces croyances répondent à des lois nécessaires de la pensée, à des besoins indestructibles de l'âme. Elle en reconnaît d'ailleurs, toujours sur le témoignage de l'expérience, l'utilité et même la nécessité pratique. C'est dans cette conviction réfléchie qu'elle ne se montre hostile à aucun système même contradictoire, à aucune croyance même superstitieuse, pourvu qu'ils aient l'autorité de faits généraux et durables. Et en cela elle est tout à fait conséquente avec son principe critique. Comme en toute question métaphysique ou théologique, philosophique ou religieuse, ce n'est pas le fond, l'objet qu'elle regarde, mais uniquement l'esprit, le sujet, elle ne se contredit nullement, en maintenant comme psychologie ce qu'elle repousse comme métaphysique. En un mot, de l'école positive à l'école critique, il y a toute la distance du *dogmatisme* au *criticisme*. L'esprit dogmatique de la première est étroit; mais il n'en est que plus affirmatif et plus absolu. Il ne croit qu'à ce qu'il voit; mais il y croit fermement. Il mutile la réalité, il mutile l'intelligence, il manque du sens métaphysique, et même du sens psychologique. L'esprit critique ne manque d'aucun sens, ne méconnaît aucun côté de la réalité ; il conserve, dans le domaine de la pensée et de la science, la conscience à côté de l'expérience sensible, la raison à côté de l'entendement. Vrai secrétaire de l'âme humaine, il écrit tout ce qu'il plaît à celle-ci de lui dicter, renvoyant à la métaphysique la tâche impossible d'en déchiffrer le sens caché.

Le Métaphysicien. — Je vois que la philosophie critique ne pèche point par exclusion. Elle comprend tout, accepte tout avec une égale faveur, c'est-à-dire avec une égale indifférence. Le critique est comme l'historien, qui s'inquiète de la réalité, nullement de la moralité, de la finalité, de la *vérité* des événements.

Le Savant. — Ne confondons pas non plus l'esprit critique avec l'esprit historique. Celui-ci accueille avec une égale faveur tout ce qui est réalité ; grands ou petits, rationnels ou irrationnels, il recherche tous les faits avec la même curiosité. Qui dit critique, dit distinction, discernement, jugement. L'école critique n'est pas également favorable à tous les systèmes, à toutes les croyances ; elle distingue, dans ces systèmes et ces croyances, la part de la raison et la part de l'imagination, la loi de la pensée et l'aventure de l'hypothèse, l'instinct irrésistible, universel de l'âme humaine, et le sentiment individuel. Toutes les doctrines, toutes les croyances ne sont donc pas égales à ses yeux ; elle les distingue, les classe, les juge plus ou moins sérieuses, plus ou moins philosophiques, plus ou moins durables.

Le Métaphysicien. — Je comprends. La critique recherche tous les mérites d'un système, d'une croyance, un seul excepté, le mérite de la vérité. Elle ne change qu'un mot dans le vocabulaire de la langue philosophique ; elle ne veut plus qu'on dise : ceci est vrai, cela est faux, mais ceci est rationnel, et cela ne l'est pas; ceci est logique, et cela ne l'est pas. Ce n'est qu'un mot de moins, j'en conviens; mais prenez garde que ce mot est tout. Que m'importe que vous acceptiez toute pensée, si vous refusez à tout votre acte de foi? Que m'importe que vous distinguiez ce qui est rationnel de ce qui ne l'est pas, ce qui est logique de ce qui ne l'est pas, si vous faites abstraction de la vérité et de l'erreur? Vous distinguez la raison de l'imagination, la logique de la superstition, les lois de la pensée des caprices du sentiment; cela est déjà quelque chose, j'en conviens. Mais qu'est-ce qui fait attacher de l'importance à cette distinction, sinon la certitude que la raison, la logique, la pensée sont *vraies*, tandis que l'imagination, la superstition, le sentiment sont *faux*, en matière de science et de philosophie? Si vous commencez par écarter cette distinction capitale de la vérité et de l'erreur, je ne vois plus pourquoi vous seriez si sévère pour l'imagination, la superstition, le sentiment, l'hypothèse, et tous ces procédés que vous excluez du domaine de la science, pourquoi vous seriez si favorable à la raison, à la logique, à la pensée pure. De quel droit viendrez-vous proposer de préférer la raison à l'imagination, la logique à la superstition, s'il n'y a pas plus à compter sur la véracité des unes que des autres? Certes, l'imagination est plus séduisante que la raison; la superstition a pour le cœur humain des attaches que n'a pas la logique. S'il m'est démontré qu'il n'y a pas plus à se fier aux théories de la raison qu'aux romans de l'imagination, je ne vois pas pourquoi je m'ennuierais avec l'une plutôt que de me délecter avec l'autre, puisque tout cela est également sans profit pour la vérité.

Le Savant. — Je reconnais bien là l'ambition de la métaphysique. Semblable aux géants de la fable, la terre ne lui suffit pas; il faut qu'elle escalade le ciel. Vous cherchez la vérité! Mais vous rendez-vous bien compte de ce que vous cherchez? Qu'est-ce que la vérité, sinon l'essence des choses, l'être en soi, l'absolu, tel que Dieu le voit? Est-ce là le secret que vous voulez pénétrer?

Le Métaphysicien. — Nullement. La vérité que les métaphysiciens cherchent n'est pas la vérité complète et parfaite, objet de la contemplation divine; c'est une vérité incomplète, imparfaite, relative aux facultés de l'esprit humain. Dans cette question logique de la vérité de nos connaissances et de la véracité de nos facultés, question vitale pour toute science, aussi bien que pour la philosophie, il s'agit de savoir, non pas si les choses sont tout ce qu'elles nous paraissent, mais simplement si les côtés par lesquels elles se présentent à nous sont réellement ce qu'ils nous paraissent. Je sais bien qu'il y a une école de métaphysique qui, se faisant de la vérité et de l'être l'idée la plus fausse et la plus vide, a imaginé une science ontologique des choses, abstraction faite de leurs phénomènes et de leurs propriétés. Cette école, née d'un abus de langage, est morte avec la scolastique. Si la métaphysique moderne en a conservé certains termes équivoques, elle a eu tort. Mais au fond elle n'a pas les prétentions que ferait supposer ce jargon pédantesque. Elle entend le problème de la vérité exactement comme vos savants; seulement elle l'applique à d'autres facultés et à d'autres objets.

Le Savant. — Que parlez-vous de *vérité* dans les sciences? Pour l'école critique, la recherche de la vérité *objective* est tout aussi impossible dans les sciences que dans la philosophie proprement dite.

Le Métaphysicien. — Et c'est là ce qui la condamne. Tant qu'il ne s'agit que de la vérité métaphysique, vous avez beau jeu, puisque la métaphysique en est encore à faire ses preuves. Nous espérons toujours, nous autres métaphysiciens, qu'elle les fera ; mais il lui faut d'abord prouver qu'elle peut les faire, et que son impuissance dans le passé tient au vice des méthodes, et non à la nature même des choses. Jusqu'à cette démonstration, la philosophie critique reste très forte contre le dogmatisme métaphysique. Mais ses réserves ne tiennent pas contre le *dogmatisme* des sciences.

Le Savant. — Autrefois vous auriez pu leur appliquer ce mot. Mais, après la réforme de Bacon, avez-vous encore ce droit ? Vous savez qu'il n'y est plus question de causes, ni de principes, ni de substances, ni de fins : des faits et des lois, c'est là tout l'objet de la science. Or les faits sont des phénomènes essentiellement relatifs à notre mode d'intuition et de représentation ; les lois ne sont que les faits généralisés. Je ne vois rien dans tout cela qui implique la moindre recherche de la vérité *objective* des notions scientifiques.

Le Métaphysicien. — C'est ce qui vous trompe. Les sciences physiques ont restreint le cercle de leurs recherches ; elles en ont retranché toute spéculation sur les causes et les substances. Mais, dans leur propre domaine, les mots *réalité*, *vérité objective* ont un sens tout autre que le prétend la philosophie critique. Le naturaliste croit que les familles, les genres, les espèces, les variétés ne sont pas de pures abstractions de l'esprit, que les classifications vraiment naturelles répondent à des types réels, indépendants des conceptions de l'entendement. Le physicien et le chimiste croient que la propriété qu'ils ont observée ou expérimentée est inhérente aux choses. Ils croient que la loi qu'ils ont découverte n'est pas un simple rapport, un ordre déterminé de leurs représentations, mais un rapport des choses elles-mêmes, un ordre réel et *naturel*, correspondant au rapport et à l'ordre de leurs représentations. Non qu'ils prétendent que les choses soient telles qu'ils les voient, les sentent, les imaginent, les perçoivent ; il est trop évident que les propriétés des choses n'ont pas de rapport appréciable avec leur mode de perception. Mais la sensation n'est pas la notion, l'*image* n'est pas l'*idée*, ainsi que j'aurai l'occasion de le montrer dans l'analyse de l'intelligence. Qu'il me suffise de dire ici que, si la sensation est purement *subjective*, l'idée, la notion scientifique est essentiellement *objective*, de l'aveu de tous les savants. Voilà donc le problème de la vérité engagé dans les recherches scientifiques, aussi bien que dans les spéculations métaphysiques. Les astronomes, les physiciens, les naturalistes font de l'*ontologie* sans le savoir, comme M. Jourdain faisait de la prose.

Le Savant. — J'ai peine à me faire à cette idée, que les sciences physiques et naturelles s'occupent de l'essence des choses.

Le Métaphysicien. — Oui et non. Votre grand philosophe critique, Kant, a creusé, par une distinction subtile, un abîme qui pourrait bien n'être qu'imaginaire. Abusé, selon moi, par le langage de la scolastique, dont il était d'ailleurs un implacable adversaire, il fait deux parts dans le problème de la connaissance. L'une est accessible à la science humaine, c'est celle des *phénomènes*; l'autre est inaccessible à la science humaine, c'est celle des *noumènes*. Cette distinction me paraît aussi illusoire que la distinction scolastique de l'apparence et du fond, du dessus et du dessous, du *phénomène* et de l'*être*. Je soupçonne la philosophie critique de vivre sur cette illusion, comme autrefois la scolastique sur la fausse définition de la substance. Votre *phénoménologie* pourrait bien être plus ontologique qu'elle n'en a l'air.

Le Savant. — Que voulez-vous dire?

Le Métaphysicien. — Ce point sera éclairci dans nos prochains entretiens sur l'analyse et la critique de l'intelligence. Ce que je tiens à constater pour le moment, c'est que le savant dogmatise à sa façon, aussi bien que le métaphysicien ; c'est que, si sa foi porte sur d'autres vérités, ces vérités n'ont pas un caractère moins *objectif* que les principes métaphysiques ; c'est que l'école critique, en voulant faire au scepticisme sa part, lui livre tout, sciences, philosophie, religion, littérature. Que cette école s'attaque aux faux objets, aux idoles de la croyance humaine, c'est sa véritable mission. Mais qu'elle aille jusqu'à supprimer le problème de l'objectivité de nos connaissances, à l'exemple de son illustre fondateur, cette œuvre, destructive de toute science humaine, ne peut que servir la cause des ennemis de la raison et de la science. Il y a là de quoi réjouir les mystiques et les théologiens, qui comprennent parfaitement que l'instinct irrésistible de croyance cherchera auprès d'eux la satisfaction que la philosophie leur aura refusée.

Le Savant. — Qu'y faire? La science ne peut pourtant se prêter à tous les caprices de l'imagination, ni même à tous les désirs de l'âme humaine.

Le Métaphysicien. — Mais voici qui est plus grave encore. Si, par impossible, cette redoutable école venait à désintéresser l'esprit humain de toute vérité objective ou impersonnelle, et à extirper la racine même de la foi, je craindrais que ce ne fût au grand détriment de l'humanité et de la science elle-même. Puissante en tout temps par l'érudition et la dialectique de ses adeptes, elle est surtout dangereuse par la contagion de son esprit et de ses principes, aux époques d'affaissement moral où le cœur, pour se corrompre ou s'abaisser, ne demande à la raison qu'un sophisme spécieux. La philosophie critique n'aime pas les fanatiques, comprend peu les martyrs, et ne se pique guère d'inspirer les héros. « Le gouvernement des choses d'ici-bas appartient en fait à de tout autres forces qu'à la science et à la raison ; le penseur ne se croit qu'un bien faible droit à la direction des affaires de sa planète, et satisfait de la portion qui lui est échue, il accepte l'impuissance sans regret. Spectateur dans l'univers, il sait que le monde ne lui appartient que comme sujet d'étude, et lors même qu'il pourrait le réformer, peut-être le trouverait-il si curieux tel qu'il est, qu'il n'en aurait pas le courage (1). » Je conviens que Kant était d'un autre avis. Sous la froide analyse du critique, on sent le cœur d'un ardent ami de l'humanité, d'un philosophe de ce siècle où la sagesse quelque peu brahmanique de nos savants était peu de saison. Mais l'indifférence dans les œuvres n'en est pas moins l'effet naturel de la philosophie critique sur les âmes. Si les exceptions ne sont pas rares, c'est que la doctrine ne fait pas tout l'homme. La morale de l'intérêt n'a-t-elle pas compté parmi ses adeptes, dans le dernier siècle, de vrais apôtres de l'humanité ?

Le Savant. — J'en conviens.

Le Métaphysicien. — Mais il est une chose que la philosophie critique semble ignorer : c'est que la science aussi, la science pure a besoin de foi ; car elle aussi a son héroïsme. Cette école excelle à former des érudits et des savants ; elle n'est point aussi favorable au développement des esprits féconds et puissants dont l'initia-

---

(1) Renan, *Ibid*.

tive et l'invention créent les sciences ou les transforment. Pour penser, comme pour agir, l'homme a besoin de croire à autre chose qu'à lui-même, qu'à son esprit, qu'à ses facultés, qu'à ses idées, qu'à ses sentiments et à ses sensations. L'étrange égoïsme dans lequel l'enferme cette philosophie le pétrifie et l'éteint. Qu'on se montre exigeant sur les preuves de la vérité et les conditions de la foi, rien de mieux ; c'est le caractère même de l'esprit moderne. Je suis porté à croire, avec la philosophie critique, que le dogmatisme des vieilles écoles a fait son temps. L'esprit moderne ne peut plus se livrer que sur de solides cautions. S'il est reconnu que la métaphysique n'est pas en mesure de lui offrir des garanties suffisantes de vérité, il vaut mieux alors renoncer à la poursuite des problèmes dont elle s'occupe, et en décourager les bons esprits. La pensée humaine peut mieux employer son temps et ses facultés qu'à faire assaut d'imagination ou de subtilité, sans aucun profit pour la vérité et la science. Mais que l'on conserve la métaphysique, non-seulement dans le passé, mais encore dans le présent et dans l'avenir, uniquement pour ménager à la critique le plaisir d'étudier, de décrire, de classer les rêves, les aberrations, les vains systèmes de l'esprit, voilà ce que je ne puis admettre. Passe encore pour l'histoire, bien que ce soit en diminuer singulièrement l'intérêt. Mais l'histoire d'une science sans objet n'est pas chose assez sérieuse, quoi qu'en disent nos critiques, pour se continuer indéfiniment. Si la métaphysique n'est qu'un jeu de logique, il appartient au XIXe siècle d'en clore la tradition. Qu'on ne nous parle donc plus de Dieu, ou qu'on nous en parle nettement, comme d'une vérité absolue, ou d'une simple idée. Je sais que la philosophie allemande a trouvé moyen d'identifier l'*être* des choses avec la pensée. Qu'on s'explique alors, et qu'on nous montre clairement que le mystérieux *noumène* n'existe que dans notre esprit. C'est émettre une solution paradoxale, si l'on veut, mais enfin positive au problème théologique, tandis que l'école critique, après avoir excité la curiosité de l'esprit à la recherche d'un *Absolu*, le laisse en face d'une idée, derrière laquelle elle tient caché un être douteux, objet de sentiment et d'amour, non de pensée et de savoir. L'esprit humain peut se laisser abuser par une illusion; mais il ne peut s'en tenir à une ombre, du moment qu'on lui a parlé de réalité. On ne le guérira pas de ses hallucinations théologiques ou ontologiques en conservant à la *croyance* l'objet qu'on retire à la science. Si vous lui laissez croire que Dieu, inaccessible à la pensée, pour laquelle il n'est qu'un simple *Idéal*, pourrait bien être en soi une Réalité, vous rouvrez la carrière à un dogmatisme d'autant plus effréné que la raison et la science n'ont plus rien à y voir. Vous faites pis encore; vous ramenez l'esprit humain sous le joug de la théologie révélée.

FIN DU TOME PREMIER.

TABLE DES MATIÈRES

DU TOME PREMIER.

PREMIER ENTRETIEN. — Impuissance de la métaphysique..... 1
DEUXIÈME ENTRETIEN. — Insuffisance des sciences......... 53
TROISIÈME ENTRETIEN. — Vanité du mysticisme.......... 102
QUATRIÈME ENTRETIEN. — Le matérialisme............. 141
CINQUIÈME ENTRETIEN. — Le spiritualisme............. 200
SIXIÈME ENTRETIEN. — L'idéalisme................... 239
SEPTIÈME ENTRETIEN. — L'éclectisme................ 271
HUITIÈME ENTRETIEN. — La philosophie critique.......... 297

www.ingramcontent.com/pod-product-compliance
Lightning Source LLC
Chambersburg PA
CBHW050427170426
43201CB00008B/572